문화정치와
감성이론

문화정치와 감성이론

2016년 11월 18일 초판 1쇄

지은이 | 조흡

책임편집 | 김희중
디자인 | 씨디자인
제　작 | 영신사

펴낸이 | 장의덕
펴낸곳 | 도서출판 개마고원
등　록 | 1989년 9월 4일 제2-877호
주　소 | 경기도 고양시 일산동구 호수로 662 삼성라끄빌 1018호
전　화 | (031) 907-1012, 1018
팩　스 | (031) 907-1044
이메일 | webmaster@kaema.co.kr

ISBN 978-89-5769-377-3 (93680)

문화정치와 감성이론

포스트포디즘 시대의 영화연구

조흡 지음

개마고원

머리말

세상이 급변하고 있다. 이는 모든 영역에서 현재의 작동원칙이 우리가 예상하지 못한 방향으로 움직이고 있음을 의미하기도 한다. 특히 경제와 과학 분야에서 이전의 역사적 변화를 훨씬 뛰어넘는 대변혁의 문턱에 진입한 양상이다. 고전경제학의 지식으로는 이해할 수 없고 통제되지도 않는 경제현상을 경험하고 있다는 사실 자체가 이러한 대변화가 가속화되고 있다는 증거일 것이다. 문제는 새로운 변화에 미리 대비할 수도 없으려니와 하나의 변수를 해결하면 또 다른 변수가 등장하는 상황이어서 혼란과 불확실성이 지배하는 세상이 될 수밖에 없다는 것이다. 앞으로 나가지도 못하고 뒤로 물러설 수도 없는 진퇴양난의 형국은 개인과 사회 그리고 국가와 자본체제 전체에 해당되는 얘기로, 이런 혼돈의 상태가 우리의 정서나 감정구조와 무관할 수는 없다.

우리가 경제적 변화를 가장 민감하게 받아들이는 것은 아무래도 경제가 생활과 밀착되어 있어 일상적으로 경험할 수 있기 때문이다.

작은 변화도 즉각 감지할 수 있는 경험이 축적된 덕분에 변화를 비교적 정확하게 판단할 수 있는 것이다. 그러나 이는 경제체제의 심층에 어떤 변화가 도래하고 있는지를 평가하는 능력이라기보다 피부로 다가오는 표면적 파장을 느끼는 경험적 지식이다. 체제 내부에서 일어나고 있는 복잡한 혁명적 변화를 전문가들도 체계적으로 이해하기가 불가능한 시대에 대중이 파악할 수 있는 변화는 고작해야 이전과 사뭇 다르다는 느낌에 불과하다. 그런 불확실하고 불길한 감정 상태를 보다 확실히 확인시켜주는 것은 실업과 파산과 가정의 해체일 뿐, 여전히 어떤 심층적 변화가 다가오는지 알 수 없는 세상이다.

아무래도 이 대변혁의 동인으로는 과학과 기술발전을 꼽을 수밖에 없다. 하루가 다르게 등장하는 신기술과 축적된 기술혁신은 이미 생활양식 그 자체를 변화시키는 것은 물론이고, 그동안 전 영역에서 구축된 모든 원칙을 허물고 있는 중이다. 기술이 인간사회를 변화시킨다는 것이 새삼스러운 얘기가 아니지만, 이전까지는 기술의 영향력이 인간통제의 한계 내에 있음을 전제하고 있었다. 그러나 오늘날 기술과잉의 시대에는 세상과 과학의 균형이 기울었다. 폭발적인 과학기술의 발전으로 말미암아 우리가 지금까지 알고 있는 세상과는 전혀 다른 새로운 문명이 도래하는 싱귤래리티 singularity(특이점)의 시대를 맞이하게 된 것이다. 이제 인간이 기술을 부리는 것이 아니라 기술이 인간을 통제하는 '경이로운 신세계brave new world'의 문턱을 우리가 막 지나가고 있는 것이다.

미래가 유토피아로 설계될지 아니면 디스토피아로 종말을 맞을

문화정치와 감성이론

지는 누구도 예측하기 어려운 과제다. 다만 새로운 문명이 다가오기까지 과도기적 상황에서 경험할 수 있는 감정구조는 불확실성의 확산임에 분명하다. 베일에 싸인 대자본의 흐름, 상징적 권위를 상실한 정치·사회제도의 붕괴와 해체, 인간을 대신하는 기계의 등장 등 이 모든 변화가 존재의 조건을 뿌리째 바꿔놓고 있는 것이다. 오늘날 세상을 제대로 이해하기 어려운 또 다른 이유는 그동안 현실세계를 '있는 그대로' 뉴스나 드라마로 재현해 세상에 관한 지식을 대중에게 전달하던 미디어의 역할이 전통적인 스토리텔링 기능에서 벗어나 훨씬 더 자극적이고 선정적인 양상으로 변화한 데서 찾아볼 수 있다. 지식의 전달보다는 감성을 자극해 대중으로부터 주목받아 경쟁에서 살아남는 일이 우선하기 때문에 나타난 흐름이다.

이 모든 중층적 관성은 깨달음이나 지식의 영역인 인식론적 층위의 중요성을 약화시키고, 머리와 대비되는 몸의 지각과 감각 그리고 쾌락을 강조하는 감성의 시대를 추동하기에 이른다. 감성이 곧 정치·경제·문화인 시대가 도래한 것이다. 상품의 디자인이나 광고가 감성적 요소를 중시하는 경향에서, 정치인의 겉모습이나 인상적인 한마디가 중요해진 현실에서, 그리고 서사의 짜임새보다 이미지의 충격이 강조되는 문화콘텐츠의 유행에서, 감성은 이제 세상을 움직이는 가장 강력하고 핵심적인 개념으로 등장했음을 확인할 수 있다. 지구화한 포스트포디즘 경제체제와 디지털 기술의 발달로 인해 모든 것이 감성을 중심으로 재구축되고 있다고 해도 과언이 아닐 정도다. 그 결과 포스트포디즘 공간은 머리로 깨우치기보다 몸으로 느끼는 영역이자 이데올로기와 재현을 건너뛰는 영토가 된 것이다.

감성이 곧 경제이자 모든 것이 되어버린 서구의 맥락에서 현재 감성론이 인식론을 압도하고 있는 양상은 필연적인 결과로 보인다. 이에 따른 몸과 지각을 설명할 수 있는 이론의 등장도 인문사회철학의 학문적 패러다임에서 획기적인 변화라고 할 수 있을 것이다. 이 책은 그런 감성론의 등장과 패러다임의 변화를 한국적 맥락에서 비판적으로 접근하고 있는 연구서다. 전체 3부 가운데 1부에서는 감성론의 등장배경과 국면적 맥락을 제시하고, 한국에서 유통되는 대표적 문화 사례라 할 영화를 통해 이론의 평가·수용·보완 작업을 진행하는 과정에서 감성정치의 가능성을 모색하고 있다. 2부에서는 대중문화에서 도출할 수 있는 문화정치를 탐구하고, 마지막 3부에서는 대중문화의 역사성에 주목해 현재의 문화적 현상이 역사적으로 구축된 결과임을 보여주고 있다.

이 책에서 감성정치와 문화이론을 다루면서 영화를 텍스트로 삼은 것은, 오늘날 영화가 하나의 탈脫영토화한 공장으로서 관객으로 하여금 포스트포디즘 경제체제에서 생산노동을 수행하도록 만들고 있다는 이론에 기대어 영화야말로 감성론을 가장 잘 설명할 수 있다고 판단했기 때문이다. 1부의 감성론에서 강조하고 있는 것은 영화가 이제 디지털 기술을 이용해 지각과 촉각성을 부각한 방식으로 제작되고 있어 후기자본경제에서 필요한 소비자 감성, 즉 시선의 주목과 감성의 고조 그리고 바람직한 이미지의 전파와 훈련을 담당하는 데 선도적인 매체로 부상하고 있다는 점이다. 영화가 21세기 경제를 유지하는 데 필수요건이 된 것이다. 여기서 영화는 영화적 기법을 차용하고 있는 광고와 뮤직비디오를 포함한 모든 영상물을 지칭하는 포괄적인 개념이다.

2부에서 다루고 있는 문화정치의 핵심은 텍스트의 이데올로기 연구에서 벗어나 수용자가 텍스트를 통해 얻는 즐거움을 추적할 수 있는 이론 구축의 필요성과 이 과정에서 발생하는 이론적 쟁점들을 논의하고 있다. 특히 안토니오 그람시Antonio Gramsci의 헤게모니와 루이 알튀세르Louis Althusser의 이데올로기 이론이 가지고 있는 구조주의의 문제점과 푸코Michel Foucault로 대표되는 포스트구조주의가 안고 있는 문제점을 해결하기 위해 어떻게 이론을 보완해야 할 것인지를 제시하고 있다. 여기서 도출된 잠정적인 결론은 포스트구조주의 이론에 능동적 행위자와 고군분투하는 그들의 노력 과정을 접목했을 때 비로소 구조주의와 포스트구조주의 이론 각자가 가지고 있는 문제점을 해결할 수 있다는 것이다. 한류韓流가 제국의 언어를 초월해 리저널리즘regionalism을 실현하는 장場으로 기능하기 위해서도 바로 이런 접근이 필요함을 주장하고 있다.

대중문화와 역사를 다루고 있는 3부에서는 우리가 오늘날 즐기는 대중문화의 양식과 형태와 수용방법 그 자체가 역사가 개입된 결과물임을 주장하고 있다. 이는 수용자가 문화텍스트를 바라보는 시선의 법칙을 포함해서 텍스트가 제작되는 영상코드에 이르기까지 모든 과정이 역사적으로 접합된 효과라는 이야기다. 우리가 현재 당연하게 생각하는 대중문화의 주제선정과 이를 표현할 수 있는 수위 그리고 스타일 등은 처음부터 가능했던 것이 아니라 그동안 수많은 투쟁과정을 통해 역사적으로 구축된 산물인 것이다. 따라서 관객이 영화나 TV드라마를 통해 즐거움과 특정한 감성을 생산했다면 이는 대중문화 수용과정에서 관객이 자동적으로 산출한 효과라고 할 수 없다. 대중문화에서 느낄 수 있는 감정적 영역도 역사적 층위를 내포하고 있는 것이다. 3부에 실린 두 논문 중 '시선의 법칙'에 관한 글은 2000년도 초에 쓴 것이어서 예시로 든 텍스트가 추억을 자극하는 영화들이지만, 오늘의 상황에도 여전히 유효하다 생각되어 수록했다.

이 책은 그동안 여러 저널에 발표한 글들을 묶은 논문집으로 많은 사람들의 도움으로 출간이 가능했다. 특히 대학원 강의에서 내 생각을 기꺼이 들어주고, 질문하고, 토론했던 학생들에게 고마움을 전하고 싶다. 인지하지 못하겠지만, 그들이 강의시간에 어떻게 반응하는지에 따라 내 생각이 수정되고, 발전되고, 완성됐음을 일러둔다. 그런 점에서 그들도 이 책의 공저자인 셈이다. 실제로 「문화적 공론장으로서 〈도가니〉」는 오승현 박사수료생과 공저작이며 그의 도움이 없었다면 완성되지 않았을 논문이다. 아울러 어려운 환경에도 기꺼이 출판을 허락하고 수고해준 개마고원에도 감사한 마음을 전한다. 또한 오랜 시간 동고동락했던 내 학문적 동지이자 영감의 원천이며 존재의 이유였던 친구에게 무한한 존경과 사랑을 보낸다. 그리고 한비를 생각하면서….

2016년 11월 1일

조흡

차례

1부
영화 속의 감성정치

포스트헤게모니 문화이론을 위한
'감정구조'와 '감성경제'의 비판적 분석

포스트헤게모니와 감성패러다임의 등장

1970년대 인문학의 연장선상에서 문화연구가 본격적으로 등장한 것은 하나의 사건이었다. 당대의 학문적 경향을 지배했던 정치경제학의 분석틀에서 언어적 패러다임으로의 전환the linguistic turn은 고전 인문학이 결코 정치·사회학과 별개의 것이 아님을 보여준 학문적 성과라고 할 수 있을 것이다.[1] 소쉬르의 기호학이라는 언어모델에 이제까지 통설로 유통됐던 정치경제학을 토대로 삼은 맑스 대신 그람시의 문화정치를 덧대고, 다시 알튀세르를 동원해 그 구체적인 이데올로기 전략을 조망함으로써 인문학의 지평은 이제 세상의 '총체적인 삶'을 접근할 수 있을 정도로 그 범주를 넓힐 수 있게 되었다. 따라서 분석의 단위가 텍스트나 저자에 한정되지 않고, 텍스트와 연관된 모든 상호텍스트intertexts적 관계로 확장됨으로써 보다 거시적 맥락에서 일상적인 문화를 논의할 수 있게 된 것이다.

이렇게 시작된 문화연구는 언어 패러다임으로의 전환을 정착시켰으며, 이는 또 문화 패러다임으로의 전환the cultural turn을 의미하는 것이기도 했다. 1980년대와 1990년대는 바로 이 문화 담론이 지배하는 시대였다고 할 수 있을 것이다. 여기서 핵심 쟁점은 그람시의 '헤게모니로서의 힘'이라는 개념이다. 이는 힘과 권력이 경제적일 뿐만이 아니라, 문화적이라는 점에서 출발한다. 자본사회 국가권력은 '강압'의 문제에 더해서, 또는 강압의 문제라기보다 '자발적 동의'의 문제, 즉 이데올로기의 문제로 제시하고 있는 것이다. 이런 관점은 현대사회에서 고전적인 계급 대 계급의 정치논리가 쇠퇴했던 사회적 맥락에서 유래한 개념으로 이해할 수 있다. 그 대안으로 지배문화에 대항할 반反헤게모니 연대의 가능성을 대중문화에서 찾아본 것은 현대정치가 대중적이며 대의민주주의라는 사실과 무관하지 않다.

그러나 이런 구조적 접근방식은 규범적이고 총체적인 방식으로 문화적 힘이 경제·사회 그리고 정치체제를 재생산하는 것에 관여한다고 상정하고 있을 뿐, '문화적 창조'의 논리, 즉 재생산이 아니라 지속적인 경제·사회·정치적 관계의 생산적 관점에는 소홀했다는 비판이 제기되기도 한다.[2] 한마디로 현대 문화를 총체적이고 구조적으로 접근하고 있어 복잡하고 파편화된 오늘날의 문화 현상을 제대로 분석하기에는 부족하다는 비판이다. 그 주된 이유는 언어 모델을 바탕으로 한 문화연구의 이론적 뿌리가 전적으로 인식론적 체계에 근거하고 있어 담론이나 이데올로기가, 그것이 좌파든 우파든

문화정치와 감성이론

상관없이, 의미의 범위 안에서, 즉 인식론적 영역 내에서 성립돼 있기 때문이다. 따라서 규범적 구성체가 전제되고 그런 다음 그 명제를 정당화하기 위한 주장들이 만들어지는 방식으로서, 우리의 의식과 의지와 판단이 우선적으로 문제가 되는 인식론에 기초한 논리라고 할 수 있다.

이런 헤게모니 모델은 세계화와 정보화를 가능하게 만든 기술과 미디어의 일상적 층위로의 확산에 따른 변화를 읽어내는 데 더 이상 유효한 이론이 아니라는 주장이 제기되고 있다. 이전에는 문화가 세속적 일상생활의 외부에 존재하는 것으로 제시됐지만, 현재는 우리 생활 내부 깊숙이 침투해 있다는 사실, 문화가 더 이상 상품과 산업을 비판하는 장이 아니라 세속적 커뮤니케이션의 질서에 편입되면서 더 이상 산업과 구분할 수 없게 된 현상, 따라서 문화의 내부와 외부를 가치와 일상으로 분리하는 것이 불가능한 상황에서 헤게모니 모델을 바탕으로 한 문화연구의 입지가 좁아질 수밖에 없다는 것이다. 이렇게 오늘날 문화연구는 여러 면에서 문화산업론과 구별하기 어려워지고 있으며, 이런 변화는 이미 오래전에 아도르노와 호르크하이머가 '계몽의 변증법'과 '상품화의 승리'로 문화와 문화산업을 구분해 접근했던 방식이 더는 유효하지 않음을 의미한다.[3]

그러나 문화와 산업적 원리가 점차적으로 중첩되면서, 즉 가치와 사실이 중복되면서 아도르노의 주장처럼 문화의 산업화로 치닫는 것만이 아니라는 점이 중요하다. 그는 문화의 산업화에 주목했지만, 오늘날 문화현상은 그 반대로 산업의 문화화가 동시에 벌어지고 있기 때문이다. 또 다른 한편으로 산업의 획일화가 현대인의 존재·생활·문화를 숨 막히게 만들고 있지만, 동시에 문화화는 활력과 존재를 산업의 메커니즘에 부여하고 있다는 점도 우리가 주목해야 할 사실이다. 바로 이 맥락이 헤게모니를 대신해 포스트헤게모니 문화연구가 등장하는 배경이 되는 것이다. 고전 문화연구의 헤게모니 이론이 인식론을 바탕으로 한 것이라면, 포스트헤게모니 문화연구에서는 존재와 감성의 문제에 더 많은 관심을 표명한다. 헤게모니 이론에서는 우리가 이 세상의 대상들을 그 존재만으로는 알 수 없으며 그것에 대한 서술을 통해서만 알 수 있다는 관점 아래 권력과 이에 대한 저항의 개념까지도 여전히 '기호학적 진술'을 내포한다고 보지만, 포스트헤게모니 문화연구에서는 인지적 판단에 문제를 제기하기보다 존재 그 자체에 관한 문제를 제기한다는 점에서 차이가 있다.[*]

　포스트헤게모니 문화연구의 관심사가 인식론적인 것에서 존재론적인 것으로 바뀌었다면, 이는 필시 이제까지 통용됐던 범주를 허물고, 서술의 중요성을 외면하며, (탈)중심화된 실증철학을 배제하고, 대신 감각이라는 원초적 경험주의로 회귀하고 있음을 보여주는 변화라고 할 수 있다.[4] 여기서는 경험주의가 이미 존재론적인 것으로 제시되고 있고, 경험적 물질은 외생적 물질이 아니라 내생적 사물

---

[*] 래쉬는 계급과 이데올로기 연구에 초점을 맞춘 전통 문화연구를 '1st wave'로 규정한 다음, 이 연구 패러다임이 지구화와 정보화로 야기된 보다 근본적인 변화를 제대로 주목하지 못하고 있으며, 그 결과 포스트헤게모니 질서에 기초한 '2nd wave' 문화연구 등장의 필요성을 주장하고 있다. 이 글에서는 래쉬의 이런 관점을 부분적으로 인정하고 어떻게 '사회변동'을 여전히 중시한 문화연구의 이론적 프레임에 수용할 것인지를 모색하고 있다. 래쉬의 2nd wave 문화연구에 관해서는 "Power after Hegemony: Cultural Studies in Mutation?", *Theory Culture & Society* Vol. 24. No. 3. 2007, pp.68-74를 참조.

로 여겨진다. 감각에 대한 이런 철학적 입장에서 새롭게 제시된 인식론은 존재론적인 것과 불가분의 관계를 맺는다. 논리가 이미 감각에 내재해 있다는 이런 '선험적 경험주의'에서는 선험이 경험적인 것으로 와해되고 있다. 현대인들이 일상적으로 선험적-경험적 세계를 살고 있다면, 이는 존재론적이자 동시에 인식론적인 문제가 제기될 수 있음을 말해준다. 존재와 인식의 두 영역이 별개의 개념이 아니라 하나의 용해된 개념이라고 할 수 있다는 얘기다.

이러한 새로운 문화연구 패러다임의 등장은 고전 헤게모니 이론의 문제점을 노출시키고 있다. 헤게모니 모델은 존재보다는 의미를 통해 작동하고 있으며, 사실보다는 규범을 통해 움직이고, 커뮤니케이션보다 재현을 통해 정립된 것으로 비판받고 있다. 특히 헤게모니 이론이 감성의 역할에 대해 파악하지 못하고 있으며, 정서와 감정이 현대정치에서 어떤 역할을 하는지 풀어낼 수 없다는 비판도 제시되고 있다. 여기서 논쟁의 핵심은 반구조주의적인 관점으로, 토대와 상부구조의 구분을 거부하는 것뿐만 아니라 경제와 문화의 구분마저도 무화시키는 데 있다. 대신 일찍이 맑스가 단순하고 비루한 추상적 개념이라고 불렀던 생산, 감성, 그리고 커뮤니케이션과 같은 추상적 개념을 선호하고 있다.

이 글은 바로 이런 포스트헤게모니와 감성패러다임으로의 전환의 문제를 기존의 구성주의 문화이론의 자장 안에 어떻게 재접합시킬 수 있을 것인지, 그 가능성을 모색해보는 연구라고 할 수 있다. 이를 위해 감성의 문제를 본격적으로 제기한 대표적인 구성주의자 레이먼드 윌리엄스Raymond Williams와 로렌스 그로스버그Lawrence

Grossberg 두 이론가가 각기 제시한 '감정구조 structure of feeling '와 '감성경제 affective economy '의 개념을 비판적으로 소개한 다음, 여기서 제기된 문제점을 통해 문화이론에서 어떻게 감성과 감정의 문제를 위치시킬 수 있을지를 모색해볼 것이다. 이를 위해 동원된 텍스트는 이준익 감독의 영화며, 이는 그의 일련의 작품이 감성의 문제를 제기하는 데 매우 적절한 예라고 판단했기 때문이다. 이런 문제제기는 감성에 대한 논의가 그동안 헤게모니 이론에서 소홀히 다뤄졌다는 점과 포스트구조주의에서 정리한 권력에 관한 이론이 만족스럽지 않다는 사실에서 비롯된 것으로 이 글에서는 권력의 문제를 감성의 문제와 연결시켜 어떻게 문화이론에서 수용할 수 있을지, 그 접합의 가능성을 비판적으로 제시할 것이다.

헤게모니를 상실한 감정구조

이준익 감독에게 자신이 만든 영화를 관통하는 일관된 주제가 무엇인지 물어보면 그의 대답은 한결같다. 그는 기존의 제도와 관습에서 찾아볼 수 있는 모순에 주목하고 이를 비판적으로 살펴보면서 대안을 제시하는 것이라고 설명한다. 예컨대 광대라는 존재는 역사 교과서에서 사회적 기능만 기술되어 있지만 〈왕의 남자〉에서는 광대의 내면세계와 외부세상이 어떤 방식으로 소통하는지를 부각시키고 있다. 〈라디오 스타〉에서도 대중 스타의 왜곡된 욕망에 굴복하지 않고 우정과 일상의 소중함이라는 대안적 가치에 주목한다. 〈즐거운 인생〉 또한 이런 흐름에서 한 치의 빗나감도 찾아볼 수 없을 정도로 그의 영화는 현재의 관습, 재현 또는 가치에 대해서 대안적인 비전을 제시하는 것으로 유명하다.

이준익 감독은 거창한 이야기보다 일상적인 관계를 탐구할 수 있는 영화소재를 선호한다. 그는 단순하지만 대중에게 커다란 울림을 줄 수 있는 이야기로 영화를 이끌어간다. 이 문제에 관해서 감독 자신의 생각은 확고하다.

성공 뒤에 온 실패의 지난함 같은 건 현대인의 일상에서 상존하는 감정이 아닌가. (…) 인생에서 성공과 실패는 한 시기의 현상일 뿐이다. (…) 성공과 실패를 떠나서, 최선을 다했던 모습 안에는 비루하고 남루한 일상만 남아도 소중한 가치가 있다. 그건 대다수 현대인을 위한 위로가 된다. 관객이 웃고 우는 게 과도한 경쟁사회를 사는 현대인의 고단함에 기인한 거다. (…) 사회에서 더 긴 터널 안에서 뜀박질해야 하고, 과당경쟁 시스템에서 누구도 자유롭지 못하다. 그 고단함이 이 영화를 보는 관객들을 웃고 울리는 것 아닐까?[5]

이준익 감독의 이 말은 레이먼드 윌리엄스가 제시한 '감정구조structure of feeling'의 개념과 흡사하다. 영화를 통해 당대를 살아가는 사람들이 자신이 경험한 시대적 느낌을 확인하고, 그 과정에서 본인의 정체성을 인지할 수 있다면, 이는 윌리엄스가 정의한 감정구조, 즉 "어느 특정한 장소와 시간에서 찾아볼 수 있는 삶의 질에서 감지된 느낌"[6]과 다를 바 없는 것이다. 윌리엄스는 이 개념을 문학작품에서 얻을 수 있는, 사고보다는 느낌으로 전달되는 감정을 좀 더 자세히 전달할 목적으로 제시했는데, 이는 이 시대를 살아가는 현대인들이 가지고 있는 충동과 억제 그리고 무엇보다 시대적 분위기를 영화에서 나타내려는 이준익 감독의 노력과 정확하게 일치하는 대목이다.

여기서 한 영화감독과 문화이론가가 공통적으로 고민하고 있는 바가 '경험'이라는 사실이 놀랍고도 흥미롭다. 대중이 일상적인 삶을 영위하면서 축적한 경험과 영화나 문학 텍스트에서 재현된 이야기가 겹쳐질 때 나타나는 효과는 아마도 감동일 것이다. 그런데 경험은 현실세계에서도 항상 감정과 밀접하게 얽혀 있는 개념이며, 바로 그런 이유에서 인식론적으로 명쾌하게 정리될 수 있는 용어가 아니라는 것이 문제다. 실제로 현대인들이 일상을 경험한다는 것은 대부분 감성적 방식으로 존재나 세상을 이해하는 것을 의미한다. 경험과 감정은 밀접하게 연결돼 있으며 우리는 직접적으로 감정을 느낄 수 있기에 경험의 진정성을 보장할 수 있지만, 달리 생각해보면 바로 그 감정적 요소로 인해 경험을 인식론적 대상으로 취급하기가 어렵다.

이준익 감독은 이 문제를 성공과 실패의 경험과 이에 따른 감정이 각기 독립적으로 있는 것이 아니라 함께 '상존'하게 하는 방식으로 해결하고 있다. 윌리엄스 또한 '총체성 wholeness' 개념을 동원해 감성적 요소를 여전히 중시하면서도 경험을 단순히 감성과 연결된 것으로 한정시키지 않고 인식까지 내포한 충만한 의식으로 제시하고 있다.[7] 그렇다면 경험은 인식과 감정이 결합된 과정이며, 따라서 인식론으로 접근 가능한 개념으로 볼 수 있다. 이는 중요한 변화다. 예컨대 우리가 특정한 혼란을 경험하고 있다면, 이는 구조적 변화의 순간이나 장場이 진행되고 있음을 의미하며, 따라서 지배 이데올로기와 감정구조의 충돌을 보여주는 것이라고 할 수 있다. 둘 사이의 갈등관계를 분석하면 이제 문화적 변화까지 추적할 수도 있을 것이다.

이준익 감독과 윌리엄스의 또 다른 공통점은 한 주인공의 경험을 추적하면서 이를 전적으로 개인 영역만으로 접근하지 않는다는 점이다. 그는 계급, 세대 그리고 지역과 같은 공동체적 가치에 주목하면서 한 개인의 경험을 사회변동의 문제와 연결시키는 작업을 진행해오고 있다. 대안적 사고와 사회변동을 고민하는 감독이라면 그는 이미 개인이 토로하는 감정의 문제를 사회적 현상과 분리된 입장에서, 오로지 개인의 심리적 산물로만 접근하는 방식을 포기한 것이나 다름없다. 이는 일상을 경험하는 것이 사회구성체와 개인 존재를 연결하고 중재하는 개념이라는 윌리엄스의 주장과 닮아 있으며, 이런 논리를 수용한다면 우리의 일상적 경험은 특정한 시간과 공간에서 일어나는 계급·세대·지역 등 수많은 사회적 요소와 접합하고 있는 셈이다.

그러나 바로 이 지점에서 이준익 감독의 영화와 윌리엄스의 이론에서 문제가 발생한다. 개인의 경험을 역사화하고 있다는 점에서 감정구조는 영화와 이론에 매우 유용한 개념이라고 할 수 있다. 그러나 여기서 권력과 주체 그리고 사회구성체를 만족스럽게 연결시키지 못하는 문제를 노출시키고 있다. 이는 황진미가 이준익 감독의 영화에 의문을 제기한 문제의식과 동일한 연장선상에 있다. 그 문제의식의 핵심은 페미니즘의 관점으로 봤을 때 이준익 감독의 영화가 "노골적으로 남성에 대한 연민과 여성에 대한 적대감을 드러낸, 성 정치학적 의미에서 확고한 '당파성'을 지닌 영화"라는 것이다.[8] 〈님은 먼 곳에〉를 예로 들어보면, '객관적 시점'으로 묘사했다는 감독의 항변에도 불구하고 그의 영화가 여성의 입장에서 봤을 때 대체로 젠더 권력관계에 소홀하다는 비판을 피하기 어렵다는 주장이다.

이와 유사한 문제로 이준익 감독의 '세대론'을 들 수 있다. 한편으로 그는 "내 나이에 맞는 영화를 찍고 싶다"는 말처럼 영화산업에서 소외된 장년세대에 관심을 가지고 있으며, 또 다른 한편으로는 음악을 통한 세대간의 소통도 개인적인 관심사임을 표명하고 있다.[9] 그러나 이런 영화제작에 대한 그의 철학이 지극히 타당한 것이긴 해도, 논리적으로 보면 한 세대를 아무런 내적 차이가 존재하지 않은 균질한 개념으로 접근하고 있다는 점에서 문제제기가 가능해진다. 세대간의 갈등이 한국 사회에서 심각한 사회문제이긴 하지만, 이에 못지않게 세대 내부의 갈등 또한 존재하며, 예컨대 젠더의 관점에서 봤을 때는 세대간 갈등은 그 우선순위가 낮게 평가될 수도 있기 때문이다. 이는 물론 선택과 가치평가의 문제이긴 하지만 여전히 비판의 여지가 남아 있는 지점이다.

이런 구체적인 예를 그대로 윌리엄스의 감정구조 이론에 대입했을 때 동일한 문제제기가 가능하다. 윌리엄스도 일찍이 '감정구조'라는 개념으로 개인을 거시적 문화과정에 연결시키는 작업을 시도했지만, 특정한 시공간에서 하나의 세대 또는 특정한 계급의 문제를 보편적이고 통일된 입장에서 나타나는 현상으로 접근하고 있다는 점이 한계로 나타난다. 바로 이준익 감독이 '록 세대'를 소환하면서 세대 구성원을 동일한 개념으로 균질화시키고 있는 것과 마찬가지로, 문화를 아무런 갈등 없이 공유할 수 있는 '총체적 삶'으로 정의하는 식으로 다소 낭만적인 입장을 제시한 것이 감정구조 이론의 문제점으로 남아 있다. 한마디로 어떻게 감정이 권력과 내통하는지를 파헤치지 못하고 있는 것이다.

따라서 한 세대 혹은 한 계급의 감정구조가 다른 세대 및 계급과 다를 수 있지만, 동시에 동일한 감정구조가 다음 세대로 전수될 가능성도 있는 것이다. 더욱 중요하게는 당대의 감정구조는 통일된 하나의 모습으로 존재하는 것이 아니라 얼마든지 다양하게 복수의 형태로 공존할 수 있다.[10] 이런 감정구조들은 일반적인 감성경제라는 거시적 경계 내부에서 다양한 구조들을 추적하는 데 이용될 수 있다. 그러나 총체성으로 접근하는 감정구조에서 외면하고 있는 가장 중요한 문제는 감정구조와 권력관계, 즉 헤게모니와의 연결을 시도하고 있지 않다는 점이다. 윌리엄스와 이준익 감독 모두 감정구조를 공식기록이나 지배 이데올로기가 간과한 당대의 진정한 진리로 접근하고 있다는 사실이 오히려 문제로 제기될 수 있다.

이런 한계에도 불구하고 윌리엄스의 이론은, 그리고 같은 맥락에서 이준익 감독의 영화는 감정을 복합적인 사회문화적 실천으로 제시하고 있고, 그 결과 감정이 생산적 기능을 담당하고 있음을 밝혀낸 의미 있는 작업이라 평가할 수 있을 것이다. 다시 말해 감정이 문화를 생산할 수 있는 독립변수로 기능하며, 다른 사회구성체나 권력관계에서 단순히 반향으로만 존재하는 종속변수가 아니라는 사실을 보여주고 있다. 특히 윌리엄스는 이성과 합리성의 울타리를 넘어선 것으로 취급됐던 경험을 개념화함으로서 사회문화적 영역의 지평을 넓히고 있다. 두 사람은 공식기록에는 담을 수 없는 생의 존재에서 감지되는 느낌, 즉 감성적으로 경험하며 산다는 것의 의미를 영화와 문화이론을 통해 제대로 포착하고 있다.

감성경제와 힘의 관계

그러나 문제는 감정의 문제에 어떻게 권력관계를 개입시키느냐이다. 이 문제에서 그로스버그는 '감성경제'의 개념으로 대중문화와 정치적 관계를 이론화하고 있다. 이는 윌리엄스의 감정구조에서 소홀히 다루고 있는 권력관계를 보완하고 있는 매우 중요한 개념이다. 여기서 그로스버그의 이론을 비교적 상세하게 소개할 필요가 있는데, 그 이유는 이후에 이준익 감독의 영화를 '감성경제'의 개념을 동원해 분석하는 과정에서 감성이론의 정립을 위해 어떤 문제점을 보완해야 할지가 분명해질 것이기 때문이다.

그로스버그는 대중문화가 항상 이데올로기만으로 한정지을 수 없는 그 이상의 무엇이라고 주장한다. 즉 언어나 시각문화와 같은 의미화 체계를 통해 차이가 구성되는 것과 감각을 통해 차이가 느껴지는 것의 구분은 이론적으로 중요하다는 주장이다.[11] 그로스버그가 생각하는 대중문화는, 따라서 매우 감각적이다.

대중문화는 대중에게 위안과, 사적영역, 쾌락과 즐거움, 기분좋음, 놀이, 열정 그리고 감정을 제시하고 있다. 이런 대중문화는 또한 우리 몸에 직접적으로 그 효과를 새겨놓기도 한다. 눈물을 흘리고, 웃음을 짓기도 하며, 머리가 쭈뼛해지기도 한다. 때로는 소리를 지르고, 등골이 오싹해지며, 눈을 감기도 하고 또한 흥분하기도 한다. 이런 본능적 반응은 때로 우리의 의식적인 통제범위를 넘어선 듯 보이며, 바로 이 점이 대중문화의 첫 번째 특징이기도 하다. 대중문화는 감상적이고, 감정적이며, 무드적이며, 자극적이고 음란하기도 하며, 카니발적이기도 하다.[12]

그러나 이는 대중의 실천에서 자동적으로 나오는 본질적인 효과가 아니다. 그로스버그에 따르면, 감정적 반응은 역사적으로 접합된 효과다. 실제로 대부분 대중문화의 역사에서 우리는 바로 이런 효과를 창출하기 위한 그 나름의 투쟁의 과정을 역사적으로 추적해 볼 수 있다. 오늘날 한국영화에서 즐겨 다루는 많은 소재들이 불과 20~30년 전만 해도 영화화가 불가능한 주제였다는 사실은 대중문화에서 찾아볼 수 있는 감정적 영역 또한 역사적 층위를 내포하고 있다는 점을 증명한다. 따라서 대중들은 비평가가 텍스트를 해석하면서 의미를 도출하는 식이 아니라, 주어진 역사적 맥락에서 그들의 몸을 통해 일차적으로 전달되는 감정과 느낌을 중시하는 방식으로 영화를 소비함을 알 수 있는 것이다.

여기서 우리가 논의를 더 진행하기 전에 용어에 대한 정의가 전제되어야 할 것이다. 그로스버그는 감성 affect 을 느낌 feeling 과 구분하고 있으며 감성을 다시 양적 개념 혹은 느낌의 강도intensity of feeling 로 제시하고 있다. 감성과 비교해 감정emotion은 의미화와 감성이라는 두 종류의 판板이 접합한 결과물이라는 것이다.[13] 감정은, 따라서 또 다른 판의 효과, 즉 재현, 이데올로기 그리고 의미로 접합된 감성과 동일한 개념이라고 할 수 있다. 이를 달리 표현하자면, 감성은 다양한 감정적 반응과 개입을 생산하기 위해 이데올로기 효과와 접합될 수 있다는 것이다. 따라서 감성이 이데올로기와 얽혀졌을 때 감정이 생겨난다. 특정한 감성과 이데올로기가 결합/충돌하게 되면 특별한 감정이 생겨난다는 이야기다.

감성을 감정과 구분해 사용하고 있는 그로스버그는 대중문화가 형식적 특징으로 정의되지 않으며, 특정한 구성체 내에서 그리고 특별한 감수성의 한계 내에서 이뤄진 접합의 산물임을 강조한다. 여기서 사회구성체는 다양하며 지속적으로 변화하고 있는 '효과의 판들planes of effects ', 즉 복수 개념의 '경제들'로 구성되었다고 주장한다. 감성은 이 과정에서 자본·의미·정보·재현·정체성·욕망 등과 마찬가지로 전체 구성체에서 차지하는 하나의 경제일 뿐이라는 것이다.[14] 그는 문화연구가 당면한 해석의 임무가 '감성적 권능affective empowerment '이 어디서 가능한지 살펴보는 것이라고 주장한다. 또한 이 문제와 관련해 영국의 전통적인 문화연구가 감성을 이데올로기의 부수적 기능으로 환원시켜 접근함으로써 이론의 한계를 보인다고 주장한다.

그로스버그는 감성을 심리적 에너지의 한 형태로 정의하면서 감성경제에 투자해 얻을 수 있는 권능이 바로 이 에너지에 달려 있다는 사실을 강조한다. 우리는 열정적 에너지를 통해 세상에 투자나 참여를 할 수 있다는 것이다. 여기서 감성은 에너지의 한 형태다. 감성은 동기를 부여하는 힘 또는 그 강도를 나타내는 것이지 해석의 체제가 아니라는 것이다. 그는 감성을 인간의 경험·실천·정체성·의미 등에 내포된 투자의 강도를 나타내는, 다양한 에너지의 층위로 구성된 것으로 보고 있다.[15] 따라서 감성은 개인에게 무엇이 중요한지를 한정시켜주는 중요한 변수라고 할 수 있다.

그로스버그는 또한 감성이 권력구조를 위협하는 무질서한 과잉의 개념이 될 수 없다고 주장한다. 오히려 구조화된 효과의 판으로서 인간 행동을 통제하는 권력관계의 일부라는 것이다. 다시 말해 감성은 권력이 구축되고, 동원되며, 유통되고, 행사되는 하나의 수단이다. 여기서 그로스버그는 윌리엄스와 마찬가지로 개인을 사회구성체로 연결시켜 살펴보고 있는데, 이 과정에서 감성의 활동과 에너지가 두 변수를 연결해주는 고리가 된다. 개인과 구조를 엮어주는 매개가 감성이며, 여기에 그로스버그는 힘의 변수를 더하고 있다. 감성은 개인과 개인의 행동을 통제하는 사회적 힘 사이에서뿐만 아니라 개인들 간에 나타나는 권력관계를 움직이게 하는 에너지의 한 형태인 것이다.

그로스버그의 이론은 감성을 이론의 핵심 지평에 제기했다는 점에서 매우 의미 있는 작업이다. 이 이론은 감정을 연구하는 데 몇 가지 중요한 시사점을 제기한다. 우선 감성투자의 개념은 중요하지만 모든 문제를 해결해주는 것은 아니라는 점이다. 예를 들어 감성은 사회생활의 원활한 순환을 구축하는 역할을 그 투자의 정도에 관계없이 하고 있다고 봐야 한다. 감성은 의존·책임·관계·파열·의무·책무 등의 개념을 생산한다. 감성은 또한 사회적 인식이나 차이를 생산하는 토대를 형성하기도 한다. 타자와 단절되었다는 감정은 소외감과 비정상성을 형성하는 반면 타자를 유사한 감정으로 인지하는 것은 하위그룹을 구성하는 근거가 된다.[16]

　감성은 또한 타자와 구별되는 개인성의 개념에 중요한 요소가 된다. 감성은 이렇게 주체성의 형성에 결정적인 역할을 한다. 감성이 개입되지 않고서는 타자나 타 그룹과의 소통과 교류는 어렵다. 감성은 힘이 개인과 사회적 조건 사이에서 행사되는 과정에 중요한 수단으로 작용한다. 더욱 중요하게는 개인들 사이의 권력 유통에서 중요한 메커니즘이 감성이라는 것이다. 이렇게 감성은 소통적 측면이 있으며, 이런 투과적 속성으로 인해 우리는 타자의 감정 효과에 영향을 받고 타자가―그것이 개인이든 사회세력이나 이데올로기든 관계없이―권력을 행사해 우리에게 영향을 미치는 일에 민감한 것이다.

　그로스버그의 이런 이론적 시도는 매우 중요하다. 특히 감성을 의미나 내용이 비어 있는 개념으로 접근함으로써 의미화의 순환과정에서 벗어난 작동과정으로 파악해 보다 중요한 권력관계에 직접 대입시킨 것은 커다란 업적으로 남아 있다. 여기서 그는 감성을 의미 이전에 또는 의미 밖에 위치시키고 있다. 그렇다면 감성적 차이가 중요한 경우에는 이데올로기적 투쟁의 장이 될 수 있는 것이다. 그러나 한편으로 이런 관계가 거꾸로 일어나는 경우도 충분히 상정해볼 수 있다. 다시 말해 이데올로기적으로 문제가 되는 것이 감성투자와 투쟁의 장이 될 수도 있는 것이다. 따라서 감성과 이데올로기의 관계는 언제, 어떻게 어떤 형태로 감성과 감정이 각기 다르게 작동되는지를 설명했을 때에만 분명해질 수 있다.

그로스버그는 존재와 인식론의 모든 영역에서 감성의 중요성을 설명하고 있다. 이런 접근은 감성과 문화의 문제에 동시에 접근하는 데 이론적 틀을 제공한다는 점에서 의미가 있다. 그는 대중문화를 제대로 이해하려면, 오로지 인지·합리성·이데올로기적 실천으로만 접근하는 것은 충분한 분석이 될 수 없다고 매우 설득력 있게 주장한다. 실제로 감성은 왜 어느 이데올로기는 작동되는 데 반해서 또 다른 이데올로기는 전혀 효과적이지 않은지를 설명하는 중요한 실마리가 될 수 있다. 특히 감성투자를 통해 어떻게 이데올로기가 내재화되는지를 설명하기 위해서는 감성이론이 필요하다. 이는 이준익 감독의 영화를 통해 잘 드러나는 사실이다. 감성경제의 개념을 동원해 그의 영화를 분석하면 어떤 해석이 가능한지, 또한 어떤 문제점이 노출되는지 살펴보도록 하자.

영화: 탈출과 감금의 변증법적 관계

이준익 감독의 영화는 의미 없는 이 세상을 어떻게 살아가야 할 것인가에 대한 해결의 실마리를 줄기차게 제시하고 있다. 그가 장르영화를 한사코 부정하고 '나만의 영화'를 고집하는 것은, 영화가 상품의 형태로 모든 차이를 무화無化시키고 모두가 균질화된 시대에, 그가 만든 영화가 비록 짧은 순간이나마 일상생활의 획일적 가치에서 벗어나게 해줄 수 있다고 믿기 때문이다. 그의 영화는 문화의 상업화로 빚어진 감성의 위기를 일단 노출시킨 다음 그 위기를 해결하기 위해 사소하지만 무엇인가 소중한 가치를 끊임없이 추구하는 차이를 만듦으로써 여타 장르영화와 구분되는 차별화를 시도하고 있다. 한마디로 "인간의 정서를 울리는 가장 인간적인 영화"가 바로 이준익 감독의 작품이다.

물론 그의 영화가 대중적으로 인기가 있다는 사실을 감안해보면 관객이 이런 감성적 위기라는 하나의 변수로만 영화를 읽어낸다고 판단하기는 어려울 것이다. 그의 영화 속에는 여전히 영화가 주는 전통적인 다른 매력적 요소가 담겨져 있는 것도 사실이다. 그럼에도 불구하고, 예를 들어 〈즐거운 인생〉에서 자식을 외국 유학 보내고 아내마저 배신한 기러기 아빠와 백수 그리고 퀵서비스와 대리운전으로 하루를 연명할 뿐인 남자, 이런 세 명이 "하고 싶은 거 하면서 살아"야겠다는 결심의 순간에 도달할 때, 대리만족이긴 하지만 그리고 현실적으로 어려운 이야기임을 너무도 잘 알고 있지만, 관객은 그래도 형언할 수 없는 힘과 에너지를 느끼게 된다. 그 이유는 이준익 감독의 말대로 "과도한 경쟁사회를 사는 현대인의 고단함"이 크며 "과당경쟁 시스템에서 누구도 자유롭지 못하"기 때문일 것이다.

이 권능은 관객으로 하여금 그동안 잊고 살았던 가치를 되돌아보도록 하는 에너지로 작동한다. 그들이 텍스트에서 펼쳐지는 별스럽지 않은 이야기로부터 이런 감성적 권능을 부여받아 자신의 삶을 반추해보는 기회를 갖는 것은 후기자본사회를 더는 허무한 세상으로 이해하는 입장이 아니라, 그 어려운 사회적 조건 속에서도 궁극적으로 '나' 자신을 회복해서 일상의 지루함과 어려움을 극복해나가려는 매우 적극적인 삶의 태도를 갖는 것이라고 할 수 있다. 이런 가치는 특히 감독과 비슷한 나이대의, 세상을 앞만 보고 달려왔던 40~50대 남성 관객에게 가장 어필되는 대목이라 할 수 있을 것이다. 그러나 그들이 영화를 통해 이런 긍정적 에너지를 발산할 수 있다는 사실만이 그들의 복잡한 속내를 대변하는 것은 아니다.

왜냐하면 그들은 소비사회가 주는 편안함에 함몰되어 있지만 동시에 이데올로기나 신념체계가 주는 깊은 의미에 대해서는 매우 회의적인 태도를 보이는 그런 이중의식을 소유한 세대이기 때문이다. 이는 한편으로 현대사회에서 인생의 의미가 결핍되어 있다는 역설적 사실을 확인하고 있는 셈이다. 더 나아가 아무도 우리를 속일 수 없다는 자신감에다 재치와 초연함까지 더해 한없이 냉소적인 태도와 자아도취에 빠져 있는 장년세대들의 모습 자체를 정당화하기도 한다. 그들은 세상을 풍자적으로 바라보도록 길러진 정체성을 유지하고 있는 것이다. 그 정체성은 다시 정치가나 자본가가 약속한 장밋빛 미래가 결코 진실이 될 수 없는 허구라는 사실을 일깨워주고 만약 실제로 배반을 당했을 때 이에 대처하는 방패로 기능한다.

그러나 또 다른 관점에서 봤을 때 이준익 감독의 영화는 현대인들이 이런 방어책으로 무장하고 있지만, 드물게 나타나는 감성적 폭발까지 막을 수 없다는 사실을 잘 보여주고 있다. 다시 말해, 영화는 우리에게 새로운 활기로 재무장해 지금까지 일상생활에서 사소한 것으로 취급됐던 가치를 재발견하라고 주문하고 있다. 그러나 그 가치는 감춰진 의미를 찾아서 발견되는 것이 아니며, 바보스럽고 어리석을 정도로 나이브한 상황에서 찾을 수 있는 기쁨이자 환호다. 이준익 감독의 영화는 바로 이런 소구력을 통해 경험이 거세된 인생도 반드시 그렇게 경험할 필요가 없게 만들고 있다. 냉소와 웃음이 겹쳐 일어나면서 사소한 사건들을 기존의 가치체제에 기대지 않고서도 중요한 사건으로 다가오게 하는 영화인 것이다.

따라서 이준익 감독의 영화는 평범한 일상의 이야기에서 무엇인가 새로운 것을 창조하는 '기술'이 녹아 있는 텍스트라고 할 수 있다. 그중에서도 '말장난'은 관객으로 하여금 유쾌한 감정을 경험하게 하면서, 동시에 그 혼란스러운 경험으로 인식의 변화를 도모하는 차이의 전략이다. 영화 〈황산벌〉에서 동원된 언어는 거칠고 투박한 사투리의 연속이다. 예를 들어 '거시기'라는 사투리는 "〈황산벌〉이 기대고 있는 주된 웃음의 장치"이지만, 궁극적으로 이 영화를 '정치사극'으로까지 발전시키고 있는 '대안적' 시각이자 기술이다. 어느 비평가는 신라와 백제의 언어가 대등한 관계로 충돌하는 것이 아니라는 사실을 강조하면서 소수어인 백제 사투리를 "영화의 극적 전개를 이끌어가는 추동장치이며, 끝내 〈황산벌〉을 통속적 코미디로부터 구제해내는 핵심 장치"로 설명하고 있다.[17]

〈황산벌〉에서 볼 수 있는 언어적 과잉으로서 사투리는, 이제까지 공고히 자리 잡고 있는 공식 역사를 해체시켜 탈역사화를 조장할 뿐만 아니라, 주어진 역사적 대상, 실천 그리고 대화를 '감성적 투자'의 장으로 변환시키고 있다. 과도한 사투리가 통상적으로 용인할 수준을 넘어선 상태로 남용되다보니 일상적으로 사용되는 '거시기'라는 평범한 사투리도 이제 특별한 함의를 내포한 말로 유통되어 관객으로 하여금 그 낱말 속에 담겨 있는 정치사회적 의미를 들춰보게 만드는 것이다. 특히 전투장면에서 내뱉는 병사들의 쌍소리를 두고 "역사의 피해자가 내뱉는 절규"이자 "진정한 소수자의 언어"이며 "뿌리 깊게 남아있는 '지역감정'의 역사적 기원을 되돌아보게 하는 힘을 발휘"하고 있다고 평가하기도 한다.[18]

물론 이런 아이러니와 코미디의 결합이 새로운 문화적 창작물은 아니다. 그러나 문화적 형태로서 풍자는 정치적 층위를 내포하고 있다. 웃음은 해당 장면의 정당성을 심문하기 위해 끌어오는 대안적인 의미체계가 존재하느냐에 달렸다고 볼 수 있지만 이준익 감독의 영화 〈황산벌〉에서는 이런 엄격한 연결과정을 회피하고 오로지 사소한 말장난으로 한정시키고 있다. 따라서 감성적 폭발은 광의의 이데올로기 체제와 맞물린 것이 아니라, 자체적으로 작동한다. 그 결과 관객에게 즐거움과 에너지를 주고 그들로 하여금 자기 주변에 실제로 개입하게 만드는 잠재력을 지니고 있지만, 그렇다고 정치체제를 불편하게 만드는 비판적 의식마저 싹틔우기를 기대하는 것은 무리다.

여기서 영화에서 받은 감성적 권능이 느낌의 강도로만 구분되어 작동하는지를 캐묻기 위해 이미 언급한 〈즐거운 인생〉을 다시 소환할 필요가 있다. 이 영화에서 이준익 감독이 록음악을 이야기의 중심에 둔 것은 다분히 의도적인 전략이라 할 수 있다. 그것은 "대중을 상대로 하는 상업영화 감독으로서, 대중의 가장 보편화되어 있는 요소들을 활용하는 것이 유리"하다 판단한 결과이며 "음악이 영화적으로는 불리한 소재지만 음악이라는 대중적 요소를 접합시킴으로써 상업적 성공"을 기대해볼 수 있었기 때문이라는 것이다.[19] 다시 말해, 감독이 록음악을 영화에 동원한 것이 보다 광범위한 미학적 의미나 중요성을 염두에 두고 내린 결정이었다기보다 작품의 차별화를 위해 제시한 상업적 전략의 일환이었다는 이야기다.

그러나 그가 영화의 산업적 생존을 우선시하고 차별화를 위해 록음악을 소환하고 있지만, 그 구조적 한계 내에서 무엇이 가능한가를 끊임없이 고민하고 있는 것도 사실이다. 바로 이 맥락에서 이준익 감독은 상업적 목적 이외의 "세대 간의 소통"을 매개할 수 있는 장치로 록음악이 사용됐다고 주장하기도 한다. 예컨대 〈라디오 스타〉를 만들면서 감독 자신의 "나이에 맞는 영화"를 염두에 두고 본인 스스로 경험한 '감정구조'를 영화 속에서 새롭게 구축했다는 것이다. 그래서 "이제 밀려난 70~80 세대의 마음을 알아주는 영화"를 찍는 것이고 "또 그런 영화를 사람들이 많이 본다면 세대 간의 단절을 회복하는 계기"가 되리라 믿고 있는 것이다.[20]

그가 추구하고 있는 가치는 '미학적 기능'이 아니라 '영화의 사회적 기능'이며 그가 찾고 있는 것도 지식이나 철학이 아니라 관객에게 '감동'을 줄 수 있는, "정화해야 할 사회의 페이소스가 무엇이냐"다.[21] 그는 오로지 그 목적을 실천하고 있을 뿐이다. 그렇다면 여기서 음악은 차이를 내기 위한 장치일 뿐, 강도를 나타낸다고 보기는 어렵다. 이 역시 영화를 수용하는 관객의 입장에 따라 달라질 수 있겠지만, 그가 영화에서 사용한 록음악이 대중적으로 유행하지 않았다는 사실은 감성이 얼마나 존재하는지의 양적 강도가 문제가 되지 않음을 보여준다. 그의 영화는 감성이 어느 정도이든, 또는 아예 부재할 경우를 포함해서 하나의 권력 테크놀로지로서 감성투자와 에너지의 힘에 전적으로 한정 짓지 않은 채 감성을 실천한 경우라고 할 수 있다.

이렇게, 이준익 감독이 보다 긍정적인 감성경제로서 록음악을 제시하고 있다면, 그로스버그의 진단은 다소 비관적이다. 그는 1960년대 이후 록음악에서 정치가 거세되고 있는 사실에 주목하면서, 록음악에 내재했던 '탈주'라는 개념, 즉 "일상생활의 되풀이에서 비롯된 지루함을 재미라는 활기찬 가능성으로 전환"시켜주는 움직임을 더 이상 기대하기 어렵다고 주장한다.[22] 록음악은 이제 제 스스로 몸을 사리며 정서적 에너지를 출구도 없이 닫혀 있는 동어반복적 회로로 매우 간교하게 몰아가고 있다는 것이다. 그는 그 "결과는 거침없는 이동성을 구축하고 또 이를 찬미하고 있지만, 정작 그것이 구속의 원리에 불과한 것"이라고 비판한다.[23] 감성의 흐름은 배가되지만, 일상생활의 진부함에서 탈출할 수 있는 길은 제자리 걸음이라는 것이다. 탈출은 오히려 간교하게도 감금의 형태가 되고 있다는 것이다.

그렇다면 관객이 영화에서 느낀 해방감도 어쩌면 원천적으로 탈출 불가능성이 내재한 삶의 굴레일 수 있다. 따라서 이준익 감독이 능숙하게 감성을 다루면서 보통 사람들의 일상생활이라는 아무것도 아닌 것에서 무엇인가 차이를 드러내고 있는 전략도 이런 패턴을 피하기 어렵다. 영화를 통해 얻은 영감적인 감성 에너지는 순환

논리의 일부에 불과하기 때문이다. 다시 말해, 우리가 일시적으로 얻은 감성적 권능으로 보다 안정적인 차이를 제공하는 체제와 접합을 유도하는 것이 매우 어렵다는 얘기다. 결과적으로 영화를 통해 잠시 구축됐던 미미한 차이는 우리가 일상의 진부함으로 회귀하면서 보다 일반적인 현상으로 나타나는 무관심한 상태로 수렴하는 것이다.

그러나 이준익의 영화는 이런 패턴을 보상할 형식적 장치를 제공하고 있다. 무엇보다 탈출 불가능의 상태는 절망으로 우리를 유도하는 것이 아니라, 때로는 웃음으로, 경우에 따라서는 진한 우정으로, 그리고 종국에는 공동체적 가치를 도모하고 또 축하하는 기회로 전환되고 있다. 그는 "영화가 세상을 담는 그릇"이라고 믿는 터라 "영화에서 영화를 따오지 않고 세상에서 영화를 가져오려" 노력한다.[24] 그 세상은 갈등과 투쟁으로 점철되어 있지만, 여전히 우리가 회귀해야 할 마지막 보루이며, 그런 이유에서 그는 자신이 경험한 시대적 감성을 동원해 따뜻한 시선으로 이를 보듬는다.

결론을 대신해서: 감정과 컨텍스트

이렇게 보면 이준익 감독의 영화는 윌리엄스의 감정구조와 그로스버그의 감성경제의 개념에 대체로 부합하는 해석이 가능하다. 그의 영화는 분명 당대를 살아가는 어느 특정 세대에게서 찾아볼 수 있는 삶의 질에서 나오는 느낌을 감지하게 할 뿐만 아니라, 영화가 주는 열정적 에너지로 일상의 지루함에서 탈출하고자 하는 욕망을 생산하기도 한다. 그러나 동시에 그의 영화가 두 이론가와 다른 점이 있다면, 그것은 영화가 매우 구체적인 시대와 사회적 맥락의 산물이라는 점이다. 윌리엄스의 경우, 어느 특정한 시간과 공간을 한정지음으로써 역사적 맥락의 중요성을 언급하고 있지만, 여전히 그는 하나의 세대 또는 특정한 계급에서 일반적이고 아무런 차이가 없는 통일된 입장으로 감정구조에 접근하고 있다는 점이 문제다.

이준익 감독 또한 영화를 생산하는 관점에서 자신과 유사한 세대를 동일한 가치의 소유자로 전제하며 접근하고 있다는 점에서 윌리엄스와 유사한 오류를 범하고 있지만, 정작 그가 의도한 영화의 의미가 다양한 관객들에게 그렇게 수용될지는 전적으로 관객의 컨텍스트에 달렸기에 또 다른 문제가 있다고 할 수 있다. 텍스트의 수용에서 컨텍스트의 문제를 초월적으로 접근하고 있는 문제는 그로스버그의 이론에서 훨씬 심각하게 나타난다. 이는 그가 텍스트끼리의 차이가 없어서 겉으로는 차이를 만드는 것 같지만 정작 그 차이 자체가 미미해서 관심을 끌지 못하고 있다는 주장, 즉 텍스트의 내용이 가지는 정체성은 우리가 감성을 투자해서 얼핏 다르게 보이지만 결국은 아무런 차이도 발견할 수 없는 '차이의 결핍'에 있다는 주장에서 잘 드러나고 있다.[25] 결국 모든 것이 비슷비슷하고 서로가 같다는 말이다. 이는 물론 매우 복잡한 문화수용의 컨텍스트를 초월해 환원적으로 압축한 과장이 틀림없다.

그러나 윌리엄스와 그로스버그가 존재의 감성적 느낌이 문화이론에서 생략돼 있다는 새로운 문제를 제기한다는 점에서 그들의 이론적 시도는 높게 평가할 만하다. 현대사회에서 감성의 교감을 강조한 이준익 감독 또한 이들 이론가들과 유사하게 영화를 통해 감정이라는 유동적 변수를 사회구조와 연결시키고 있는 문화실천가라고 할 수 있을 것이다. 두 이론가 모두 경험을 이데올로기나 사회적 특성의 범주를 넘어선 것으로 제시하고 있고, 어느 특정한 사회적 문화적 맥락—비록 그것이 보편적이고 초월적으로 제시되고 있다고 해도—에서 감정적 효과가 무슨 의미인지를 파헤치고 있다. 그러나 두 이론 모두 문화에서 감정의 중요성을 설파하지만 제시한 이론에서 모든 문제를 총망라한 것은 물론 아니다.

이미 언급한 대로 그로스버그는 감정을 감성과 이데올로기의 산물로 제시하고 있다. 감정은 의미화의 실천이라고 할 수 있으며, 그것은 또 의미효과를 통해 힘과 접합하거나 개입한 것으로 보고 있다. 그러나 감성이 어떻게 의미화 기능을 수행하지 않으면서 분석에 이용될 수 있는지 우리는 알지 못하고 있다. 여기서 감성은 전의식前意識, preconscious의 개념과 마찬가지로 중간지역에 존재하는 것처럼 제시되고 있다. 그렇다면 문제는 이런 전의식이 어떻게 역사문화적으로 구축될 수 있는지, 그것이 고유한 개인의 본질적 개념이 아니라 역사와 문화적 산물, 즉 만들어진 개념인지를 어떻게 알 수 있느냐는 것이다. 이런 논리적 문제는 이와 연관된 또 다른 문제, 즉 감성이 감정과 어떻게 구체적으로 구분될 수 있는지를 명쾌하게 설명하지 못한다는 이론적 쟁점을 야기하고 있다.[26]

이는 영화를 예로 들어보면 좀 더 분명해진다. 만약 〈즐거운 인생〉이 감성적 투자의 개념으로 작동하고 있다면 이준익 감독이 지속적으로 강조하며 영화에서 재현하고자 하는 사회적 의미가, 예컨대 세대·지역·계급 등의 감정적 측면과 어떤 관계에 있는지, 감성과 감정의 구분이 모호해질 수밖에 없는 것이다. 같은 맥락에서 〈황산벌〉이 제시한 정치적 효과성도 사투리가 빚어낸 웃음이 우선 감성적 권능으로 작동하고 이를 통해 다시 현실 세계의 문제를 심문하는 데 감성적 에너지를 투자했기 때문이라고 주장할 수 있겠지만, 동일한 논리의 연장선상에서 관객의 입장으로 판단해봤을 때 두 개념 사이의 경계선이 과연 무엇인지 또한 두 개념을 구분해서 얻어지는 이점이 무엇인지가 명확하지 않다는 말이다.

그로스버그가 제시한 감정의 개념은 윌리엄스의 총체성으로서의 경험, 즉 인지와 감성의 통합으로서 존재의 느낌이라는 개념에 보다 직접적으로 맞물려 있다. 이 글에서는 감정을 의미생산이라는 순환과정의 범주 내에서 개념화하는 것이 보다 더 생산적인 방법이라고 판단하고 있다. 이는 그로스버그의 경고, 즉 감성을 이데올로기의 아우라로만 접근해서는 안 된다는 입장을 충분히 이해할 수 있지만, 감정을 의미화 실천과 연관된 개념으로 이해했을 때 권력관계의 유통에서 그 기능이 어떤 것인지를 훨씬 더 효과적으로 파악할 수 있기 때문이다. 다시 한 번 강조하자면 이런 문제의식은 감성과 감정 두 개념의 명확한 구분이 어려운 상황에서 보다 효과적으로 감정을 힘의 관계와 연결시키고, 이 구체적인 상호과정을 특정한 역사적 맥락에서 추적하기 위한 노력에서 나온 것이다.

이에 덧붙여 이제 감성은 감정을 구축하는 과정에서 단지 에너지나 그 강도를 나타내는 개념으로 정의하는 데 의문을 제기하지 않을 수 없다. 이는 감성이 작동되기 위해서는 커뮤니케이션, 인식과 차이 과정, 주체성의 형성, 개인성 등과 같은 또 다른 상호텍스트적 관계가 필요하기 때문이다. 여기서 감성을 강도의 경계를 넘어서 효과성으로 그 의미를 확장하는 것은 정신분석학에서 얘기하는 '충동 drive'과 유사한 해석을 거부하기 위해서다.[27] 이제 감성은 또 다른 판, 즉 이데올로기·경제·리비도 libido 등을 추동하기 위해 봉사하는 것으로 접근하는 편이 타당하다. 따라서 보다 넓은 의미의 커뮤니케이션·인지 등의 예에서 찾아볼 수 있는 감성경제는 복잡한 권력과 의미 관계를 생산, 재생산하는 자체적 시스템이 되고 있을 뿐만 아니라, 다른 경제들과 연결되어 작동하고 있다는 사실이 중요하다.

이 문제는 황진미가 또 한번 매우 효과적으로 제기하고 있다. 〈님은 먼 곳에〉의 여주인공 써니를 전쟁터에 강림한 구원의 여신으로 섬김으로써 "남성들이 여인의 자비심을 통해 용서받고 구원"을 얻고 있다는 감독의 의도는 오히려 "전형적인 반 여성주의적" 담론으로 읽힐 수 있다는 것이다.[28] 이는, 황진미의 주장에 따르면, 주인공 써니가 위치한 베트남이라는 구체적이고 현실적인 맥락을 초월해 "여성을 탈 정치적이고 초역사적인 존재로 간주하"고 있을 뿐만 아니라, 보다 직접적으로 그녀가 "한국 군인들의 억압된 성적 판타지를 채워주는 존재일 수밖에 없다"는 사실을 외면한 주장으로 받아들여질 수 있기 때문이다.[29] 따라서 젠더정치의 역학관계에서 봤을 때 이 영화가 제공하는 권능 혹은 감성은 얼마든지 남성중심주의적인 이데올로기와 결합해 반여성적 감정을 생산할 수 있다.

윌리엄스와 그로스버그는 어떻게 감정이 문화와 집단 정체성을 구축하는지를 개념화하는 데 기초적인 이론의 틀을 제시하고 있다.

그러나 어느 이론도 개인의 정체성과 사회구성체 사이의 상호관계를 자세히 설명하지 못하고 있다. 바로 이 관계야말로 우리가 풀어야 할 과제다. 이를 위해서는 권력과 감정의 관계를 보다 정교하게 제시해야 할 것이며 어느 특정한 감정구조에 집중할 필요가 있다. 이는 문화연구에서 얘기하는 매우 구체적인 컨텍스트의 문제에 해당되는 경우로, 〈님은 먼 곳에〉의 경우에서 볼 수 있는 것처럼 어떻게 감정구조가 개인적인 마이크로 층위에서 효과성을 담보하고 있는지, 또한 동시에 어떻게 사회문화 층위에서 나타나는 거시적 작동과 지속적인 권력 유통의 일부로 기능하는지를 살펴보기 위해 동원해야 할 매우 중요한 개념이다.

정리하자면 감정적 관계는 사람들 사이에 동등한 가치로 존재하는 것이 아니다. 감정은 이용돼 행사되고 권력의 차이를 확인시켜주기도 한다. 그러나 어떻게 감정이 사회구성체를 통해 유통되고 종속시키는지는 매우 복잡한 문제며, 따라서 오로지 어느 특정한 역사적 맥락에서 구체적으로 문화적 현상을 추적했을 때 규명이 가능하다. 이는 감정이 끊임없이 변화하기 때문이다. 여기서 감정을 단순히 종속적인 개념으로 파악한다면, 이는 감정을 부정적인 힘으로 보는 것이다. 감정은 푸코가 제시한 권력관계와 마찬가지로 긍정적인 생산적 개념으로 접근할 수 있으며 감정을 부정적 힘만으로 상정하는 것은 문제가 있다. 감정은 종속적인 힘일 뿐만 아니라, 동시에 창조적 에너지일 수 있기 때문이다.

마지막으로 강조할 점은 감정을 보편적이고 근본적 개념으로 접근해서는 안 된다는 사실이다. 대신 우리는 감정을 문화적으로 역사적으로 매우 다양한 현상으로 다뤄야 할 것이다. 따라서 그 어떤 감정분석도 역사적 상황과 결합된 특정한 예에서 벗어나 일반론의 초월적 관점에서 출발해서는 안 된다. 그런 시도는 모든 것을 설명할 수 있으나 동시에 아무것도 설명할 수 없는 논리적 오류를 범하기 쉽다. 감정연구에서는 어떻게 감정이 생성되고 경험되었는지, 어떻게 이용됐고 감정의 효과성이 무엇인지, 어떻게 권력 구조에서 권력구조와 기능했는지, 지배적인지 저항적인지, 그리고 주체성과 정체성 형성에 감정이 어떤 역할을 했는지를 추적해야 할 것이다. 다시 말해, 구체적인 현실세계에서 벌어지는 일상의 영역에서 그리고 개인의 실천적 영역에서 그 분석이 이뤄져야 할 것이다.

〈감시자들〉과 통제시대의 문화정치[1]

들어가며 : 영화에 나타나는 시대적 감성

오후 4시까지는 아직 분침이 조금 모자란다. 테헤란로의 은행이 문을 닫기 직전의 시간. 그곳에서 멀지 않은 어느 건물주차장에서 강한 폭발음이 들리고 곧이어 소방차의 사이렌이 울리기 시작한다. 이 상황을 또 다른 건물의 옥상에서 지켜보고 있던 한 사내의 입에서 "시작"이라는 말이 떨어짐과 동시에 일단의 무장 강도들이 저축은행에 재빨리 진입한다. 그들이 총기를 난사하며 은행원들을 위협하자 가지런했던 사무실 공간은 순식간에 아수라장으로 변한다. 총탄을 맞은 유리벽은 파편이 되어 흩날리고 겁먹은 직원들은 어찌할 바를 모른 채 비명만 지를 뿐이다. 범인들이 노리는 것은 개인금고에 보관되어 있는 100억 원이 넘는 채권. 그들이 그런 거액을 탈취하는데 걸리는 시간은 3분에 불과하다. 군사작전을 방불케 하는 과감하고 치밀한 계획으로 그들은 자신이 원하는 것을 정확히 탈취해

간다.

그러나 완벽할 것 같던 계획에 차질이 생긴다. 범인 중 한 명이 채권 이외의 현금에 현혹되어 시간을 지체한 나머지 강도 일당이 탄 승합차가 경찰에 쫓기게 된 것이다. 대낮에 벌어지는 테헤란로의 추격 장면이 어지럽게 이어진다. 경찰차는 범인의 도주 차량을 잡기 위해 도로의 자동차들을 곡예하듯 추월하다가 갑자기 교차로 옆길에서 나타난 또 다른 순찰차와 충돌할 뻔한 위기를 간신히 모면하고 다시 추격을 계속한다. 경찰차와 도주 차량의 거리가 좁혀 오자 이 모든 상황을 옥상에서 지켜보던 범인 일당의 행동대장이 현장 근처에 대기하고 있던 또 다른 공범자에게 지시를 내린다. 트럭을 이용해 순찰차를 가로막아 범인 차량이 안전하게 빠져나갈 수 있도록 도주로를 확보하라는 명령이다. 대형 트레일러가 대로를 급선회해 가로 벽을 치자 순찰차 4대가 차례로 쾅쾅대며 트럭에 곤두박질친다.

이는 〈감시자들〉의 도입부에서 전개되는 한 시퀀스의 장면 묘사다. 관객은 이 대목에서 추격 장면이 주는 긴장감과 박진감을 고스란히 몸으로 전달받아 흥분의 고조를 경험하게 된다. 그런 효과를 내기 위한 몇몇 영화적 장치들이 눈에 띈다. 카메라의 경우 역동적인 현장감을 살리기 위해 카메라를 고정시켜 사용하기보다 손에 들고 배우들과 함께 뛰며 액션의 불안정한 움직임을 잡아내 그 역동성이 관객의 눈과 몸에 고스란히 전달된다. 편집 또한 하나의 테이크에서 다양한 사이즈의 쇼트를 중첩적으로 사용하거나 쇼트와 쇼트를 충돌시키기도 하며 움직임의 방향을 여러 각도에서 보여줌으로써 관객에게 영화 속 사건을 몸소 경험한 것과 같은 생생한 느낌을 주고 있다. 실시간 움직임을 커트 전환의 빠른 편집으로 담아낸 〈감시자들〉은 그에 상응하는 고유한 영화리듬을 갖는다. 관객이 이 영화에 빠져드는 중요한 요소 중 하나다.

이토록 흥분지수를 높이고 실감나는 장면을 만들기 위해 현장에서의 촬영도 이제까지와는 다르게 진행됐다는 사실이 흥미롭다. 우선 추격 장면을 찍기 위해 촬영 팀에게 주어진 시간은 대여섯 시간에 불과했다. 고도의 스턴트 액션을 담기에는 절대 부족한 시간이지만 서울 강남의 테헤란로에서 교통을 차단하고 촬영을 했다는 사실을 감안하면 결코 짧은 시간이 아니다. 이런 상황에서 효율적인 현장의 운영은 필수적이다. 다수의 카메라를 동원해 다양한 앵글과 각기 다른 사이즈의 쇼트를 동시에 찍어야 할 뿐만 아니라 CCTV나 블랙박스 같은 여러 질감의 영상을 만들어 내야 하기 때문이다.[2] 이 복잡한 과정에서는 치밀한 계획이 우선적으로 필요하지만, 그러나 그보다 더 중요한 것은 그 계획이 어긋났을 때 어떻게 할지 즉흥적인 대응능력이라고 할 수 있다.

이는 그동안 고수됐던 매뉴얼에 입각한 체계적인 작업 대신 환경에 따라 임의적인 선택과 조합, 다시 말해 유연성의 원칙이 영화제작 현장에서 적용되고 있음을 의미한다. 실제로 이 영화의 한 촬영 스태프에 따르면, "예전엔 한 장면, 한 장면을 공들여 찍었다면 지금은 최소한의 시간 안에 최대한을 끌어내기 위해 한 번에 길게 촬영하고 편집"하는 방식으로 영화가 만들어지고 있다.[3] 뿐만 아니라 이야기를 이끌어나갈 때도 사실성을 중시하는 아날로그 영화제작 관행 대신에 디지털 합성의 방법을 선호한다. 옥상에서 범죄를 지휘하는 캐릭터의 등장장면이 좋은 예다. 이전에는 한 장소에서 모두 찍어 연속성이 보장되도록 편집했지만, 이 영화에서는 상암동 건물의 계단, 명동의 옥상, 그리고 테헤란로를 각기 촬영한 후 편집과정에서 조합하는 방식으로 장면이 만들어졌다.[4]

이런 변화는 그동안 영화산업의 자본과 제작이 별개의 영역으로 존재하면서 창조영역의 상대적 독립성이 유지됐던 상황이 달라지는 것과 맞물려 나타나는 결과라고 할 수 있다.[*] 영화산업은 제작자본이 영화제작에 대한 전문 지식이 부족하기 때문에 창조인력에게 전적으로 제작을 맡겨야 하는, 여느 제조 산업과는 다른 문화산업이라고 할 수 있다. 영화가 산업의 일부로 기능하는 것은 마스터 테이프가 제작된 이후, 즉 영화가 완성된 이후, 배급과 상영의 과정을 철저하게 통제하는 과정에서 나타나는 특징 때문이다. 영화제작에는 자본이 직접적으로 참여하지 못하지만 일단 영화가 만들어지면 그 이후의 과정은 일반 상품과 다를 바 없이 관리되는 것이다.[5] 그러나 영화가 산업의 지배적인 논리로 접근되고 있는 요즈음, 제작현장에서도 효율성과 유연성이 강조되는 경영의 논리가 스며들고 있는 것이 현실이다.

만약 이러한 제작현장과 제작방식에서 나타난 유연성과 효율성

─────

[*] 여기서 키워드는 '상대적'이다. 이는 이전에도 자본이 제작과정에 개입하는 상황이 경우에 따라 발생했지만, 그 정도가 제조 산업과 비교하면 상대적으로 약하다는 사실을 나타내는 말이다. 그러나 제작환경이 아날로그에서 디지털로 전환되고, 영화사가 미디어대기업으로 재편된 후 영화를 기획의 산물로 접근하는 과정에서 창조영역의 이런 상대적 독립성은 점차 약화되는 경향을 보이고 있다.

의 가치를 영화의 스토리에서도 감지할 수 있다면, 이는 그 개념이 사회의 다양한 영역에서 중요한 논리로 등장하고 있음을 시사하는 한 징후라 할 수 있을 것이다. 이 시대가 추적과 파악이 어려울 만큼 복잡성이 개입해 있지만, 영화가 시대적 감정을 포착할 수 있는 실마리를 제시한다는 샤비로 Steven Shaviro 의 주장에 따르면, 〈감시자들〉은 사회적 현실을 단순히 재현하는 것만이 아니라, 복잡하게 얽혀 있는 세상에 대한 정서와 흐름을 적극적으로 구축하는 매개체임을 알 수 있다.[6] 이 글은 〈감시자들〉에 내재한 내용과 형식의 분석을 통해, 영화가 생산하고 있는 고조된 감성[7]과 이를 생산하기 위한 전략들이 푸코의 감시체제보다 더욱 심화된 통제사회로 이행하는 데 필요한 조건들과 어떻게 접합하는지를 살펴보고 있다. 이 과정에서 노출되는 문화정치적 함의가 이 글의 주된 관심사다.

연속편집에서 '연결'편집으로

〈감시자들〉이 스토리 대신 액션에 치중하고 있다는 사실은 촬영과 편집의 방식에서 이미 충분히 예견할 수 있다. 정교하게 쇼트들을 짜 맞춰 복잡한 이야기의 실마리를 풀어내는 연속편집 방식 대신 수사팀과 범인 사이의 지속적인 추격 장면만으로 영화를 이끌어가고 있기 때문에 나타날 수밖에 없는 결과인 것이다. 만약 영화적 의미 대신 빠른 커트로 점철된 속도감이 편집의 판단기준이라면, 이때 편집은 더 이상 의미화 과정으로 기능하는 것이 아니며, 대신 관객의 스릴을 유도하는 일처리에 불과하다. 추격 장면의 템포에 따라 관객의 지각을 통제하는 기능적인 역할로 전락한 것이다. 따라서 편집의 임무는, 오늘날 대중 상업영화를 감상한다는 의미가 흥분지수를 높이는 것으로 변질된 상황에서 관객이 스토리에 몰입해 서사적 즐거움을 경험하게 만들기보다 그들의 감성을 극대화시켜 경제적 목적을 달성하는 데 있다.[8]

물론, 이런 특징은 영화가 액션을 전제로 하는 장르이기 때문에 발생하는 자연스런 결과일 수도 있지만, 이에 덧붙여 부분적으로는 홍콩의 원작을 리메이크하면서 '한국적'으로 보여야 한다는 점과, 한국에는 존재하지 않는 경찰조직을 존재하는 것처럼 보여줘야 하는 문제에 대해 상대적으로 쉬운 해결책을 내기 위한 과정에서 비롯된 결과이기도 하다. 예를 들어 다수의 범인들이 은행에 침입해 총기를 난사하는 장면이나 테헤란로에서 대형 트레일러트럭이 경찰차와 충돌하는 스펙터클한 장면은 한국의 현실에 비추어 리얼리티가 낮은 에피소드일 수밖에 없다. 이런 상황에서 최우선 관심사는 당연히 '어떻게 그럴 듯하게 영화를 만들까'일 것이다. 〈감시자들〉를 공동연출한 김병서 감독은 한 인터뷰에서 경찰청 감시반에 대해 이렇게 대답하고 있다.

실제로 감시반이 있지는 않을 것 같고, 비슷한 일들을 하시는 분이 계시겠지만, 원작의 매력이라는 게 사실 못 보던 일을 하는 경찰의 이야기잖아요. 감시 전문가들의 이야기, 그 조직을 한국적으로 끌어왔을 때 대표님이랑 같이 얘기한 부분이 "좀 빌리버블한 이야기가 되어야 할 것 같다." 그래서 그런 부분에서 영화적으로 현실감을 얻은

것 같아요.[9]

여기서 '영화적 현실감'은 현실과 구분되는 장르적 현실감 또는 박진성을 의미하는 것이다. 현실 세계의 사실적인 모습은 아닐지라도 영화에서 자주 봤던 영화적 현실, 즉 범죄영화의 장르에서만 유통되는 컨벤션이다.[10] 따라서 이 영화에서 보여주는 화려한 액션 장면들은 관객에게 이미 익숙한, 그래서 누구도 영화적 당위성을 의심하지 않을 만큼 기존의 범죄영화와 유사한 모습일 수밖에 없다. 실제로 총기를 소지한 떼강도가 은행을 강탈하는 모습은 할리우드영화와 크게 다르지 않다. 자동차 추격과 충돌장면 또한 기존의 영화들과 차이를 찾아보기 어렵다. 〈감시자들〉이 한국영화임을 나타내는 유일한 지표는 배경이 서울이라는 점과 등장인물이 한국인이라는 사실뿐이다. 황 반장이 오늘의 운세를 읽고 있는 모습이나 감시반원이 떡볶이 트럭에서 임무를 수행하는 장면에서 이 영화가 비로소 한국영화임을 알 수 있다.

이런 맥락에서 영화가 서사적 정교함에 치중하기보다 느낌을 중시하는 것은 자연스런 결과라고 할 수 있다. 이는 결국 시각과 청각 그리고 지각적 자극이 극대화되는 방식으로 영화가 전개됨을 의미한다. 총기발사의 사운드 효과, 자동차 충돌장면의 스펙터클, 클로즈업된 대상의 이미지들을 혼합하는 방식으로 영화를 이끌어간다. 그러나 이 이미지들은 오로지 표면의 감각성에 호소할 뿐 심층적인 의미를 가지기가 어렵다. 이는 이미지가 현실에 바탕을 두지 않았기 때문이며, 영화는 결국 대서사의 상실을 초래하고 이어서 대서사

소멸은 이미지의 파편화로 귀결될 가능성이 높다. 따라서 〈감시자들〉에서 내러티브의 흐름은 시종일관 이미지의 화려한 장면들과 불안정하게 섞이면서 전반적으로 구심점을 가진 대서사로 읽어내기가 어렵다. 이미지가 서사를 압도한 채 영화가 진행되고 있기 때문이다.

앙드레 바쟁 Andre Bazin 은 이 문제를 리얼리즘 논의에서 다소 다른 악센트로 풀어내고 있다. 바쟁은 1920년에서 1940년에 활동했던 감독들을 이미지에 집중하는 그룹과 리얼리티를 강조하는 그룹으로 나누고 있다.[11] 바쟁은 당연히 리얼리즘을 중시하고 이미지를 경멸하는 쪽이다. 그는 1940년 이후에 늘어나기 시작하는 시퀀스와 심도 쇼트를 이미지 중심의 미학에 대한 리얼리즘의 승리로 보고 있다. 그가 이상으로 삼고 있는 영화는 '토털 시네마 total cinema '로 이는 영화가 "현실을 완전하고 완벽하게 재현하는 것"[12]을 의미한다. 그러나 바쟁은 토털 시네마를 실현하는 것은 이상에 불과하다고 생각한다. 오직 성취하기 위한 노력만이 가능할 뿐, 영화감독이 자신의 개인적인 관점을 포기하고 소리와 컬러를 통해 외부 세계를 온전히 재구성하는 불가능하다는 것이다.

그러나 현대 영화에서 리얼리즘과 이미지의 구분은 이미 와해된 지 오래다. 오늘날 가장 생생한 현실은 이미지에 대한 현실일 뿐이다.* 같은 맥락에서, 샤비로에 따르면 지난 반세기 동안 일어난 변

---

* 할리우드 블록버스터 〈그래비티〉와 한국영화 〈해적: 바다로 간 산적〉의 예에서 알 수 있듯이 이제 실사와 CG로 구현된 이미지의 구분은 무의미하다. 〈그래비티〉의 경우, 등장인물의 얼굴을 제외하고 거의 전 과정을 CG작업으로 완성한 영화가 NASA가 제작한

화 중에 획기적인 사실은 영화가 현실을 반영하기보다 현실이 영화처럼 변하고 있다는 것이다.[13] 이미지는 이제 스마트폰의 작은 사이즈 화면에서부터 극장의 대형 스크린에 이르기까지 현대인의 일상에 확산되어 있고, 매클루한Marshall McLuhan의 주장대로 '심도 있는 참여'[14]를 필요로 하고 있다. 이는 이미지가 갖는 햅틱적 속성에서 가능한 일이며 더 이상 시각적인 것으로만 한정할 수 없게끔 이미지가 진화한 결과라고 할 수 있다. 이미지는 이제 끈적끈적함 같은 촉각의 질감까지도 재현할 수 있는 만큼 바쟁이 꿈꿨던 토털 시네마도, 비록 그가 인정하진 않겠지만, 오늘날 실현 가능한 것이다.

영화 환경이 이렇게 달라진 상황에서 〈감시자들〉의 연출가들이 바쟁의 바람대로 롱 테이크와 깊은 심도의 구성 그리고 객관적 시선으로만 영화를 완성하기를 기대하는 것은 무리다. 그들이 고민해서 계획한 대로 이미지의 나열을 통해 '영화적 현실'을 구축하는 것이 오히려 더 현실적일 수 있기 때문이다. 이 영화가 손익분기점인 200만 명을 훨씬 넘겨 550만 명의 관객을 동원했다면[15] 그리고 그들 중 다수가 한국에도 영화 속에 등장하는 경찰 감시반이 존재하는지 궁금하게 여겼다면, 이는 〈감시자들〉이 장르적 박진성을 성공적으로 실현했을 뿐만 아니라, 샤비로의 주장, 즉 현실이 영화가 되고 있음을 입증했다고 볼 수 있을 것이다. '상상'이 개입되어 만들어진 영화임에도 불구하고 많은 관객들이 실감나게 영화를 감상했다면 그

실제 다큐멘터리보다 더 사실적이라는 평가를 받는 것도 이 맥락에서 이해할 수 있을 것이다.

영화적 현실은 더 이상 허구일 수 없다.

〈감시자들〉은 이렇게 보면 중요한 패러독스 또는 모순에 응답하고 있는 셈이다. 감시와 통제의 공간은 한편으로 지극히 추상적인 개념이지만, 동시에 우리의 현실 속에서 매우 가깝게 다가오는 주제다. 추상적인 개념의 층위에서 바라본, 곧이어 논의할 '통제사회'는 눈으로 볼 수도, 들을 수도, 그리고 손으로 만질 수도 없는 세상이다. 디지털 정보사회의 망으로 구축된 이 감시사회는 우리가 실제로 보거나 느낄 수 없는, 그러나 모두가 깊숙이 빠져 있는 버추얼 세계에 존재하는 '흐름의 공간'이다.[16] 이 공간은 불가해하고 '재현 불가능'[17]한 영역이지만, 〈감시자들〉은 이 어려움을 관객이 가장 쉽게 이해할 수 있는 이미지·사운드이펙트·장치 등을 동원해 전형적인 범죄 장르의 공식에 따라 성공적으로 풀어내고 있다. 패스티쉬의 전형이자 승리인 셈이다.

영화가 이런 재현 불가능성 또는 불가해성의 문제를 성공적으로 극복했다면 이는 패러독스의 또 다른 측면인 인접성에서 기인한 것이라고 할 수 있다. 현실 세계의 도처에 널려 있는 감시카메라는 영화 속에서 전개되는 '과장'스런 이야기를 상상의 산물로만 치부하는 것을 막아주는 실체적인 증거다. 이제는 통제사회가 르네상스 시대의 시각적 공간에서만이 아니라 손으로 햅틱 스크린을 직접 만져보고 반응도 확인해볼 수 있으며 소리로 듣고 음성으로 조작도 가능한 '청각적-촉각적'[18] 공간에서 가능한 세상이다. 여기서 시각적 공간은 비어 있는 확장된 균질한 그릇이다. 고정점에 위치한 사물들이 담겨 있는 용기에 불과하다. 반면 청각적-촉각적 공간은 '공명의

간격' '역동적 관계' 그리고 '움직임의 압력'으로 구성된 전자공간이다.[19]

새롭게 펼쳐지는 이 청각적-촉각적 공간은 지속적으로 에굽고 접혀지며 늘어나는 혼성의 불균질한 조각보와 같다. 이것은 또한 '고밀화densifications' '강화intensificaitons' '보강reinforcements' '투입 injections' '물벼락showerings' 등으로 가로질러지는 공간이다.[20] 이 공간을 통과하는 것은, 따라서 결코 매끄러울 수가 없고 계속해서 안정적인 상태를 유지할 수도 없다. 대신 울퉁불퉁하고 비선형적이며 불연속적이면서 흩어져 있는 공간을 건너야 하는 상황이다. 이 맥락에서 들뢰즈는 촉각적 공간이 "그 균질성을 잃고 새로운 좌표와 계량적 관계를 남겼다"[21]고 주장한다. 그 결과 이 새로운 공간은 오로지 조각과 파편을 통해, 그리고 하나의 공간과 다른 공간의 '연결'을 통해서만 순간적인 이해가 가능하다는 것이다.

이 공간적 연결은, 따라서 미리 계획하거나 주어지기가 어렵다. 〈감시자들〉의 경우, 이미 살펴본 대로 추격과 충돌장면을 한 번에 길게 촬영하고 그렇게 얻은 시퀀스들을 모아 편집으로 '연결'하는 작업으로 마감한다. 이 상황에서 치밀하고 정교하게 앞뒤 쇼트를 맞춰 이어 붙이는 연속편집을 기대하기는 어렵다. 이때 편집은 두 시퀀스를 잇거나 커트 쇼트의 연결로 충분한 것이다. 뿐만 아니라, 익스트림 클로즈업으로 잡은 초시계가 재깍거리는 사운드 효과와 함께 화면에 펼쳐진 순간 관객은 마치 자신의 시계를 보는 것과 같은 지각적 착각에 빠져들게 된다. 이렇게 불쑥 끼어든 초시계는 이어서 등장하는 은행 강탈 장면과 연결되면서 '몽타주의 효과'*를 생

산하고 있다. 그리고 여기에다 CCTV의 거친 화면을 붙이면 개념
적으로 재현 불가능했던 통제사회가 파악 가능한 느낌으로 나타나
기도 한다.

기율사회에서 통제사회로

들뢰즈는 「통제사회에 관한 후기」에서 미셸 푸코[22]가 추적한 18세
기와 19세기의 '기율사회'와 대비되는 20세기 후반의 '통제사회' 개
념을 제시하고 있다. 푸코의 기율사회에서는 그 생산양식이 구식의
기계설비에 의존했다면, 들뢰즈의 통제사회는 컴퓨터에 의해 지배
적으로 구축되는 세상이다. 이런 변화에 따른 힘의 분산도 푸코의
분석대로 왕권에서 기율사회의 사회제도로 이뤄졌지만, 이제는 디
지털 정보기술을 통해 제도가 가정으로까지 확산됐다는 것이다. 19
세기가 푸코의 '고분고분'한 몸을 창조하기 위해서 지속적인 기율·
준비·훈련·시험이 필요한 과정이었다면, 현대는 가정과 학교로 직
장이 연결되어 있어 동일한 작업을 그때그때 상황에 맞춰 수행할

---

* 그러나 이 편집기법이 몽타주가 추구하는 "차이나는 요소들 사이에 시각과 스타
일, 그리고 의미와 감정적 충돌을 창조"(Lev. Manovich, *The Language of New Media*,
Cambridge: MIT P., 2001, p.144.)하고 있는지는 의문이다. 이 영화가 전통적인 아날로
그 쇼트의 몽타주 기법을 차용하고 있지만, 실제로 작동되는 방식이나 결과는 디지털 합
성에 가깝기 때문이다. 이는 영화 초반 햄버거 가게에서 여형사(꽃돼지)가 전철에서 봤
던 것들을 다시 재구성 하는 장면에서 지극히 임의적으로 기억의 이미지들을 배치하는
것에서 잘 드러나고 있다. 이때의 장면구축은 디지털 편집에서 데이터베이스의 정보를
잘라 붙여 매끄러운 전체를 만드는 것을 목표로 한다. 문제는 영화의 후반부 꽃돼지가
범인 제임스를 추격하다 놓치고 나서 다시 발견하는 장면에서 볼 수 있듯이, 디지털 합성
이 연속적이고 선형적이며 논리적이기 보다는 매우 임의적이고 작위적임을 알 수 있다.

수 있다는 것이다. 이때 작용하는 힘은 물론 만날 수도, 볼 수도 없는 '보이지 않는' 권력이다.[23]

통제사회에서는 또한 어디에나 널려 있으면서 항상 접속 상태인 정보기술의 네트워크가 사회기구 자체를 분산시키고 있으며, 이 때문에 제도가 위기를 맞는 것은 당연한 결과다. 마치 푸코의 기율사회에서는 왕권의 기능을 기계가 대체해 일과 놀이까지도 기계가 담당했듯이 이제는 정보기술이 모든 것을 대신하는 세상이 된 것이다. 이 맥락에서 마이클 하트Michael Hardt는 가정·학교·회사 등의 칸막이로 울타리 쳐진 제도의 위기, 즉 각 층을 벗어나는 것은 어떤 의미에서 '사회의 과다분획 hypersegmentation of society'[24]을 야기하는 것이라고 주장한다. 통제사회에서는 기율사회에서 나타나는 통제의 한계마저 존재하지 않는 무한대의 통제가 가능하다. 그런 만큼 통제는 볼 수 없지만 확산되어 있고, 유연하기까지 하다. 이런 변화의 중심에 디지털 기술로 연결된 정보네트워크가 존재하고 있음은 물론이다.

이렇게 보면 〈감시자들〉은 내용과 별개로 영화제작 현장과 작업과정에서 포스트포디즘 경제 또는 통제사회의 작동원리가 이미 실천되고 있다는 사실이 흥미롭다. 효율성을 높이기 위한 작업현장의 유연한 운영, 특히 감독이(이 영화의 감독이 둘이라는 사실에 주목하자) 독점하던 절대적 권위를 카메라·편집·미술·음악 등 각 직능별로 다양하게 위임해 각자의 창의성을 최대로 이끌어내는 작업방식은 한국 영화산업이 일본 식민시대의 유산이라고 할 수 있는 도제제도에서 현대화로, 즉 영화의 기업화로 이행되는 과정에서 나타난 가장 큰 변화 중 하나다. 그러나 중요한 점은 이렇게 다양한 방식으로 권위가 위임되어 유연한 제도로 움직이는 것은 이 과정에서 생산되는 다양성이 능률을 극대화하기 위한 수단일 뿐, 보다 통합적이고 체계적인 '통제'의 한계까지 벗어났음을 의미하지는 않는다는 사실이다.

영화제작의 작업과정이 포스트포디즘의 디지털경제 시대에 요구되는 논리를 되풀이하고 있다는 또 다른 증거는, 이미 살펴본 대로 〈감시자들〉의 편집과정이 더 이상 전통적인 연속편집의 원칙을 고수하지 않는다는 점에서 찾아볼 수 있다. 이는 물론 한국영화가 연속편집을 포기하고 임의적인 디지털 합성방식을 선호한다는 의미가 아니며, 다수의 할리우드 블록버스터 경우처럼 이야기의 흐름까지 훼손할 정도로 임의적인 선택과 조합을 통한 편집으로 영화가 만들어진다는 의미도 아니다. 그러나 디지털 영화제작이 대세가 된 현재 디지털 기술의 강점인 합성과 변조는 영화에 따라 사용 빈도가 높아지고 있는 것이 현실이다. 한국영화 제작 현장에만 존재하는 '현장편집'도 바로 이런 디지털 기술의 특성을 영화산업에 접목시킨 예이자, 시시각각 지속적인 변화와 자체변형을 추구하는 포스트포디즘의 경제 원리를 제작현장에서 수용한 결과라고 할 수 있을 것이다.

그러나 〈감시자들〉에서 포스트포디즘 경제원칙을 가장 분명하게 반영하는 부분은 편집에서 비롯된 빠른 페이스의 리듬감일 것이다. 이는 장면전환의 속도나 사건의 발생빈도를 기준으로 봤을 때 다른 한국영화들, 예를 들어 1990년대 영화와 비교해서 확연하게 드러나는 차이이며, 관객들은 이 빠른 리듬을 이 영화의 매력 중 하나로 꼽고 있다. 속도가 역사적 변화를 추동하는 결정적인 요인이라는 비릴리오[25]의 주장을 감안하면 〈감시자들〉에서 보여준 편집의 '질주'에서 한국영화가 포디즘을 넘어 포스트포디즘의 가치를 구현하고 있음을 쉽게 유추할 수 있다. 이는 속도감을 통해 생산된 감성, 즉 '느낌의 강도' 그 자체가 정보나 자본과 마찬가지로 전체 사회구성체에서 하나의 '경제'를 차지할 수 있음을 의미한다.[26] 고조된 감성의 생산이 티켓 판매의 한 요인이 될 수 있는 것이다.

이렇게 영화 이미지의 기능은 서사의 이해를 돕는 것에서 감성을 생산하는 것으로 그 역할이 변화하고 있다. 포스트포디즘 경제체제에서는 감성과 같은 비물질적 대상도 가치를 창조할 수 있기 때문이다. 바로 이 맥락에서 조너선 벨러 Jonathan Beller 는 오늘날 기호가 전성기를 누리는 시대에, 시네마는 단순히 하나의 형태가 아니라 사회조직과 재생산 바로 그 자체라고 주장한다. 생산은 필연적으로 그 과정의 한 부분이 시각적인 것을 통해서 가능하며 이를 통해 만들어진 이미지는 일반적인 관리와 조직, 그리고 경제의 움직임에 필수적이라는 것이다.[27] 벨러는 또한 시네마가 사회적인 것과 변증법적인 관계를 맺고 있는 사실에 주목한다. 〈감시자들〉과 같은 상업영화의 문법을 이해하는 것은 곧 지배적 사회구조의 문법을 터득하는 것과 마찬가지라는 이야기다.[28]

따라서 〈감시자들〉의 제작과 편집과정에서 찾아볼 수 있는 일련의 특징들은 현재 작동되고 있는 구조적 문법을 압축적으로 보여준다고 해석해볼 수 있을 것이다. 영상 이미지가 우리의 지각을 자유롭게 통제할 수 있는 시스템으로 자리 잡고 있다는 사실, 권위가 다양한 방식으로 다수에게 위임되어 유연한 제도로 운영되고 있다는 점, 그러나 이러한 다양성은 일의 능률을 극대화시키기 위한 수단일 뿐이며 보다 통합적이고 본질적인 통제체제의 한계 내에 있는 현실, 그리고 무엇보다 유비쿼터스 네트워크로 연결된 디지털 시스템의 확산은 현대사회의 다양한 제도에 그대로 적용 가능한 작동원리들이라고 할 수 있다. 복잡한 후기산업사회를 제대로 이해하기는 불가능에 가깝지만, 벨러의 주장에 비춰본다면 〈감시자들〉은 그 핵심을 관통하고 있는 것이다. 현대사회가 통제사회의 징후를 보이고 있다는 사실을 말이다.

그렇다면 여기서 보다 구체적으로 '통제'가 '기율'과 어떻게 다른 것인지 살펴볼 필요가 있다. 데이비드 사바트David Savat는 둘의 차이를 다음과 같이 정리하고 있다. 기율체제가 가정·학교·회사 등과 같은 각각의 지점에서 다시 시작한다면 통제는 지속적으로 이어진다. 기율이 아날로그적이라면 통제는 물론 디지털적이다. 따라서 불가분의 변종과 차이가 핵심적인 특징으로 등장한다. 기율이 주체를 틀에서 조형하는 것이라면, 통제는 계속해서 시시각각 변화하는 지속적인 변조 또는 조정을 의미하며 파도처럼 기복이 있다. 통제사회에서는 우리가 '파도타기'를 해야만 하는 것이다. 기율사회가 수칙 또는 명령어로 작동되는 데 반해 통제사회는 패스워드로 움직이며 정보의 접근을 통제한다. 기율사회는 공장생산의 바탕에서 세워져 있지만 통제사회는 마케팅과 같은 메타생산에 의존하는 체제다.[29]

그러나 두 체제의 구분을 이렇게 명확하게 규정짓고 사회가 기율체제에서 통제체제로 패러다임이 전환된 것으로 파악한다면 심각한 논리적 오류를 범하는 것이다. 이는 역사적 전환의 시기를 하나의 시점을 기준으로 뚜렷하게 나누기가 어렵기 때문이다. 거대한 변화의 과정에는 항상 과거의 침전이 현재에 녹아 있을 수밖에 없으며 변화한 것만큼 변화하지 않은 부분도 존재하기 마련이다. 따라서 설령 두 체제의 개념적 구분이 가능하다 해도, 또는 새로운 체제의 특징이 드러난다고 해서 이전의 체제가 완전히 사라졌음을 의미하는 것은 아니다. 다만 구체제만이 유일한 것이 아니라는 사실을 나타낼 뿐이다. 이는 〈감시자들〉의 스토리에서 극명하게 드러나는 특징이기도 하다. 기율과 통제의 체제가 공존하면서도 서서히 통제의 흐름으로 이동하는 징후를 이야기 전개과정에서 추적할 수 있다.

공존하는 기율과 통제

경찰청 특수범죄과 감시반. 본부에 CCTV의 모니터로 둘러싸인 상황실이 있고 담당자는 이 실장이다. 현장에서 직접 발로 뛰는 요원들은 황 반장이 지휘하는 '감시자들'이다. 본부와 현장은 통신 장비로 항상 접속된 상태여서 언제라도 본부에서 명령을 내리면 감시반원들은 각자의 장기를 발휘해 '동물원 개장', 즉 작전을 개시한다. 본부 상황실은 첨단 디지털시설로 채워진 공간인 반면 황 반장과 그가 거느리는 부하들의 위치는 허름한 봉고차 안이다. 본부의 컴퓨터 장비와 대비되는 현장의 봉고차 설비는 장기판 말과 지도로 상황판을 대신한다. 현장 책임자 황 반장의 캐릭터도 본부의 디지털 환경과 결코 어울릴 것 같지 않은 아날로그적 인물이다. 그는 부하들에게 자신이 전수받은 수사기법을 엄격하게 훈련시키지만, 때로는 철지난 유머로 분위기를 띄우면서 부드러운 리더십을 발휘하기도 한다.

황 반장과 달리 감시반원들의 정체성은 그들이 본부의 닫힌 울타리에서 벗어나 현장으로 이동한 만큼 열려 있는 느슨한 통제의 대상으로 변화될 수밖에 없다. 수사관 개개인은 자신의 배지 넘버만큼이나 개인화된 경찰 멤버로서 정체성을 가지지 않으며, 계급으로 소통하는 '공동의 언어'[30] 대신 접속에 필요한 '송골매' '다람쥐' '꽃돼지' '두더지'와 같은 암호로 상징되는 '디지털 언어'[31]를 사용하면서 각기 다른 능력의 특기를 소유한 인물로 묘사된다. 카메라 같은 기억력과 관찰력으로 범인과 현장을 재현해내는 신참 하윤주, 재빠른 판단력과 행동으로 감시반 팀의 활력소 역할을 하고 있는 다람쥐, 그리고 심지어 오랜 경험에서 오는 직관력의 소유자 황 반장까지도. 이들 모두는 자신이 가진 개인기를 발휘할 수 있는 기회를 부여받았다는 점에서 열려 있는 통제, 즉 자율적인 판단과 행동을 보장받은 셈이다.

그러나 그런 다양한 개인기는 어디까지나 본부의 철저한 통제의 한계 내에서만 행사될 수 있는 것이어서 통제를 완전히 벗어나기는 불가능하다. 수사관 개인의 역량을 충분히 펼칠 수 있도록 다양성과 유연성을 보장하지만, 이를 다시 전체적으로 관장하는 본부의 통제시스템이 유지되고 있다는 사실은, 통제의 형태가 열려 있는 통제로 바뀌었음을 의미한다. 예컨대 본부의 폐쇄된 상황실에서 요구되는 기율 대신 거리에서 감시임무를 수행할 수 있도록 자율권을 부여받지만, 그 행동 자체는 지속적인 감시의 대상이 되는 것이다. 꽃돼지를 포함한 감시반원들은 범죄자들과 마찬가지로 임무를 수행하는 과정에서 본부로부터 일거수일투족을 계속해서 추적당할 뿐만 아니라 무선으로 유도하는 대로 움직여야만 한다. 그들은 자율적 판단과 행동이 허용되지만 동시에 유도되고 조정되고 있다.

이러한 유동성과 조정의 원칙은 〈감시자들〉을 기존의 동종 장르영화와 차별화하는 데 결정적인 요소로 작용하기도 한다. 기존의 형사범죄 장르에서 범인과 이를 추격하는 형사의 관계는 항상 서로가 서로에게 대응하는 일대일의 상황에서 진행되는 것이 가장 전형적인 모습이었다. 형사는 범인을 체포하는 과정에서 수많은 위기를 겪지만, 불굴의 의지로 고비를 넘기고 결국 범인이 체포되면서 정의가 실현되는 모습으로 영화가 끝나는 것이 범죄 장르의 공식처럼 굳어져 있다. 영화의 몸통 부분이라 할 수 있는 전개과정이 타협을 모르는 주인공 형사의 이른바 '뻗치기'로 시종일관 채워지는 것도 범죄자와 그를 상대하는 형사의 관계가 면대면의 관계에서 성립되고 있음을 나타낸다. 바로 이 상황에서 '범죄와의 전쟁'에서 승리한 개인의 영광, 즉 영웅이 탄생할 수 있다.

그러나 〈감시자들〉에서 특이한 점은, 영화 제목에서 알 수 있듯이 하나의 영웅 대신 복수의 형사들이 등장하고 있다는 사실이다. 한 명의 주인공이 사건을 종결짓기보다 '감시자들'로 구성된 경찰청 감시반 팀에 의해 그물처럼 설치된 CCTV망과 첨단 통신장비의 도움을 받아 범인들을 감시하고 추적한다는 설정이 이전의 장르공식과는 분명 차이나는 점이라고 할 수 있다. 장르의 변주는 범인을 추적하는 과정에서 가장 두드러지게 나타난다. 여기서 주목할 대목은 팀원 전체가 동원되어 한 명이 범인을 미행하다 노출될 경우 다른 형사에게 바통을 넘김으로서 상황에 따라 유동적으로 대처하는 수사시스템을 보여주고 있다는 점이다. 이렇게 유연한 대응이 가능한 것은 물론 무수한 감시카메라가 연속적으로 연결된 감시의 네트워크가 구축되어 있어 범인이 그 촘촘한 감시망을 벗어날 수 없기 때문이다.

바로 이 새로운 형태의 수사방법이 감시반의 첨단 수사시스템이다. 수사팀의 구성과 활동은 한 개인에 집중되기보다 현장과 본부의 유기적 협력관계 속에서 돌발 상황에 유연하게 대처하는 임기응변을 중시하는 모습을 보인다. 영화의 도입부에서 신참 여형사를 훈련시키는 과정도 결국 예기치 못한 상황에서 발생하는 위기를 어떻게 타개하느냐로 모아지고 있다. 감시자들이 시시각각 지속적으로 변화할 수 있는 재능이야말로 감시임무를 제대로 수행할 수 있는 필요조건이다. 그러나 이들이 쫓는 범죄자들, 특히 그림자로 통하는 제임스 또한 위기를 돌파하는 능력이 감시자들 못지않게 뛰어나다는 설정은 영화를 더욱더 박진감 넘치게 만들 뿐만 아니라, 유연한 상황대처 능력이 경찰과 범인 모두에게 생존 자체를 위해 필수적임을 드러내고 있다.

그러나 관객은 등장인물들이, 특히 제임스가 어떻게 그런 능력을 갖추게 됐는지 알 수가 없다. 영화가 인물에 대한 일체의 역사적 배경을 생략하고 오로지 현재의 액션에만 초점을 맞추고 있기 때문이다. 그럼에도 불구하고, 제임스의 경우는 비상사태에 대비한 고도의 혹독한 훈련을 그의 보스로부터 받았을 것이라는 사실을 둘의 대사에서 충분히 유추할 수 있다. 이러한 정보는 그가 보스의 공간인 구두닦이 부스에 나타났을 때 드러나는 실마리로, 이 배경은 특별한 의미를 갖는다. 이 부스 공간은 작업지시가 내려지는 명령의 공간이자 범행에 필요한 온갖 노하우가 전수되는 훈련의 공간이다. 때로 자신의 보스와 갈등을 빚기도 하지만 결국 복종할 수밖에 없는 울타리인 것이다. 그러나 그가 그 공간을 벗어나는 순간, 그는 자신만의 결정으로 자신의 보스를 처단하는 일까지 포함한 모든 돌발적 변수들 처리해야만 한다.

임기응변뿐만 아니라 시선의 우월성 또한 생존에 필수적임을 제임스는 잘 보여주고 있다. 감시자들이 본격적으로 그를 추적할 때까지 시선의 층위는 감시카메라보다 제임스의 것이 우월하게 나타나고 있다. 그는 빌딩 옥상에서 경찰의 무전을 도청하면서 모든 상황을 관망하며 범죄를 기획한다. 바로 이 시선의 우월성을 통해 항상 경찰보다 한 발짝 먼저 행동하고 대처함으로서 자신의 울타리를 지킬 수 있었다. 그러나 그가 벌이는 범죄는 시선의 우위를 점했을 때만 가능할 뿐이며, 이 시선의 우월성과 행동의 자율성이 소멸됐을 때, 즉 그의 시선이 거리의 수준으로 낮아지고 자신의 공간을 벗어났을 때는 그도 감시카메라의 추적대상에 불과하게 된다. 제임스가 자신의 보스를 제거하는 순간에는 그의 통제에서 자유로워질 수 있지만 CCTV의 '지속적'인 감시까지 벗어나 완벽히 탈출하기는 불가능한 것이다.

이렇게 지속적이고 완전한 통제는, 이미 여러 번 강조했듯이 디지털 기술의 도움이 없이는 불가능한 일이다. 감시는 이제 컴퓨터 시뮬레이션 모델과 접합되어 범죄 프로파일이 가능한 수준까지 발전하고 있다. 프로파일은 '사실보다 앞선 관찰'[32]로서 대상을 모델로 강요하는 것이 아니라, 어떤 대상이든 항상 그리고 이미 이상적인 모델로 만드는 것이다. 이런 새로운 형태의 관찰은, 카스텔스Manuel Castells의 주장대로 기율체제에서 명령을 내리는 방식이 아니라, 명령을 추정하는 것이라고 할 수 있다.[33] 이렇게 달라진 상황에서 통제는 알고리즘을 발견하는 것에 불과하다. 마치 컴퓨터 게임에서 어떤 경우의 수도 이미 프로그램이 되어 있어 플레이어가 온갖 종류의 장애물이나 예기치 못한 사건들을 충분히 예상할 수 있도록 만들어놓은 것과 마찬가지 이치다. 물론 대상이 모델과 일치되면, 영화에서처럼 직접 확인하는 작업이 남아 있지만 말이다.

〈감시자들〉은 이렇게 보면 기율과 통제, 두 체제 모두가 내재해 있는 영화라고 할 수 있을 것이다. 경찰과 제임스는 모두 혹독한 훈련과 기율로 '주조'됐고 임무를 수행하는 과정에서 보스의 명령에 절대 복종하도록 길들여진 전문가들이다. 여기서 기율의 핵심은 폭력이다. 제임스의 경우, 잘못을 저지른 부하를 처벌할 때, 보스의 구두 부스를 떠나 자유로운 몸이 되기를 원할 때, 그리고 감시반원에 검문을 당하는 위기에 처했을 때, 모두 살인을 저지르는 폭력의 행사로 문제를 해결하고자 했다. 그를 체포하기 위해 동원된 경찰 역시 훈련받은 대로 범인의 사살이라는 폭력으로 사건을 종결짓는 것은 마찬가지다. 둘의 차이는 경찰의 폭력행사는 사회적으로 수용 가능한 인식체계 안에서 이뤄졌다는 점이다. 은행 강도이자 감시반 동료를 살해한 범죄자를 사회정의의 이름으로 단죄하는 것은 지극히 당연한 일이다. 여기서 기율과 훈련의 전통적 가치가 이 영화에서 여전히 중요하게 작동되고 있음을 알 수 있다.

그러나 기율의 중요성에도 불구하고, 〈감시자들〉에서 나타나는 지배적인 체제는 통제사회에 가깝다고 할 수 있을 것이다. 강화된 감시의 개념이 영화 전체를 감싸고 있으면서 핵심적인 원리로 작동하고 있기 때문이다. 영화의 설정대로 서울 시내에는 감시카메라가 그물처럼 설치되어 있어 그 감시망을 피하기가 거의 불가능하다. 물론 감시의 사각이 존재할 수 있고 감시카메라가 드물게 배치된 지역이 존재할 수 있지만 감시의 대상이 사회생활을 영위하는 한 언젠가는 포착될 수밖에 없다. 여기서 중요한 점은 범죄자들 자신이 관찰 대상이 되고 있음을 의식하지 못하고 있다는 사실이며, 바로 이런 상황이 오늘날 우리가 기율사회 대신 통제사회로 진입했음을 징후적으로 나타내는 증거다. 마치 들뢰즈의 통찰을 확인이라도 하듯 이 영화 중반에 본부로부터 교통통제 명령을 받은 한 경찰이 범죄차량을 유도하며 "통제 완료"를 보고하는 모습은 징후를 넘어서 증거를 보여주는 장면이라고도 할 수 있다.

들뢰즈의 '보편적'이고 '지속적'인 '변조' 또는 '조정'은 〈감시자들〉에서 핵심적으로 작동되는 개념이다.[34] 범죄자인 제임스뿐만 아니라 이를 추적하는 감시자들까지 모두가 시시각각 변화하고 유도되며 조정되고 관리되는 모습을 보여주고 있다. 여기서 관리의 현대적 의미는 어느 누구에게나 어떤 상황이나 구조에도 내재해 있는 논리라는 점에서 보편적이며, 우리가 사회생활을 영위하면서 끊임없이 경험해야 한다는 관점에서 보면 지속적이다. 상점과 백화점에서, 병원과 공원에서도, 심지어 레스토랑과 커피숍에서도 우리는 지속적으로 관리의 대상이 되고 있다. 이렇게 영화 〈감시자들〉이 범죄의 층위에서 보여주고 있는 통제의 심화가 현실세계의 일상적인 상황에서도 유사한 형태로 확산되고 있음을 우리는 어렵지 않게 연결시킬 수 있다. 현대가 통제사회로 진입하고 있다는 사실을 알 수 있는 것이다.

결론을 대신하여: 문화정치의 가능성

〈감시자들〉은 형식과 내용에서 오늘날 한국사회에 서서히 다가오고 있는 통제사회의 징후들을 감성적으로 다루고 있다. 이는 당대의 복잡한 사회적 과정과 감정구조를 응축시켜 일종의 지표로 보여주고 있다는 의미다. 동시에 이 영화는 그 감정구조를 반영한다기보다, 벨러의 주장에서 살펴본 바와 같이 감정구조를 매우 적극적으로 구축하는 데 필요한 감성을 생산하고 있다. 이렇게 볼 수 있는 근거는, 예를 들어 고전영화의 연속성 또는 연속편집이 포디즘 경제에 필요한 가치를 생산했듯이, 현대 디지털 영화는 디지털기술의 토대에서 완성된 신자유주의 시대에 부합하는 변조와 유연성 그리고 불연속성 등의 개념들이 개입하는 과정을 보여주고 있기 때문이다.

영화가 시대적 감정을 추상적 층위에서 되풀이해 생산함으로써 일종의 프렉탈 패턴을 형성하고 있는 것이다.[35]

그러나 〈감시자들〉은, 그리고 이 논리의 연장선상에서 들뢰즈의 통제사회 개념은, 완성된 실체라기보다 일종의 가설에 불과한 것이라는 점을 기억할 필요가 있다. 니콜라스 로즈Nikolas Rose의 주장대로 통제사회의 개념이 너무도 획기적인 신기원의 세상을 상정해 제시되고 있는 것이 아니냐는 의문이 제기될 수 있다. 그는 푸코의 기율사회가 이미 잘 훈련된 사회를 의미하기보다 기율의 전략과 전술이 매우 활발하게 작동되는 사회를 설명하는 용어이듯이, 들뢰즈의 통제사회도 그 실상이 사회학적으로 정립된 개념이 아니라, 구체제의 변화가 심화된 상태로서 새로운 가능성과 복잡성이 대두되는 것으로 이해해야 한다고 주장한다.[36] 통제사회가 이제까지와는 별개의 새로운 세상을 의미하지 않으며, 단지 심화된 기율사회의 바탕에서 이해할 수 있다는 의미다.

통제사회가 아직 도래하지 않았거나 이제 막 시작하고 있는 개념이라면, 누구도 그 미래가 구체적으로 어떤 형태를 띨지 예측하기 어려울 것이다. 물론 국가와 대기업은 각자의 이익을 위해 통제의 네트워크를 구축하고 사용할 것이 분명하지만, 모든 것을 아우르는 들뢰즈의 지속적인 통제란 완성되기 어려운 개념이다. 〈감시자들〉에서도 중요한 모티브로 다루고 있듯이, 감시와 통제의 사각은 반드시 존재하기 마련이다. 디지털 기술이 항상 이미 '통제'된 것으로 상정하고 있는 통제사회의 개념은, 비록 그것이 분명한 사실일지라도 또 다른 가능성, 즉 디지털 기술이 항상 이미 '자유'와 '민주주의'를 지향할 수도 있는 가능성*을 외면한 전체화의 논리일 수 있다.[37] 그렇다면 기율사회 이후에 등장하는 사회는, 통제와 자유가 뒤섞인 형태일 가능성이 높으며, 그 최종적인 모습은 오로지 정치적 실천이 결정할 것이다.

만약 영화 〈감시자들〉이 포스트포디즘 시대에 작동되고 있는 가치를 적극적으로 생산하고 있다면, 이 영화가 문화정치적 층위에서 어떤 가치를 가질 수 있는지에 관한 질문이 바로 이 맥락에서 가능하다. 이 의문은 오늘날 주류 상업영화가 서사의 중요성을 강조하기보다 많은 경우 이미지를 통한 감성의 극대화를 추구하는 전략을 펼치고 있는 상황에서 매우 중요하다. 발터 벤야민Walter Benjamin 의 기술에 관한 철학적 성찰이 여기서 유용하게 적용될 수 있다. 그는 기술의 변화가 우선적으로 양적 변화를 생산하고 표현하며, 이어서 대중들의 지각과 경험, 그리고 세상에서의 존재감을 바꿔놓은 질적 변화까지 초래한다고 주장한다.[38] 영화의 경우, 벤야민은 영화기술이 '쇼크효과'라는 지각적 경험의 변화를 가져왔으며, 이때 그 쇼크가 유도하는 것은 고도의 주목이라고 이야기한다.[39]

〈감시자들〉의 문화정치적 가능성도 바로 이 영화가 생산하는 강화된 주목효과의 관점에서 생각해볼 수 있을 것이다. 이는 오늘날 영화가 벤야민의 쇼크효과를 능가하는 고조된 감성효과를 산출하

---

* 들뢰즈는 물론 이와 관련해 컴퓨터 기술에서 볼 수 있는 '노이즈'라는 '수동적 위험'과 '저작권 침해와 바이러스 오염'과 같은 '능동적 위험'이 상존하고 있음을 지적하고 있다. 그러나 그는 이 두 가지 가능성이 구체적으로 어떻게 실현될 수 있을지는 언급하지 않고 있다.(Gilles Deleuze, Postscript, p.180.)

고 있음을 인정하는 것으로 출발한다. 이 감성적 에너지는 또한 관객들에게 아직 도래하지 않은 통제사회가 현실이 된다 해도 이와 협상할 수 있는 권능을 부여함으로써 미래를 준비하고 대비하게 하는 문화적 자원이 될 수 있다는 의미다. 영화가 생산하는 주목효과가 포스트포디즘 경제에 필요한 가치와 접합할 가능성이 높지만, 그런 한계 내에서도 저항이 전혀 불가능한 것은 아니기 때문이다. 들뢰즈의 진단대로 우리가 "통제사회를 두려워하거나 단지 최선을 희망하는 것으로 그칠 것이 아니라, 새로운 무기를 찾아"야 하는 것이다.[40] 그 무기가 무엇일지는, 물론 상황과 맥락에 따라 다를 것이며 이는 또 다른 숙고가 필요한 문제다.

디지털 기술과 감성패러다임 시대의 영화산업

차이로서의 한국영화

2010년 한국에서 홍행한 영화순위를 보면 전체 1위가 800만 이상의 관객을 동원한 〈아바타〉이고 〈아저씨〉가 600여만 명으로 그 뒤를 잇고 있다. 2011년에도 할리우드영화 〈트랜스포머 3〉가 〈최종병기 활〉을 약 30여만 명의 차이로 제치고 종합순위 1위를 차지했다. 2012년에 이르러서는 1000만 관객을 훨씬 상회한 〈도둑들〉의 압도적인 위세에 눌려 〈다크나이트 라이즈〉조차도 개봉 초반의 무서운 홍행돌풍을 지속하는 데 실패한다. 2009년 또한 이와 비슷한 패턴으로 할리우드와 한국영화의 대결구도가 펼쳐졌는데 〈해운대〉와 〈국가대표〉의 월등한 성적으로 인해 〈트랜스포머: 패자의 역습〉이 3위를 차지하는 데 그친다.[1]

간단하게 이 통계로만 살펴보아도 한국영화시장은 할리우드 블록버스터와 한국영화로 양분되어 있음을 알 수 있다. 물론 2012년

8월을 기준으로 한다면 〈도둑들〉로 시작해서 〈바람과 함께 사라지다〉와 〈이웃 사람〉으로 이어지면서 시장점유율 70.2%를 차지하기도 하지만, 이는 매우 예외적인 결과일 뿐 상시적 상황이라 할 수 없으며 대체로 할리우드영화와 국내영화가 한국영화시장을 양분한다고 볼 수 있다. 그 결과 한국영화산업 전체의 부침을 가장 간단하게 조감해볼 수 있는 통계 수치는 국내영화의 시장점유율이 50%를 상회하는지 여부라고 할 수 있을 정도다. 이처럼 영화시장의 분담비율은 비교적 정형화되어 있다.

겉으로 드러난 이 결과를 조금 더 파헤쳐보면 흥미로운 결론을 얻게 된다. 한국관객들은 할리우드의 블록버스터를 즐겨 소비하지만 이에 못지않게 한국영화를 선호하는데, 이때 영화의 흥행조건 중 빼놓을 수 없는 점은 할리우드영화 스타일에 근접하면서도 전개되는 이야기의 내용이 '우리' 정서에 알맞아야 할 뿐만 아니라, 내러티브의 짜임새 또한 빈틈을 보여서는 안 되며 상대적으로 탄탄한 스토리 구조를 갖추고 있어야 한다는 것이다. 할리우드는 한국영화의 '얼터 에고alter ego'로서 롤 모델임에 틀림없지만 한국영화에는 동시에 할리우드영화에서 결핍된 부분을 채워 넣는 '플러스알파'가 분명 존재하고 있는 것이다.

물론 이런 판단은 상대적인 것이다. 한국영화에서조차 흥행을 리드해 나가는 영화들의 '약한 스토리구조'를 비판하는 관객들이 늘어나고 있기 때문이다.* 스토리의 약화뿐만 아니라 할리우드영화

---

* 예를 들어 어느 한 관객은 〈도둑들〉을 평가하면서 이렇게 주장한다. "천만 관객 영화

의 스타일을 '모방'하는 경향에 대해서도 우려의 목소리를 내는 관객 또한 적지 않다. 최근 흥행에 성공한 대부분의 한국영화들은 관객들로 하여금 '기시감'을 갖게 할 만큼 할리우드영화와 유사한 스타일을 차용하고 있는 것이 사실이다. 일부 관객들은 구체적으로 어느 장면이 어느 할리우드영화에서 따온 것인지, 그 분석 결과를 인터넷에 올리기도 한다. 관객의 치밀한 검증과정은 정보화 시대에 피할 수 없는 영화소비 과정의 일부로 자리 잡고 있다.

그러나 한국영화가 할리우드영화와 경쟁해서 50%가 넘는 시장점유율을 유지하고 있다는 사실은, 할리우드영화에는 없는 매력을 지니고 있기 때문일 것이다. 관객들도 한국영화를 선호하는 이유를 할리우드와의 차이점에서 찾고 있다는 사실은 둘 사이의 유사성에도 불구하고 여전히 분명한 차이점이 있음을 말해준다. 그 차이는 〈최종병기 활〉을 관람하고 난 어느 한 관객이 "〈아포칼립토〉의 그림 속에 〈원티드〉를 넣어두었지만 한국형으로 잘 만들어져서, 나름 비교하면서 재미있게 봤"다는 영화평에서도 잘 나타나 있다.[2] 이는 할리우드영화가 혼성모방의 소스로 이용되고 있지만 여전히 '한국형' 영화로 불릴 수 있을 만한 차이를 갖추고 있음을 의미하는 것이다.

할리우드에서 한국영화의 시나리오 판권을 사들이고, 한국 감독과 배우를 고용해 영화를 제작하는 상황에 비추어 보면 혼성모방의

를 보면 〈왕의 남자〉 〈쉬리〉 〈괴물〉 〈태극기 휘날리며〉 등 스토리가 중심인 드라마가 아트잖아요. 근데 〈도둑들〉은 그런 영화들과 달리 스토리는 약한 부분이 있죠. 대신 화려한 배우들을 2시간동안 내 눈에 담을 수 있다는 것! 그것이 아트인거죠."

벡터가 할리우드에서 한국영화로의 일방적인 흐름을 나타내는 것만은 아님을 알 수 있다. 따라서 한국영화가 할리우드 스타일을 차용하고 있다는 사실은 문화 자체가 지구화된 현재의 맥락에서 보면 크게 비판받을 일은 아니다. '고유'했던 문화, 특정한 장소에 한정됐던 '인구이동' '기술' '국가자본'을 포함해서 '내셔널 시네마'의 개념까지도 새로운 커뮤니케이션 기술과 교통수단이 매개된 지구화로 인해 원래의 의미가 퇴색된 지 오래다.[3] 이제 동질성이 전제되지 않고서는 문화를 상상할 수 없는 시대가 된 것이다.

바로 이 맥락에서 차이의 가치가 드러나기 시작한다. 모든 것이 유사한 상황에서 작은 차이가 커다란 가치를 창출하기 때문이다. 오늘날 문화가 지구적 층위에서 동질화가 촉진되고 있지만 동시에 우리의 일상적 표면은 차이로 가득한 모순적 현상이 심화되고 있다. 그 주된 이유는 문화적 차이가 유통되는 통로로서 상품이 폭발적으로 생산되고 있을 뿐만 아니라, 아주 작은 차이마저도 잠정적으로 교환가치가 내재한 상품관계로 흡수·통합되기 때문이다. 러더포드Jonathan Rutherford가 오래전에 주장했듯이 문화적 차이가 곧 상품과 직결되는 세상인 것이다.[4] 차이를 경험한다는 사실 자체가 상품적 관계를 전제로 한 논리다.

그렇다면 할리우드영화와 비교해 한국영화에서 찾아볼 수 있는 작은 차이가 한국영화산업의 경쟁력이 될 수 있다. 여기서 제기되는 그 차이란 무엇인가라는 질문에 대한 답은 복잡한 변수의 조합으로 제시될 수 있지만, 결국 할리우드와 다른 방식으로 영화 만들기라는 말로 수렴될 수 있을 것이다. 그것은 스케일이 큰 블록버스터 대신 짜임새가 촘촘한 이야기가 될 수도 있고, 환상적인 스토리보다 리얼리즘에 치중한 내용일 수 있으며, 할리우드 장르영화의 스타일을 참고하면서도 한국정서에 맞도록 장르를 혼합하고 변주시켜 새롭게 보이도록 포장하는 것일 수도 있다. 그 모든 형태의 차이가 한국영화의 상품가치를 높여준다.

이런 주장을 뒷받침하는 실증적 증거로서 한국에서 시도된 할리우드식의 환상적 블록버스터가 대부분 실패했다는 점을 제시할 수 있을 것이다. 첨단 디지털 기술이 개입된 〈7광구〉나 〈마이웨이〉는 흥행에서 참패를 면치 못했고 시간을 더 거슬러 올라가보면 〈유령〉 〈예스터데이〉를 포함해서 무협영화 〈무사〉나 〈중천〉의 경우도 서사의 부족으로 인해 관객들로부터 외면받았다. 반대로 〈태극기 휘날리며〉 〈웰컴 투 동막골〉 〈괴물〉 등의 '한국형' 블록버스터에서 찾아볼 수 있는 성공요인은 예외 없이 한국적 상황과 정서에 기초하거나 전통적 장르에 사회적 메시지를 강하게 개입시킨(〈도둑들〉의 경우 배제시킨) 점이라고 할 수 있다.

여기서 흥미로운 질문이 제기된다. 사회문화적 맥락이 이처럼 차이나는 상황에서 할리우드와 한국영화를 동일한 잣대로, 즉 동일한 이론으로 조감할 수 있을 것인가? 이렇게 연구문제를 설정하는 이유는 첨단 디지털 기술에 힘입은 할리우드 블록버스터가 전 지구적 문화취향을 동질화시키고 있는 데 반해, 성공한 한국영화는 할리우드의 최신 유행을 뒤쫓는 디지털 블록버스터라기보다 고전 장르영화와 첨단 블록버스터의 틈새에서 절충의 산물로 만들어진 차별화된 '잡종'의 산물이기 쉽기 때문이다. 그 결과 서구의 첨단이론을 한국영화에 아무런 수정 없이 바로 대입하기 어렵다는 문제에 맞닥뜨린다.

특히 들뢰즈에서 마수미Brian Massumii로 이어지는 감성이론이 유행처럼 한국영화에 적용되는 경향에 대해 그것이 과연 한국 상업영화의 맥락과 현실에 초월적으로 대입될 수 있을 것인지 문제제기를 하고 있다. 이를 위해 이 글에서는 한국영화와 할리우드의 편집의 차이에 초점을 맞추고 이 차이가 디지털 기술과 감성이론 그리고 영화산업을 어떤 방식으로 접합하고 있는지, 그 삼각관계의 이론적 함의를 제시하고 있다. 다시 말해, 이 글에서는 최근 디지털 기술의 확산과 이에 따른 감성패러다임의 등장을 한국영화산업의 맥락에서 새롭게 조망함으로써 현재 제기되고 있는 뉴미디어 이론이 얼마나 한국 상황에 적합한지 비판적으로 살펴볼 것이다.

이 논의를 위해 한국 대중영화와 할리우드 블록버스터 전체를 통계적이고 객관적 증거로 제시하기보다 가장 극단적인 편집의 예를 통해 담론분석에 집중하고자 한다. 실증이론이 통계적으로 유의미한 결과를 중시하지만, 반대로 담론분석은 푸코의 연구에서 등장하는 주변부 인물이 보여주고 있듯이, 비정상적이고 예외적인 경우가 의미 있는 것으로 제시되기도 한다. 이는 정상적인 것이 밝혀내지 못한 구조의 변화를 극단적인 사례가 가장 민감하게 반영하고 있기 때문이다.* 따라서 이 글은 할리우드 블록버스터와 한국영화의 사

---

* 여기서 담론분석은 실증이론과 달리 이론에 앞서 존재하는 데이터를 풀어가는 것이 아니라, 데이터 작업 그 자체를 결정하고 있다고 주장하기도 한다. 이는 연구자가 총체적인 현상분석이 불가능한 상황에서 데이터가 필연적으로 전체에서 분리되어야 하기 때문

례를 비교할 때 각각의 경우를 모두 망라한 객관적 정보를 증거로 제시하기보다 전형적인 특정한 예에서 찾아볼 수 있는 변화의 징후를 담론과 이론중심적으로 접근하고 있다.

디지털 기술과 감성패러다임

많은 학자들이 지구화된 경제체제와 디지털 기술의 발달로 인해 산업 전반에 걸쳐 획기적인 변화가 일어났고, 그 결과 사회문화 영역에서의 일상적 경험을 접합하는 방식 또한 급변하고 있다고 주장하고 있다. 주제를 영화로 좁혀서 이 문제를 접근할 경우에도, 역시 다수의 학자들이 영화와 영화가 처해 있는 거시 정치경제적 맥락과 매체환경을 살펴본 뒤 관람행위의 조건이 변화한 것에 주목하고 이를 수용할 수 있는 새로운 영화이론을 제시하고 있다. 여기서 키워드는 물론 디지털이다. 디지털 기술이 영화를 지각과 시각적 촉각성이 더욱 두드러지게 만들고 있기 때문에 이에 따른 몸과 지각을 설명할 수 있는 이론이 필요하다는 것이다.

그 결과 이제까지 영화이론이 주로 의식과 인지에 주력했다면, 디지털 매체의 환경에서는 몸과 지각에 관계된 감성이론이 제시되고 있다. 즉 영화가 이제 감각을 중시하는 방향으로 변화하는 경향이 있어, 그 변화의 배경인 상품 페티시즘과 후기자본주의를 체화된

이며, 이 분리/선택의 과정은, 따라서 매우 정치적이고 이론적이라는 것이다. 담론분석의 방법론에 관한 자세한 내용은 조종흡, 「미시·거시 영화텍스트 분석의 통합가능성 연구: 연구방법을 위한 이론세우기」, 『영화연구』 33호, 2007, 505-538쪽 참조.

지각과 상호텍스트적 관계로 연결시키는 이론이 필요한 것이다. 이 포스트모더니즘의 지각 공간은 머리로 깨우치기보다 몸으로 느끼는 개념이어서 이데올로기와 재현을 건너뛰고 있으며, 바로 그런 이유에서 프레드릭 제임슨Fredric Jameson의 주장대로 추적하기가 매우 어려운 영역이라 할 수 있다.[5] 그 어떤 비판 작업도 거부하는, 따라서 '폭로'가 쉽지 않은 공간인 것이다.

그러나 현대 영화연구를 통해 추적이 불가능에 가까운 이 공간을 최소한 파악 가능한 공간으로 만들 수는 있을 것이다. 실제로 스티븐 샤비로는 영화연구가 이 시대를 관통하는 '감정구조'를 드러낼 수 있다고 주장한다.[6] 그의 이론에 따르면, 영화는 감성을 생산하고 그 감성에서 가치를 추출하는 기계다. 이 맥락에서 조너선 벨러Jonathan Beller는 영화와 그 이후 등장한 영상미디어는 탈영토화된 공장으로서, 관객으로 하여금 생산노동을 수행하도록 만들고 있다고 이야기한다. 즉 시네마 기계는 동영상의 유통과 소비를 통해 관객의 시선을 끄는 방식으로 잉여 노동력을 차출해 상품경제를 유지한다는 것이다.[7]

이렇듯 시선의 주목·감성·정보 등과 같은 비물질적 대상이 상품으로 기능한다는 주장은 영화를 통한 자본경제 체제의 유추를 가능하게 만들고 있다. 곧이어 논의될 내용을 미리 얘기하자면, 고전 할리우드의 연속편집 시스템이 포디즘 생산양식에 상응하는 논리로 작용했듯이, 디지털 영화의 편집방식과 형식적 장치는 후기자본사회의 신자유주의 경제, 즉 포스트포디즘 경제를 떠받드는 컴퓨터·정보기술과 같은 원리로 작동한다는 것이다.[8] 디지털 영화의 편집

방식이 보다 더 생생하고 스펙터클한 이미지를 생산하기 위해 선택과 조합이라는 디지털 합성 과정을 사용해 완성시킨 결과물은, 또한 디지털 경제를 바탕으로 한 포스트포디즘의 '통제사회'적 특징과 논리를 그대로 닮아 있다.

영화는, 이렇게 디지털 경제의 공간 안에서 산출되는 일상적 경험이라는 재현하기 어려운 생활양식에 대해 이제 '인식론적 지도그리기 cognitive mapping' 대신 '감성적 지도그리기 affective mapping'를 함으로써 현재의 시대적 느낌과 감정이 무엇인지 파악할 수 있게 해준다. 여기서 '인식의 지도'는 포스트모더니즘 시대에 새로운 공간관계를 경험하는 것과 관계된 프레드릭 제임슨의 용어로, 개인의 몸을 초월해 외부세계에서 자신의 위치를 지도처럼 파악할 수 있는 인식의 과정이다. 다시 말해 이는, 광활한 지구 자본주의를 어떻게 지도 그릴 것이며 우리를 그곳 어디에 위치시킬 것인지에 관한 인식의 문제로 일반화되는 개념이다.[9]

그러나 오늘날 제임슨의 주장대로 인식의 주체가 사라져가는 상황에서[10] 감성은 넘쳐나고 있으며, 이 과잉적 현상이 지속적으로 주체를 넘어서 주체로부터의 자기 자신을 휩쓸어 가면서 현대인들을 압도하는 국면을 만들고 있다. 감성지도는 이 맥락에서 문화가 사회적 관계를 단순히 재현 또는 반영하는 것이 아니라, 세상에 관한 느낌과 흐름을 적극적으로 구축하는 과정을 묘사하는 용어다.[11] 영화가 이 과정에서 중요한 매개체임은 당연하다. 영화는 이제 현실세계를 재현하는 의미과정으로 파악되는 대신 감성지도로서 현대사회의 관계와 흐름 그리고 무엇보다 현대사회 구조 그 자체에서 감지할 수 있는 느낌을 생산하고 있다는 것이다.

이렇게 인식에서 감성으로 영화이론의 패러다임이 전환된 논리적 근거는 들뢰즈와 이를 정교하게 발전시킨 마수미의 감성이론이다. 여기서 느낌과 감성은 주관적 상태이거나 이미 의미가 개입되어 있는 감정을 뜻하는 것이 아니라, 주체성이나 약호화로 오염되지 않은 순수한 에너지로서의 감성의 흐름이나 감각 또는 느낌이라고 할 수 있다.[12] 따라서 감성은 절대 개인으로 환원될 수 없는 전前 개인적pre-individual 과정인 것이다. 다시 말해 감성은 주체가 인지할 수 없기에 의미가 개입될 수 없고 아직 소유할 수 없으며, 따라서 비판이 불가능한 개념이다.

감성패러다임으로의 전환은 정신분석학에 기초한 주체의 정체성, 재현, 트라우마에 관한 논의에서 탈피해 정보와 감성의 주제를 비판적으로 개입하는 것을 의미하며, 유기적 몸을 우선하는 입장에서 벗어나 비유기적 생명체까지 탐구하는 연구 관심사이고, 닫힌 체제의 균형보다는 그렇게 안정적이지 못한 조건 아래서 찾아볼 수 있는 복잡한 열린 체제를 주목하는 변화를 말한다. 또한 경제생산과 소비의 관심사에서 벗어나 전前 개인적 몸이 가진 수용능력의 경제적 유통 또는 생정치적biopolitical 통제의 영역에서 나타난 감성에 주목하는 변화이기도 하다. 이런 변화의 핵심에는 인간의 몸과 생활 그 자체를 구성하는 과정에서 인간의 한계를 넘어서는 기술과학의 배치가 자리 잡고 있다.[13]

한국에서 영화제작 현실이 이제 디지털 기술을 떼어놓고 생각할 수 없기에 이런 감성이론은 한국영화에도 적용 가능한 개념으로 제시될 수 있을 것이다. 특히 〈해운대〉를 비롯한 다수의 한국형 블록버스터 영화에서 컴퓨터 그래픽 작업은 필수요건이 되었으며 디지털 기술을 통해 합성된 이미지는 마치 관객의 지각을 확장시켜놓은 듯한 착각을 불러일으키기에 충분했다. 그 효과 또한 환상적이다. 이미 20세기 초 발터 벤야민이 주장했던 '찌르듯이 관객을 엄습'하는 '촉각적 충격'[4]을 극장을 찾은 1000만 관객들이 경험하고 있다. 지시 대상이 존재하지 않는 디지털 합성 세계가 현실보다 더 실감나는 느낌을 만들고 있다.

그러나 이는 매우 드문 예외적인 경우다. 대대적으로 컴퓨터 그래픽을 동원한 영화라는 점이 그렇고, 그런 한국형 블록버스터 영화 중 흥행에 성공한 극소수의 영화에 속한다는 점에서 더욱 더 그러하다. 한국영화에서 컴퓨터 그래픽은 리얼리티를 보완하기 위한 보조적 장치로 사용하는 경우가 대부분이다. 예를 들어 〈추격자〉의 경우처럼, 우주를 나르는 비행선이나 도시가 갑자기 파괴되는 자연재해 또는 로봇이나 외계인으로 합성된 이미지처럼 스펙터클을 연출하는 장면을 위해서 CG를 동원한 사례보다, 범인이 도주하는 골목길에 아무것도 없는 것보다 자동차 몇 대를 주차시켜놓는 게 훨씬 더 리얼리티를 살릴 수 있다고 판단해서 합성 이미지를 사용한 정도가 대부분이다.

이야기를 채우기 위해 보완하는 수단으로 CG 작업을 동원한다는 주장은 영화산업과 밀접한 관계가 있다. 아직까지 한국 관객들은 SF나 판타지 장르의 영화를 외면하는 경향이 강하다. 그 단적인 예로 한국에서 흥행에 크게 성공하지 못한 〈스타워즈〉를 들 수 있을 것이다. 미국에서는 개봉 때마다 흥행기록을 새로 썼던 이 시리즈가 한국에서 단 한 번도 박스오피스 1위를 차지해본 적이 없다.[15] 이 맥락에서 한 영화제작자는 이 문제를 '핍진성'의 개념으로 접근하고 있다.[16] 다시 말해 한국 관객의 경우, 그래픽의 현란함보다 잘 짜놓은 사실적인 스토리 중심의 영화가 흥행 가능성이 높다는 것이다. 이제까지 많은 한국형 블록버스터가 흥행에 실패한 것도 부분적으로 이 박진성의 문제로 설명할 수 있을 것이다.

이는 이론적으로 중요한 함의를 내포하고 있다. 서구의 영화이론이 인지에서 감성패러다임으로 전환되고 있는 상황에서 또한 한국 영화산업이 디지털 기술을 전면 수용하고 있는 현실에서, 얼핏 감성이론의 대입이 무리 없이 가능할 것 같지만, 정작 한국 영화산업과 관객 수용의 실상을 파고들면 아직도 한국 대중영화가 전통적인 영화문법에 충실하고 있다는 사실에 직면하게 된다. 이 때문에 감성과 지각 개념을 우선해서 영화를 이해하기에는 충분하지 않은 상황적 조건이 존재하는 것이다. 다시 말해 한국 상업영화가 일부 할리우드 블록버스터와 달리 의미를 배재한 채 새로운 감성의 구축에 몰두하는 흐름을 보이고 있지 않다는 말이다. 디지털 기술과 감성을 직접적인 관계로 살펴보기에는 두 변수 사이에 존재하는 새로운 매개 조건이 한국영화라는 맥락에서 제기되고 있는 것이다.

이는 물론 한국영화가 할리우드영화와 마찬가지로 지각의 강도를 점점 높여가고 있는 현실을 부정하는 것이 아니다. 한국영화의 제작과정이 전적으로 과거 아날로그 방식을 여전히 고수하고 있다는 주장도 아니다. 오히려 한국영화는 첨단 디지털 기술을 적극적으로 이용하면서도 제작과정에서 아날로그에서 디지털로의 급진적인 전환을 꾀하는 것이 아니라 혼합과 상호작용을 이용해 디지털 기술의 장점을 부분적으로 수용하고 있다는 점이 중요하다. 따라서 한국영화는 할리우드영화에서 나타난 스타일의 경향을 따르면서도 내용적으로 차별화를 시도하는 전형적인 하이브리드 전략을 취하고 있다고 볼 수 있을 것이다.

한국영화와 '연속성의 강화'

데이비드 보드웰David Bordwel은 1960년대 이후 할리우드와 국제 상업영화에서 나타난 빠른 속도의 편집, 카메라 렌즈 거리의 양극성 그리고 클로즈 프레임 등과 같은 영화 형식의 특성을 '연속성의 강화intensified continuity'로 설명한 바 있다.[17] 이런 스타일은 강렬한 순간적인 기대감을 유도하는 것으로 1940년대 감독들이 극적인 서스펜스를 위해 아껴뒀던 기술이었는데 현대 영화에서는 흔한 테크닉이 되었다고 주장한다. 그럼에도 불구하고 이와 같은 변화가 근본적으로 1910~1920년대 정립된 전통적인 연속성까지 바꾸는 것이 아니며, 새로운 스타일로 등장한 '파편화'나 내러티브의 '모순성'은 기존의 고전 스타일을 '강화'한 것에 불과하다는 것이다.

보드웰은 영화가 형식적으로 구성되고 있는 방법에서 최근의 변화를 단순히 부수적인 것으로 파악하고 있다. 수단이 바뀔 수는 있지만, 스토리텔링의 목적은 여전히 유효하다는 것이다. 그 이유는 관객들은 항상 그러했듯이, 극에서 벌어지는 액션을 인지 과정을 통해 고전서사의 스토리라인으로 재구성할 수 있기 때문이다. 이른바 1970년대 이래 등장한 '뉴 할리우드'는, 따라서 고전 할리우드와 다를 바 없으며 오히려 더욱더 닮아 있다는 것이다. 보드웰은 아무리 영화가 변한다 해도 그 구조적 바탕에서는 고전 서사체계가 구축한 규범들이 인과율과 선형적 시간의 논리로 수렴될 수밖에 없다고 보았다.[18]

그러나 할리우드영화의 경우 지난 10여 년 동안에 제작된 블록버스터들이 디지털 기술을 적극적으로 이용하면서 고전 서사 규범의 한계를 넘어선 경우가 대부분이며, 그 결과 보드웰의 '연속성의 강화' 논리는 도전을 받게 된다.[19] 이런 증거는 특히 할리우드 액션 장면이 점점 '인상적'으로 변하는 것에서, 예를 들어 전투나 추격 장면이 혼란스러운 모습을 보여주고 있는 것에서 쉽게 찾아볼 수 있다. 쇼트와 쇼트를 연결 짓거나 액션과 연관시켜 편집하는 것이 아니라 오로지 빠르게 진행하고 있을 뿐이다. 카메라와 편집은 여기서 액션의 구체적인 연결 과정을 설명하는 것을 포기함으로써 연속성을 전적으로 외면하고 있다.

이렇게 보면 보드웰의 이론은 1970~1980년대 할리우드영화에서 나타나는 스타일의 경향을 '연속성의 강화'로 설명할 수 있어도 1990년대 이후에 나온 주류 할리우드 상업영화를 분석하기에는 한계가 있음을 알 수 있다. 너무나 혁명적인 디지털 기술이 현대 영화에 영향을 미치고 있기 때문이다. 전 세계 관객이 열광한 〈트랜스포머〉나 〈본〉 시리즈 같은 경우, 영화가 즉각적인 효과를 우선시할 뿐 쇼트와 쇼트의 층위나 전체적인 내러티브의 관점에서 연속성의 문제는 완전히 무시하고 있다. 〈트랜스포머〉의 경우, 이 영화를 연출한 마이클 베이 Michael Bay 감독 자신이 인정하고 있듯이, "영화제작은 대중을 위한 것이지 디테일을 위한 것이 아니며, 연속성에 연연하다보면 영화의 페이스를 따라갈 수 없고, 예산 또한 낮출 수가 없게 된다"는 것이다.[20]

실제로 〈트랜스포머〉에서 기대할 수 있는 것은 그럴 듯한 이야기가 아니라 끊임없이 이어지는 액션이다. 이 영화에서는 로봇들끼리 서로 파괴하고, 때로는 인간이 로켓과 미사일을 로봇에 발사하는 것이 전부라고 해도 과언이 아니다. 때로 로봇이 인간 병력을 말살하기도 하지만, 그것이 무엇을 의미하는지 이해하기 어려운 것이 사실이다. 더 큰 문제는 이런 치열한 전투장면의 당위성이나, 예를 들어 어떻게 로봇이 이집트의 피라미드를 공격하다가 시공을 초월해 엠파이어스테이트 빌딩이나 에펠탑에서 전투를 벌이고 있는지, 그 어떤 논리적 흐름이나 연속성도 제시하지 않고 있다는 점이다. 대신 파괴를 위한 파괴와 로봇의 전투 장면만이 지속적으로 이어지고 있을 뿐이다.

결국 이 영화에서 가장 중요시하는 것은 감독의 말대로 편집의 속도와 제작비 절감인 셈이며, 오로지 얼마나 많은 관객들이 이 영화를 소비할 수 있을 것인가에 초점을 맞추고 있다. 이는 현대 할리우드 블록버스터들이 이전 아날로그 시대에 상상했던 것 이상으로 도구화하고 있음을 보여주는 전형적인 사례다. 이처럼 영화 환경이 변화한 상황에서 비평가 브루스 리드 Bruce Reid 는 마이클 베이의 영화에 대해 이렇게 평하고 있다. 이 영화는 '모든 그럴 법한 가능성이나 내부적 일관성을 깡그리 무시하고 있으며, 어떤 의미도 찾아보기 어렵다. 편집은 작위적이고, 영화문법의 모든 법칙이 내동댕이쳐지고, 단지 앞으로의 전진만이 전부다'.[21]

이렇게 만들어진 영화는 상업적으로 성공하기 어렵다는 것이 상식이지만, 현실은 그 반대라는 사실이 놀라운 일이다. 마이클 베이의 영화는 오늘날 미국에서뿐만 아니라 전 세계 어느 영화관에서도 흥행에 성공해 경쟁력 있는 상품으로 소비되고 있다. 보드웰은 이런 현상이 베이의 영화에 한정된 것이 아님을 인정하고 있다. 그는 고전 서부극이나 코미디에서 한때 찾아볼 수 있었던 명쾌하고 우아한 움직임이 오늘날 영화에서는 발작적인 전투와 원거리 추격신으로 대체되고 있는 사실을 개탄한다. 처음에는 로저 스포티스우드Roger Spottiswoode와 마이클 베이에서 시작되었지만, 이제는 거의 모두가 이런 스타일을 차용함으로써 일종의 새로운 규범이 됐다는 것이다.[22]

이렇게 보면 서사파괴가 오늘날 모든 할리우드 블록버스터에서 공통적으로 나타나는 일반적인 현상이라고 주장할 수는 없지만, 적어도 쇼트를 믹스매치하고 전통적인 시공간적 연속성을 무시하는 경향이 놀랄 만한 일은 아니라는 점을 알 수 있다. 그렇다면 오늘날 관객이 할리우드영화를 경험한다는 것은 영화의 일관된 이야기를 감상하는 것이라기보다, 디지털 컴퓨터 시대에 걸맞은 이미지의 전개를 즐기고 있다고 해야 할 것이다. 영화는 이제 디지털 기술을 이용해 만들어지고 있고, 이는 곧 컴퓨터 코드가 의미를 생성하는 언어, 즉 기표로 기능하는 것이 아니라 직접적으로 액션을 처리하는 명령으로 이뤄지고 있음을 의미한다.

이는 현대영화 편집이 의미 또는 이데올로기를 생산하는 데 맞춰져 있지 않고, 직접적으로 관객의 정서적 상태를 순간순간 조작하는 데 집중하고 있음을 의미하는 것이기도 하다. 따라서 편집의 내러티브 기능을 중시하는 '해석적 모드'는 커트와 페이스를 우선하는 '실행적 모드'의 편집으로 대체되고 있다고 할 수 있다.[23] 이에 따른 결과는 영화의 박진성과 내부적 일관성을 무시한 채, 즉 기존의 영화문법을 외면한 채 자의적인 편집을 통한 관객의 흥분과 감성을 극대화하는 디지털 스펙터클의 생산에만 몰두하는 것이다.

이 지점에서 흥미로운 질문이 가능하다. 만약 현대 할리우드영화가 내러티브 구성이나 연속성에 소홀하고 의미 있는 표현에 집중하기보다 영화의 '쇼크효과'를 극대화해 강화된 감성에 몸이 반응하도록 만들고 있다면 흥행에 성공한 한국 상업영화들도 이와 동일한 경향을 보이고 있을까? 여기서 예외적인 독립영화나 작가주의 영화를 제외하고 관객동원에 성공한 주류 상업영화만을 놓고 봤을 때 한국영화와 〈트랜스포머〉와 같은 할리우드 블록버스터의 차이는 보드웰의 '연속성의 강화'와 이에 맞선 '포스트 연속성 post continuity'의 대립의 연장선상에 있다고 볼 수 있을 것이다. 즉, 오늘날 한국영화에서 유행하는 스타일은 여전히 이야기를 중시하는 고전 스타일의 '강화'에 가깝지 않느냐는 말이다.

이런 판단은 한국영화가 할리우드영화와 달리 여전히 영화를 통해 시대적 '감정구조'를 담아내는 노력을 포기하지 않고 있다는 사실에서 비롯한 것이다. 특히 최근 유행하고 있는 일련의 범죄스릴러 장르에서조차 범행 장면의 시각적 센세이션을 추구하면서도 내러티브의 연속성을 포함한 영상문법을 지키고 있다는 점은 오늘날 할리우드영화에서 유행하는 흥분을 위한 감성의 생산에 몰두한 영화로 분류하기 어렵게 만든다. 한국영화에서 오로지 스릴의 강도를 높일 목적으로 영화적 박진성을 포기하면서까지 페이스를 가속화하는 일은 현명한 영화산업의 비즈니스 결정이 아니라는 사실 또한 할리우드영화와의 차별성으로 주목할 수 있다.

이 범죄영화에서는 몇 가지 공통점을 발견할 수 있다. 영화의 내용을 살펴보면 거의 예외 없이 '지금 여기'서 일어나고 있는 매우 현실적인 이야기이거나 박진성이 담보된 리얼리즘 텍스트라는 점이다. 예를 들어 〈추격자〉의 경우 실제 살인사건을 모티브로 삼아 제작한 영화로서 현란한 첨단기술을 동원하는 대신 시나리오·연기·촬영 등 영화로서 갖춰야 할 기본에 충실한 영화다. 관객이 이미 뉴스로 체험한 사건을 영화에서 다시 확인하도록 하는, 즉 경험이 영화에 개입하도록 함으로써 공포의 극적 효과를 발휘하는 방식으로 현실감을 극대화시키고 있다. 이후 출시된 동일한 장르의 영화에서도 최소한 '있을 법한 이야기'의 원칙은 고수되고 있다.

또 다른 특징으로는 지극히 고전적인 권선징악의 서사구조를 포기하지 않고 있다는 점을 들 수 있다. 할리우드 범죄영화에서는 이미 1970년대에 〈겟어웨이〉가 범인이 승리할 수 있음을 보여준 이래 절대 악이 완전범죄를 성취하거나 영웅보다 매력적으로 묘사되는 경우는 이제 진부할 정도로 흔해졌다. 그러나 한국의 범죄영화에서는 여전히 주인공이 직접 범죄자와 맞닥트려 문제를 해결하고 질서를 회복하는 이야기 구조를 견지하고 있다. 이는 〈추격자〉 이후에 등장한 동일한 장르의 영화들이 소재의 특이성에서 차별화를 꾀하고 있는 점에서도 확인할 수 있는 대목이다. 즉 각기 처해 있는 상황은 다르지만 마지막 결말은 주인공이 승리하는 서사구조를 유지하는 공통점을 가지고 있다.

끝으로 주목할 부분은 이 영화들이 범죄자를 단죄하는 것보다 범죄 추적과정에 더 집중하는 경향을 보인다는 점이다. 그 결과 액션이 강조되고 이 과정에서 시각적 효과를 극대화시키는 전략을 채택하고 있다. 그러나 그 시각효과는 할리우드의 경우처럼 현실보다 더 장대한 과장된 스펙터클이라기보다 카메라와 조명 그리고 편집을 통한 '강화된 연속성'의 규범으로 서스펜스를 유도하고 리얼리티를 극대화하는 방식으로 진행된다. 이런 수법은 특히 범인을 영화 초반에 노출시키고 실패를 반복하면서 추적을 계속하는 〈추격자〉〈아저씨〉〈악마를 보았다〉〈강철중: 공공의 적 1-1〉 등의 영화에서 공통적으로 나타나는 특징이라고 할 수 있다.

폭력적 이미지가 공통적으로 재현되고 있는 이 영화들이 제시하는 국면적 정서는 아마도 광기와 불안과 공분이 뒤섞인 불확실성의 감정구조일 것이다. 사이코패스의 광기에 불안해하고, 공권력의 무능과 가진 자의 횡포에 공분하며 사적 복수에 해결책을 기대어보지만 돌아오는 결말은 아무것도 보장할 수 없는 불확실성이다. 그럼에도 불구하고 영화는 여전히 선과 악, 정의와 불의 그리고 공공성과 사익의 뚜렷한 대비를 통해 사회적으로 바람직한 가치가 무엇인지 말하는 것을 잊지 않고 있다. 성취하기 어렵지만, 바로 그 어려움 때문에 더욱더 성취할 만한 가치가 있는 당위로, 즉 의미의 영역으로 제시되고 있는 것이다. 이데올로기의 몫이 남겨져 있는 셈이다.

할리우드 블록버스터와 '미학적 가속주의'

그러나 할리우드의 동일한 장르에서 폭력을 다루는 방식은 한국 영화와 많은 차이를 보인다. 할리우드만 놓고 보더라도 폭력을 재현하는 방식이 과거와 다르게 나타나고 있으며, 이런 변화는 할리우드영화 전반의 변화요인과 밀접한 관계가 있다. 우선 제작의 층위에서 스튜디오 시절의 대량 제작에서 오늘날 대기업화된 미디어 정보산업으로 보다 유연하게 무장한 결과 나타난 변화를 꼽을 수 있을 것이다. 이는 관객이 영화를 단순하게 소비하는 추세에 맞춰, 또는 역으로 그런 성향으로 길들이기 위해, 낮은 코스트로 최대의 소비를 유도하는 영화제작을 추구하는 배경, 즉 빠른 페이스에 집착하는 환경의 배경이 된다. 반면 영화의 디테일에 충실하는 건 제작비를 상승시킬 수밖에 없다.[24]

전통적인 문화와 미학적 체계가 붕괴되고 고전 영화형식과 생산양식이 새로운 스타일로 뒤바뀌는 것은 이런 상황에서 당연한 결과라고 할 수 있다. 서로가 서로를 참고할 뿐만 아니라, 영화와 타 미디어(특히 텔레비전)의 역사에서 자유롭게 스타일과 내용을 차용하는 혼성모방의 수법으로 영화를 제작함으로써 영화에서 깊이를 찾아보기 어렵다.[25] 유사한 맥락에서 과거에 대한 노스텔지어는 진정한 과거를 재현하는 대신 오직 이미지만을 선택적으로 나열함으로써 현재의 결핍을 시각적 쾌락으로 치환하는 방식으로 역사적 깊이를 외면하고 있다.

현대 할리우드영화에서 나타난 폭력성도 이러한 전반적인 흐름에서 자유로울 수가 없다. 따라서 포스트모던 범죄스릴러 장르에서 나타난 폭력 또한 현실 세계나 전통적인 사회적 관계를 통해 내러티브의 의미를 생산하지 못하기에 결과적으로 그 깊이를 찾아보기 어렵다. 정의수호라는 국가적 신화나 선과 악의 대립에서 선이 승리한다는 문화코드가 쇠퇴하고 있기 때문이다.[26] 이는 곧 가장 생생하게 묘사된 폭력적 이미지에서도 그 어떤 오리지널리티도 찾아보기 어려울 뿐만 아니라, 그것이 의미를 비운 균질화된 다른 이미지와 다를 바 없다는 사실을 의미하는 것이기도 하다. 영화를 이끌어가는 동력은 이야기가 아니라 이미지인 것이다.

샤비로는 이처럼 새로운 할리우드의 환경에서 디지털 테크놀로지와 의미를 상실한 이미지들의 관계를 추적하는 영화분석을 통해 이 영상이미지들이 실제로 우리의 몸과 감각에 어떤 작용을 하고 있는지를 풀어내고 있다.[27] 오늘날 디지털 정보사회가 우리 지각을 자유롭게 조작할 수 있는 시스템과 산재하지만 유연한 권위와, 유비쿼터스 네트워크로 무장한 '통제사회'라는 징후로 이 텍스트들을 읽어낼 수 있다는 것이다. 그의 연구는 또한 광란적이고도 추적 불가능한 추상적인 자본의 흐름이나 현실과 시뮬레이션을 구분할 수 없는 실상과 연결되기도 하며, 비디오게임의 논리가 문화 전반에 확산되었음을 보여주고 있다.

영화의 감성 생산기능, 또는 감성패러다임이 디지털 기술과 밀접한 관계를 맺고 있음을 보여주는 증거는 그레이스 존스의 뮤직 비디오 〈재벌 식인자Corporate Cannibal〉를 분석한 대목에서 잘 나타나고 있다. 이 영상에서 주인공 존스의 얼굴과 몸통이 담긴 실사 이미지는 디지털로 변환되어 늘려지고, 으깨지고, 뒤바뀌는 변형의 과정을 통해 지속적으로 변화되는 모습으로 나타나고 있다. 모든 디지털 영상이 이항코드로 표현되고 알고리즘의 절차에 따라 처리되지만, 이 영상에서는 이런 기술적 수단이 영상의 내용 자체로 제시되고 있다. 주인공이 디지털 신호로서 하나의 기계장치로 변해 '주체'의 개념과는 전혀 상관없는 변조하는 '것'이 되어버린다. 매클루한의 '매체가 곧 메시지'라는 명제를 떠올리게 하는 장면이다.[28]

샤비로는 이 변조의 개념을 시시각각 지속적으로 변화와 자체변형을 가능케 한 '형성하기'라는 들뢰즈의 '통제사회 control society '와 연결시켜 설명하면서 디지털 변조체제에서는 고정되거나 미리 주어진 형태가 존재하지 않다는 점을 강조하고 있다.[29] 푸코의 기율사회에서는 포디즘 산업 생산체제에서와 마찬가지로 모든 것이 고정된 형상이어야만 해서 노동자는 작업라인에서 훈련된 동일한 노동의 리듬을 가져야 했고, 상품 또한 같은 모양을 하고 있어 상호 교환이 가능했지만, 통제사회, 즉 포스트포디즘의 디지털 정보경제에서는 언제라도 의도하는 대로 형태가 바뀔 수 있다. 고정이 필요한 때는 오로지 유동성을 확보해야 할 상황뿐이다.

샤비로는 바로 이 유동성이 디지털 경제를 움직이는 핵심 개념이라고 주장한다. 유동성은 생산의 층위에서 상품의 생산비용을 낮추기 위한 방법이자 생산을 수요에 맞춘 'just-in-time' 체제를 운영할 수 있는 가치 창출의 기제라는 것이다. 유동성은 또한 노동의 영역에서 이러한 새로운 체제에 맞춰 적응성·유연성·다목적성을 갖출 것을 요구하기도 한다. 마지막으로 소비의 층위에서 유동성은 더이상 포디즘의 표준화와 통일성을 따를 필요가 없어져 소비자 자신만이 선호하는 것을 주문할 수 있게 된다. 변조의 개념은 이렇듯 상품의 차이와 다양성을 가능하게 하지만, 동시에 근원적 통제는 여전히 유지되고 있다는 것이다.[30]

이렇게 샤비로는 영화를 거시 정치경제와 연결시키면서 영화에서 나타난 스피드·통제·착취 그리고 게임 속 인물 사이의 갈등에서 비롯된 암울한 감성을 징후화할 뿐만 아니라 이 감성들이 관객의 몸에서 어떻게 직접적으로 생산되는지 보여주고 있다. 그가 분석한 영상 이미지들의 공통점은 '미학적 가속주의aesthetic accelerationism'의 전략에 포섭되어 있다는 점이다.[31] 영화는 과장과 과잉의 전술을 통해 현대 디지털 문화의 특정한 측면을 부풀려 더욱더 눈에 띄게 만들고 더욱더 감지할 수 있도록 하고 있다. 그 결과 영상 이미지들이 단순히 감성을 생산하는 것이 아니라 사회적 관계와 흐름 그리고 느낌을 적극적으로 구축한다는 것이다.

샤비로는 문화정치의 측면에서 이 감성의 가속화를 유용하고 생산적인, 심지어 필요한 미학적 전략이라고 주장한다. 그 이유는 정치적 효과를 담보할 수 없지만 아무것도 할 수 없는 현재의 상황에서 그 불가능성에 개입하는 것이야말로 도래하지 않은 미래를 준비하는 일이며, 여기서 감성은 그 과정에서 필요조건이 될 수 있기 때문이다. 시네마 시대에 벤야민이 영화의 가치가 쇼크효과에 있다고 주장했듯이, 포스트시네마 시대에 샤비로는 영화가 일에 대한 불확실성과 생활조건에 대한 불안 그리고 자유롭게 넘나드는 비인간적인 자본의 흐름을 방임한 결과 나타날 수밖에 없는 강화된 감성을 대중들에게 일상적인 것으로 습관화시키고 있다고 주장한다.[32]

이렇게 보면 결국 한국영화나 할리우드영화 모두 시대적 감성을 '과잉'으로 산출하는 사회기구로 작동함을 알 수 있다. 그러나 그 작동방법에는 커다란 차이가 있다. 한국영화가 일관된 서사가 바탕이 된 이야기로서 사회적 징후를 나타내는 지표, 즉 감정구조를 제시하고 있다면, 일부 할리우드 블록버스터는 그 재현과정을 생략하고서 인식과정을 대신한 신체의 직접적인 반응을 유도함으로써 고조된 에너지로서의 감성이 우리를 통제사회의 일원으로 조정하는 가능성을 제시한다고 볼 수 있다. 그렇다면 한국영화와 할리우드 블록버스터의 차이는 '인식'과 '감성'의 차이라고 할 수 있을 것이다.

결론을 대신하여: 감성, 매개, 영화산업

이 지점에서 또 다른 질문이 가능해진다. 그것은 만약 영화적 표현이 징후적이면서 생산적인 양면의 속성을 동시에 내포하고 있다면 각각의 층위에서 나타나는 결과가 무엇이냐는 질문이다. 첫 번째로 징후적 층위는 복잡한 사회적 과정을 나타내는 지표로서, 한국영화와 할리우드영화가 맥락과 방법이 다름에도 불구하고 불안과 불확실성을 미학적 가속화를 통해 징후적으로 표현하고 있다는 사실이다. 여기서 영화적 표현은 담론으로서 실제적인 효과를 나타내고 있는데 각기 다른 맥락에서 유사한 감성이 생산됐다는 것은 공통의 매개적 조건, 예를 들어 자본의 지속적인 위기나 다른 공통적인 요소가 작동한 효과로 볼 수 있을 것이다.

이어서 두 번째로 이 유사한 감성의 생산적 효과는 과연 무엇인가 하는 질문이 가능하다. 여기서 생산적이라 함은, 샤비로의 관점을 따르자면 사회적 과정을 영화가 재현하는 것이 아니라, 브루노의 '감성지도'의 논리대로 영화가 이 과정에 능동적으로 참여하고 그 과정 자체를 형성하는 데 기여함을 의미하는 것이다.[33] 이는 영화가 감성을 산출하는 기계이며, 이 감성으로부터 '시선의 주목'이라는 가치를 창출하는 기계라는 점을 나타낸다. 따라서 영화는 이데올로기적 상부구조라고 할 수 없으며, 대신 영화는 사회적 생산·유통·분배의 중심에 있는 것으로 전제해야 한다. 이 맥락에서 디지털 기술이 부여한 통제사회의 질서를 생산하는 데 영화가 일조하고 있음은 물론이다.

통제사회가 데이터와 정보로 몸에 나타난 모든 것을 조정하고 인간의 몸 자체를 정보와 데이터로 취급하는 것을 의미한다면, 한국이 서구의 어느 사회와 비교해도 디지털 정보사회의 문화적 토대를 훨씬 잘 갖추고 있는 상황임을 감안할 때 서구보다 한국에서 통제사회가 더욱더 공고히 구축돼야 한다는 주장을 할 수 있을 것이다. 그러나 과잉된 폭력적 이미지가 '연속성'을 포기하지 않은 채 단지 페이스가 강화된 스타일로 이야기가 흘러가는 한국영화의 예에서 알수 있듯이, 통제사회의 논리적 조건인 이미지의 변조는 한국영화의 우선적 관심사가 아니며 이는 감성의 작동원리가 한국에서 다소 차이 나게 작동하고 있다는 의미로 생각할 수 있다.

통제사회는, 다수의 감성이론가들이 주장하듯이 생정치학을 설명하는 중심 개념이다. 즉 생활방식의 감성적 배경, 예를 들어 무드·능력·감성과 잠재력·선호리스트 등을 모두 조정할 수 있다.[34] 그러나 이는 감성의 관계를 아무런 중재도 없이 자극과 반응의 관점으로 취급하는 결과를 가져온다. 푸코의 기율개념이 국가의 탈중심화를 나타내고 있는 반면, 이 이론은 존재론적 권력을 국가자본주의 권력 그 자체로 포섭하는 논리로 발전시키는 오류를 범하고 있다. 여기서 문제는 매개의 개념이 충분하지 못하고 권력의 복잡한 관계를 충분히 설명하지 못하고 있다는 점이다.[35]

이 주장의 논리는 또한 실천정치가 그 내부에 기술되어 있는 것으로 전제되고 있다. 예컨대 마수미의 경우 "정부가 신경조직이나 대중의 신체적 표현에 접근해서 전통적으로 의존했던 담론적 중재를 직접적으로 건너 뛸 수 있"게 된 것으로 상정하고 있다.[36] 비록 마수미가 복잡성에 의해 우연성이 개입될 수 있음을 밝히고 있다 해도, 이는 생활의 복잡성을 완전히 배제하는 논리다. 감성이 직접적인 경험의 효과를 필연적으로 생산하는 것으로 취급하고 있기 때문이다. 마치 몸이 담론과 비담론적 매개의 어셈블리지로 구성되고 있음을 부정하는 것으로 이해되는 대목이다.

마수미의 논리를 영화에 대입했을 경우에도 영화를 통해 생산된 감성이라는 경험적 권능 혹은 에너지는 존재론적 범주로 취급해야 함을 알 수 있다. 따라서 몸이 반응하는 감성과 그 환경 사이에 어떤 분리도 허용치 않으면서 그 에너지가 신경체제를 통해 행동을 유발시키는 직접적인 인과관계를 설정하고 있는 셈이다.[37] 물론 어떤 감성이 작동될지는 작동되는 '외부신호체제', 즉 감성이 산출되는 맥락, 그 맥락에서 살고 있는 몸에 각인된 체화된 억제기술, 미디어와 관련된 '주목의 기술' 등에 달려 있다는 조건을 명시함으로써 직접적인 인과관계의 한계를 제시하기도 한다.[38]

이는 감성기구와 중재가 복잡하다는 사실을 인정하는 말로 이해할 수 있을 것이다. 우리가 직면한 과제는, 그렇다면 한국영화와 할리우드영화라는 각기 다른 감성적 양식의 구체성을 이해하는 것이다. 각자는 그 자체로서의 감성체제를 가질 것이며, 그 결과 감성의 조직으로서 자체의 구성효과가 있을 것이다. 할리우드영화가 디지털 변조를 통해 생산한 영상 이미지의 감성적 효과가 포스트포디즘 시대에 자본의 논리와 다를 것이 없다고 해서, 한국영화 또한 오로지 동일한 디지털 기술을 사용했다는 이유로 동일한 감성을 구축한 것으로 그 인과관계를 직접적으로 전제하기 어렵다는 말이다. 설령 결과가 유사하다고 해도, 각자가 가진 매개의 맥락은 매우 다를 것이기 때문이다.

맥락의 차이는 감성정치의 전략 또한 다를 수밖에 없음을 의미한다. 감성의 가속화를 추구하는 할리우드영화와 한국영화의 감성전략은 분명 다르게 나타나고 있는 것이 사실이다. 디지털 기술의 전면적인 활용을 통한 할리우드영화는 그것이 비록 서사파괴의 형태로 나타나고 있다 해도, 바로 그 일사불란하지 않은 서사의 붕괴야말로 의미체제를 와해시키는, 따라서 지배적인 의미가 무화되는 소극적 효과를 산출할 수도 있다. 또한 이와는 다른 방식으로, 포스트 포디즘 시대에 자본의 (재)생산을 위해서는 시선의 주목이 필요하고, 영화는 비록 디지털 경제의 일부이지만 바로 이 체제에서 고도의 감성 에너지를 제공하며, 이 고조된 감성이, 제임슨의 비관론과 반대로, 복잡한 다국적 자본의 깊이를 가늠할 수 있는 에너지로 접합될 수도 있다.

　그러나 이런 전략을 그리 긍정적으로만 해석할 수는 없을 것이다. 영화산업 또한 주목의 기술을 통해 감성을 자본의 편으로 포섭하는 노력을 게을리하지 않고 있기 때문이다. 이제 할리우드 영화산업은 감성의 가속화를 넘어 '뉴로 시네마neurocinema'를 실험하는 단계에까지 이르렀다. 이는 실시간으로 영화를 보는 사람의 뇌 반응을 기능성자기공명영상fMRI기술을 이용해 측정하는 것으로서, 적어도 이론적으로는 영화사가 어떤 장면이 관객에게 최대의 스릴을 제공하는지 과학적인 정보를 바탕으로 영화를 제작할 수 있는 시대가 된 것이다.[39] 오늘날 할리우드 블록버스터가 서사 대신 오로지 강도 높은 센세이션의 경험을 상품화하고 있는 것은 우연이 아니다.

　이런 할리우드 블록버스터들이 한국 영화시장에서도 관객들의 지지로 이어지고 있지만, 그 지지가 반드시 흥행으로 보장된 것만은 아니라는 사실에서 한국 영화산업의 전략을 고민해볼 수 있을 것이다. 한국 상업영화가 할리우드 블록버스터와 같은 수준의 지각 실험을 기대하기는 어려울 것이지만, 예산의 한계 내에서 최대한의 강도로 감성효과를 거둘 수 있는 영화제작을 포기하지는 않을 것이다. 〈추격자〉〈공공의적〉 시리즈 그리고 〈도가니〉 등이 좋은 예다. 그러나 바로 이 상황에서 순수한 자극으로만, 즉 감성의 고조만으로 한국 관객을 설득하기는 어려운 일이다. 감성에 의미화를 더했을 때 비로소 관객들로부터 지지를 받을 수 있는 것이 한국 영화시장의 현실이다.

한국영화와 〈트랜스포머〉 시리즈와 같은 할리우드 블록버스터의 차이를 감성과 의미화라는 두 개의 판이 접합된 지점에서 감정이 발생한다는 그로스버그의 정의에 따라 다시 분류한다면, 지각자극의 극대화를 추구하는 감성 중심의 할리우드영화와 영화를 통해 당대의 일상적 삶의 질을 감지할 수 있는 '감정구조'를 담아내는 한국영화로 구분할 수 있다.[40] 이는 물론 고정된 범주적 분류가 아니라 변화와 예외적 가능성의 한계를 수용한 차이이며 현재의 국면에서만 적용할 수 있는 구분이다. 이 논의에서 도출될 수 있는 중요한 이론적 함의는, 따라서 감성이론을 감정구조를 드러낸 영화에 직접적으로 대입하는 것은 매개적 변수를 외면한 초월적 입장이라는 것이다.

여기서 두 영화의 매개적 차이는 물론 내러티브다. 한국영화가 할리우드와 비교해서 상대적으로 내러티브의 중요성을 강조하는 것은 영화산업이 가지고 있는 위험부담을 최소화하는 일종의 안전장치라고 할 수 있다. 따라서 한국영화에서는, 디지털 신기술을 적극적으로 사용하고 있음에도 불구하고, 오히려 이 과정에서 파편화된 각종 이미지와 텍스트 조각과 부분들을 내러티브를 통해 연결함으로써, 디지털 기술이 초래한 이미지 중심과 시간(플롯)의 상실을 회복하고 있는 것이다. 한국영화를 소비한다는 것은, 그렇다면 갈등이 제시되는 서사구조를 관객이 즐긴다는 것을 의미한다고 할 수 있다. 이 갈등구조는 또한 한국사회를 배경으로 다양한 권력관계를 다루는 이야기에서 나타난다고 할 수 있을 것이다.

따라서 서사를 중시하는 한국영화에서, 감성은 항상 권력관계와 관계를 맺을 수밖에 없다. 예를 들어 〈추격자〉〈악마를 보았다〉〈김복남 살인사건의 전말〉 등의 스릴러 범죄영화에서 재현된 범죄자와 희생자, 남성과 여성, 그리고 선과 악이라는 다양한 권력관계의 대립구도를 통해 생산된 감성은 관객으로 하여금 자신에게도 닥쳐올 수 있을 법한 일이라는 성찰적 숙고를 가능케 한다. 이 과정에서 영화적 감성은 일상생활의 지형에서 멀게만 느껴졌던 구조적 문제를 인지하는 구조적 느낌 또는 감정구조로 접합된다. 이렇듯 한국영화는, 〈트랜스포머〉와 같은 할리우드 블록버스터처럼 인식의 영역인 의미가 거세된 순수한 감성적 에너지를 생산하기보다, 여전히 감성이 권력의 충돌에서 빚어진 갈등의 의미와 접합되어 형성하는 감정적 관계를 중요한 흥행요소로 동원하고 있는 것이다.

이런 사실은 이론적 층위에서 감성이론, 혹은 감성지도의 개념을 한국 영화산업의 맥락에서 재고하게 만들고 있다. 현대 디지털 경제 시대를 과잉의 감성적, 자본적 흐름으로 이해한다면 유사한 유추로 한국영화를 감성과 인식의 대립쌍에서 어느 하나만의 영역으로 규정지을 수는 없을 것이다. 한국영화는 '인식의 지도'와 '감성지도'를 동시에 소환했을 때 총체적인 지형을 살펴볼 수 있기 때문이다. 영화가 어떻게 현실을 반영하고 재현하는지의 인식론적 층위와 또한 영화가 얼마나 적극적으로 사회적 관계와 흐름과 느낌을 구축하는지 감성적 영역을 포함해서 말이다. 한국적 맥락에서, 영화가 생산하고 반영한 느낌과 성찰 또는 감성과 인지는 여전히 불가분의 관계인 것이다.

문화적 공론장으로서 〈도가니〉:
인식론적 커뮤니케이션에서 감성 커뮤니케이션으로

신문, 소설, 영화

만약 누군가 일제강점기 시대의 한국사회를 이해하기 위해 자료가 필요하다면 『동아일보』와 같은 언론매체를 분석하는 것이 좋을지, 아니면 당대에 이름을 떨쳤던 문학가들, 예컨대 현진건·염상섭·이상 등의 소설을 참고할 것인지에 관한 의문은 쉽게 판단하기 어려운 문제다. 일제의 정치적 개입이 검열을 통해 일상화된 상황에서 언론은 정확하게 사건을 보도하기 어려웠을 것이고, 그 결과 신문지면에 제공된 뉴스는 현실의 부분적 진실이라는 '재현의 문제'를 안고 있다. 소설 또한 묘사된 내용이 사건의 실체를 제시하기보다 상상의 산물로서 감성의 영역을 다룬 것이기 때문에 객관적 사실을 담보하기 어렵다는 문제가 있기는 마찬가지다. 정치적 개입이 상대적으로 약화된 오늘날의 현실에서도 뉴스의 '왜곡'과 '불공정성'

은 정치세력을 대신한, 또는 이 문제와 더불어 상업적 영향력으로 인해 민주사회를 구축하는 데 필요한 '언로'의 문제를 여전히 야기하고 있다.

하버마스Jurgen Habermas의 '공론장the public sphere' 개념은 바로 이 맥락에서 이해할 수 있다. 공론장은 그가 『공론장의 구조변동The Structural Transformation of the Public Sphere』에서 제시한 것으로, 18세기 유럽 (그중에서도 프랑스와 영국)에서 커피를 파는 살롱에 중산층 남성과 귀족 모두가 모여 동등한 자격으로 그날 벌어진 가장 중요한 사회적 이슈를 아무런 제한 없이 자유롭게 토론하던 장site을 의미한다. 그러나 이런 이상적인 공론장은 20세기 중반에 들어서 언론의 자유와 공개토론의 형식이 판매와 흥행을 우선적으로 고려해야 하는 상업적 압력으로 인해 약화되고 왜곡됐다는 것이다. 언론은 이제 대중의 사회적 불만을 부분적으로만 수용함으로써 갈등을 단지 중화시킬 뿐이고, 그 결과 반드시 주목해야 할 그날의 중요한 사회적 어젠다를 외면케 하는 정치적 무관심을 대중에게 유발하여 오로지 연예오락이나 일상생활을 영위하는 데 필요한 정보에만 관심을 쏟도록 만들고 있다는 것이다.[1]

그러나 이런 주장은 대중을 폄훼하는 것으로, 또는 엘리트주의에 빠진 이론으로 비판받았고, 이에 하버마스는 1996년 공론장에 관한 수정본을 제시하기에 이른다. 여기서 그는 사회운동과 조직의 노력으로 세상에서 잊혀질 수 있는 공공의제가 생산되고 대중에게 전파되고 있다는 사실에 주목하면서 기존의 공론장 개념을 확대시키고 있다.[2] 예컨대 환경문제가 국가나 대기업에 의해서는 오늘날 공공의제로 제시된 것처럼 자발적으로 이슈화되지 않았을 것이라고 주장한다. 이 맥락에서 또 다른 예로 확대해보자면, 전 지구적으로 네트워크화되어 있는 아동노동착취 근절을 위한 행동의 장으로서 사회정의운동 또한 다양한 형태로 나타나고 있는 공론장의 한 종류라는 할 수 있다. 뿐만 아니라 바흐친의 '카니발 이론'에서 영감을 받은 하버마스는 계급적 관계를 타파하기 위한 대중의 문화적 전복 과정에 관심을 가지면서 일찍이 페미니스트들이 주장한 '개인적인 것이 정치적이다'는 슬로건을 인정하기도 한다.[3]

이렇게 보면 민주적 커뮤니케이션을 가늠하는 척도로서 공론장의 이론적 가치는 그렇게 간단하지 않음을 알 수 있다. 특히 하버마스가 '문학적 공론장'과 '정치적 공론장'을 구분하는 대목에서 그러하다. 두 개념이 서로 분리된 것이 아니지만, 각각의 기능은 사뭇 다르게 나타나고 있다. 연설과 작문은 불가분의 관계이지만 특정한 종류의 작문과 문학적 코멘트는 의례적인 대화 주제를 초월하는 기능을 한다.[4] 예를 들어 볼테르의 『캉디드Candide』 같은 소설은 신학과 무비판적인 합리주의를 통렬하게 비판한 작문으로 18세기 계몽주의 프로젝트를 대표하는 작품 중 하나라고 할 수 있다. 이 소설은 당대에 출판된 그 어떤 신문보다 인습적인 제도와 가치에 정면도전한 글로 기능했다. 바로 이런 문학의 사회적 기능이, 하버마스에 따르면 시사사건에 대한 정통적인 공공논쟁의 초석이 됐다는 것이다. 비평작업은 그것이 훗날 직접적인 정치적 실천으로 변질됐지만 태초에는 문학적이었던 것이다.

문학적 공론장은 수명이 정해져 있는 시한부 뉴스와 분명 차이가 있다. 저널리즘이 순간적인 정치적 공론장에 주목하고 있다면 문학적 공론장은 인생의 존재와 의미 그리고 재현에 관한 지속적인 문제점에 대해 심층적인 숙고를 거쳐 산출된 결과물이라고 할 수 있다. 이는 모든 예술에 해당되는 말로서 저널리즘과 다른 시간의 척도를 가지고 있음을 의미한다. 저널리스트는 사회적 기억상실을 조장하는 요원이라 할 수 있을 정도로 최신의 사건에만 관심을 표명한다. 시간이 지난 뉴스는 더 이상 뉴스가 아니기 때문이다. 그 뿐만 아니라 저널리즘을 평가하는 학문적 관심사도 오로지 객관적 지식으로서 정치적 어젠다, 정보의 선택, 이슈의 구성 등에만 초점을 맞추고 있다. 따라서 인생의 미학적이고 감정적 측면은 뉴스를 오히려 왜곡시키는 것으로 판단해 무시해야 할 영역이 된다. 이는 공공문화가 인식론적인 것만이 아니라 감성적인 것이기도 한 점을 생각해보면 반쪽의 진실에만 집중하는 형국이라 할 수 있다.

여기서 다시 처음 질문으로 되돌아가보자. 20세기 초 한국의 문화와 사회를 이해하기 위해 신문을 참고하는 것이 효과적일지, 아니면 소설을 읽어야 할지에 관한 선택의 문제 말이다. 이 질문은 물론 수사적일 만큼 쉽게 선택할 수 있는 문제다. 1920, 30년대의 시대적 상황을 파악하는 데는 소설만큼 좋은 것은 없을 것이기 때문이다. 즉, 소설에서 재현된 당대의 '감정구조'야말로 다층위적인 사회적 관계를 조감하는 데 훌륭한 인식의 지도와 감성지도임에 틀림없는데, 신문기사에서는 소설과 동일한 수준의 깊이 있는 사회적 통찰을 기대하기는 어렵다. 그렇다면 이런 평가가 오늘날의 현실에서도 유효한가? 우선 신문을 포함한 저널리즘의 상황은 예전과 다를 바

없이 왜곡과 편파성, 그리고 이데올로기의 문제를 여전히 안고 있다는 점에서 선택의 대상이 되기 힘들다. 그러나 소설의 경우는 어떠한가? 과연 오늘날 소설이 시대적 감성을 재현하는 데 최적의 수단일 수 있느냐는 질문인 것이다.

이런 문제제기는 문자문화에서 이미지 또는 영상문화로 패러다임이 전환된 시대에 소설의 역할이 과연 하버마스가 주장한 대로 문학적 공론장의 기능을 충실히 수행할 수 있을 것인지에 관한 의문에서 비롯되었다. 이는 소설 자체의 문제를 얘기한다기보다 변화된 사회문화적 환경에서 제기되는 문제이다. 다시 말해 소설을 대신해 텔레비전 드라마 혹은 영화가 전통적인 문학적 공론장의 역할을 보다 효과적으로 수행하고 있는 게 아니냐는 경험적 현실을 확인하는 작업의 필요성을 제기하는 것이며, 영화 〈도가니〉는 바로 이 상황에 맞는 텍스트라고 할 수 있다. 사건에서 언론보도로, 다시 소설에서 영화로 발전되는 과정에서 나타난 문화정치적 함의는 하버마스의 문학적 공론장의 개념을 소설에서 영상미디어로 확대시켜 적용해볼 수 있는 흥미로운 연구 주제이다. 따라서 이 글에서는 '도가니 현상'의 추적 과정을 통해 문학적 공론장 개념을 문화적 공론장으로 어떻게 발전시킬 수 있을지, 그 가능성을 모색해보고자 한다.

도가니 현상

2011년 9월, "나는 이 사건을 세상에 알리기로 결심했다"는 분연한 결의를 내걸고 영화 한 편이 개봉됐다. 인터넷 연재와 단행본으로 먼저 세상에 나온 동명의 소설을 통해 영화 〈도가니〉는 개봉 전부터 많은 관심을 받아왔으나, 영화에 대한 반응은 예상을 훨씬 웃돌았다. 개봉 시점부터 불어온 흥행 돌풍은 영화의 성공에 그치지 않고 세상을 '분노의 도가니' 속으로 몰아갔는데, 이는 영화가 현재 진행형의 실제 사건을 소재로 고발하고 있었기 때문이다. 이 사건의 피해자는 사회적 약자인 장애 아동들이었고, 그 고발 대상은 그들의 스승이며 보호자여야 했던 특수학교 교장과 행정실장, 그리고 지도교사였다. 뿐만 아니라 누구보다 사회적 정의를 실천해야 마땅한 경찰과 사법부, 공무원의 범행 은폐와 더 나아가 선을 가장한 채 악을 행하는 종교의 허위의식까지, 이 모든 것에 분노하지 않는 관객은 없었다. 이렇게 영화 한 편으로 비롯된 분노의 감정은 이후 본격적인 사회운동의 기폭제가 되었다.

개봉 초부터 영화를 본 관객들을 중심으로 사건 재수사에 대한 목소리가 높았다. 네이버 공식 카페 게시판에는 1만400여 명의 회원들이 가해자 처벌 필요성을 제기하는 글을 올렸고, 다음 '아고라'에서도 사건 재수사와 처벌을 요구하는 서명운동이 시작됐다. 각종 언론 매체들이 영화의 배경이 된 실제 사건을 현재 시점에서 정리하고 법적 근거를 들어 재수사가 불가능함을 서둘러 보도했지만, 분노한 관객들은 주장을 굽히지 않았고 결국 법의 판단까지 바꾸어놓았다. 영화 개봉 4일째 다음 아고라에서 진행되던 청원 서명이 5만 명의 목표를 넘어서는 시점에, 경찰청은 사건에 대한 전면 재수사를 선포했다. 해당 학교의 폐교를 검토하겠다는 광주시교육청의 발표

문화정치와 감성이론

도 이어졌다. 국회까지 사회복지재단의 족벌경영을 막는 내용의 일명 '도가니 방지법' 발의를 예고하기도 했다. 이런 분위기 속에 사법부에 대한 원성이 높아지자, 사건의 2심을 맡았던 광주고법도 영화와 실제 재판 내용의 차이를 해명하기에 이른다. 이렇게 과거 사건을 다룬 영화가 현재로 되돌아와 현실과 맞부딪치는 순간, 영화는 현재 한국 사회의 정치적 '도가니'가 된 것이다.

한 언론 보도는 '도가니 현상'의 발생과정을 이렇게 정리한다.

영화 '도가니'로 부활한 이 사건은 벌써 6년 전 일이다. 2005년 한 교직원의 폭로로 이미 당사자들이 재판을 받았고, 2007년에는 이에 반발한 청각장애 학생들이 교장을 향해 밀가루와 달걀, 물감 세례를 퍼부었다. 2009년에는 베스트셀러 작가 공지영 씨가 같은 제목의 소설을 내놓으며 세상에 호소했지만 반응이 없었다. 사회는 무관심했고 사건은 잊혀져 갔다. 묻혔던 작가의 희망은 2년 뒤인 2011년에야 영화로 만들어지며 빛을 보기 시작했다. 급기야 앞으로 사법부 개혁을 이끌 양승태 신임 대법원장의 발걸음까지 영화관으로 이끌었다. 들끓는 여론에 정부와 정치권도 부랴부랴 움직이는 중이다.[5]

실제 사건이 발생하고 세상에 알려진 이래, 공중파 방송을 통해 한 차례 심층보도(〈PD수첩〉 '은폐된 진실—특수학교 성폭력 사건')가 있었으나 그때뿐이었다. 솜방망이 처벌로 재판은 끝났고, 계속되는 시민단체들의 호소는 묵살됐으며, 베스트셀러 작가가 분노를 담아 세상에 내놓은 이야기도 일부 독자의 감상평에 그치며 사건은 그렇게 잊혀졌다. 그런 6년의 '소리 없는 아우성'이 영화를 통해 비로소 들리기 시작한 것이다. 관객의 발길이 끊임없이 영화관으로 이어짐에 따라 이 영화를 본다는 것은 취향의 선택을 넘어 진지한 사회 참여이자 실천이 된 것이다. 영화를 본 관객들이 인터넷과 SNS를 통해 서로의 관람평을 나누며 또 다른 관람을 권유함으로써 그들이 공유한 분노와 반성은 사회적 공론으로 집중됐으며 결국 정치적 현실마저 바꿔놓았다. 비록 현실의 부조리를 뿌리 뽑기에는 한계가 있었지만, 이 모든 변화가 한 편의 영화적 힘으로 성취됐다는 사실은 놀라운 일이 아닐 수 없다.

실제사건을 모티브로 제작한 영화가 현실에 영향을 미친 것은 〈도가니〉가 처음은 아니다. '세상을 바꾸는 영화의 힘'을 보여준 것으로는 공소시효 폐지에 대한 논의에 불을 당겼던 〈살인의 추억〉, 공소시효기간 연장을 이끌어낸 〈그놈 목소리〉, 비록 실효를 거두지는 못했으나 아동 대상 범죄에 대한 공소시효 폐지 운동을 이끌었던 〈아이들〉, 그리고 검찰의 재수사를 이끌었으며 사건 해결의 가능성이 보이자 마찬가지로 공소시효기간 연장에 대한 논의를 일으켰던 〈이태원 살인사건〉 등의 예를 들 수 있다. 특히 〈이태원 살인사건〉은 〈도가니〉에 대한 관심이 한창이던 시기에 해외로 도피했던 용의자가 12년 만에 미국에서 검거되면서 '도가니 현상'의 여파 속에 영화가 재조명을 받게 된 사례다. 이를 계기로 미국 사법 당국에 정식으로 범인의 소환 요청을 하는 등 사건 해결에 대한 노력이 새롭게 전개됐다. 실화를 바탕으로 한 범죄사건의 영화화는, 이렇듯 사회적 공론화에 기폭제 역할을 하곤 했다.

그렇다면 여기서 '사회를 바꾸는 영화의 힘'은 과연 무엇일까? 〈도가니〉를 비롯한 일련의 영화들이 사회제도에까지 파급효과를 유발할 수 있었던 힘은 무엇보다 콘텐츠에 있다고 할 수 있을 것이다. 따라서 이 질문은 이제 영화의 매체, 산업, 그리고 사회적 맥락의 층위에서 복합적으로 고려해야 할 문제가 되어야 한다. 소설의 묘사가 독자의 상상력으로 완성되는 반면, 영화는 시청각 기술이 전달하는 직접적인 느낌의 생산으로 이뤄진다. 그런 만큼 체험의 강도가 입체적이며, 관객의 인식체계에 보다 큰 영향을 미칠 수 있다. 또한 산업적 층위에서 살펴봐도 출판 산업의 산물인 소설보다 영화의 대중 참여율이 대체로 높고, 이에 따른 주제의 노출효과 또한 크다. 소설과 비교해서 상대적으로 다양한 관객에게 보다 직접적으로 영화적 메시지를 전달할 수 있는 것이다. 그러나 이렇게 영화의 유리한 미디어적 특성이 그 우월적 지위를 항상 보장하는 것은 아니다. 대중영화는 대중들에게서 자발적 동의를 확보했을 때만이 존재 가능한 산업이며, 여기서 동의의 핵심은 공감이라고 할 수 있을 것이다. 네티즌들의 영화평은 이런 공감의 힘을 증명하고 있다.

기사로만 봤던 내용을 눈으로 확인하니.. 정말 오열할 수밖에 없었다. 현실에서도 비일비재한 일이라 공감이 컸던 것 같다.(초야. "오열했음")

잔혹하지만 외면할 수 없는 과거가 아닌 지금 현재일 수도 있는 상황이라 그 아픔이 동화되듯 가슴속으로 전해져 오더군요.(24년. "우리네 현실의 외면할 수 없는 잔혹한 현실 그리고 현재")

III

지금도 또 얼마나 이 같은 일이 일어나고 있지 않을까? 하는 두려움마저 주는 영화 도가니이다.(아빠맨. "실화를 바탕으로 한 것만으로도 충격의 도가니로 몰아넣는다.")

이 영화는 사건 자체의 추악함도 추악함이지만, 그 이후에 벌어지는 끝도 없는 우리 사회의 현실에 몸서리가 쳐지는 영화이다.(뽀. "그저 꼭 보시라는 말 밖에는..")

현재진행형인 지금 우리들의 모습이요, 세상의 위선을 들추는 적나라한 시선이다.(광복진태. "정직하게 듣고, 제대로 말할 줄 아는 영화")

우리와 지금 이 세상의 모습이기에 더욱 아프고, 무섭다.(키스수미. "미친 세상 속 고통스러운 이야기")[6]

상업영화 소재로서는 어둡고 무거운 소재를 다룬다는 부담감에도 불구하고 감독이 영화 〈도가니〉 제작을 결심하게 된 사연은 "적절한 시의성에 있다".[7] 소설의 원작자도 "영화가 처음 계획대로 빨리 제작돼서 지난해에 개봉했으면 파급력이 덜했을 것"이라고 말한 바 있다.[8] 이는 하나의 담론이 또 다른 유사한 담론과 결합했을 때 폭발적 힘을 얻을 수 있음을 의미한다. 〈도가니〉 개봉 당시 아동 성폭력 사건이 '올해의 10대 뉴스'로 꼽힐 만큼 중요한 이슈가 됐으며 최근 들어 점차 커져가는 사회문제이자 생활과 밀착된 민감한 문제로 부각중이었다는 사실이 영화적 공감을 얻는 데 기여한 측면이 있다. 더구나 영화가 재조명한 사건은 '아동 성폭행 범죄'라는 테두리 안에서 가장 끔찍한 상황, 다시 말해 권력의 횡포가 용인되는 사회구조적 모순을 담고 있어 더욱 현실적인 문제로 다가왔다. 이런 상황과 맞물리면서 영화가 다룬 현실은 일상생활을 위협하는 보이지 않는 권력의 공포를 마치 관객이 직접 경험한 것처럼 느끼도록 했으며, 그만큼 커다란 파급력을 얻게 되었다.

그동안 실화를 바탕으로 한 사회의 어두운 면을 드러내고 은폐된 비리를 고발하는 영화들이 관객 동원에 그리 성공적이지 못한 현실에 비추어볼 때, 영화 〈도가니〉의 성취는 특별한 것이 분명하다. 어느 비평가가 "사람들이 이렇게 분노하고 행동에 나선다는 것은 나도 저들처럼 사회적 약자가 될 수 있고 저들이 겪고 있는 고통 같은 것을 나도 겪을 수 있다는 일종의 위기감 같은 것"이라고 지적했듯이, 〈도가니〉는 우리의 현재이면서 미래가 될 수도 있다는 점에서 더욱 아프고 무서운 영화가 됐다. 때문에 이 영화에 대한 관람이 일회적 분노에서 멈추지 않고 사회적 참여에 대한 고민으로 이어진 것이 자연스러운 발전과정으로 이해될 수 있다. 즉 최근의 아동 성범죄라는 사회문제가 권력층의 공공연한 비리를 용인하는 구조적 문제와 만나면서 영화 〈도가니〉는 동시대의 '위기 공감'을 증폭시켜 저마다 다른 삶을 사는 관객들의 감정을 자극했으며, 이는 다시 세상을 향한 목소리를 생산해내면서 변화를 향한 실천의 장인 공론장으로 기능한 것이다.

결국 영화 〈도가니〉가 거의 모든 관객에게 '분노의 도가니'로 읽히고, 다른 영화들과는 다르게 일종의 신드롬으로까지 몰고 갈 수 있었던 것은 영화가 현재성의 자각을 독려하고 있기 때문이다. 최소한의 삶의 질을 보장받지 못하는 장애아동과 그들을 지킬 힘조차 없는 사회적 약자에 대한, 그물망처럼 분산된 권력이 공공연히 맺어온 부적절한 연대에 대한, 그리고 이 모든 상황을 인식하는 국민의 자각 정도에 대한 현재의 고민을 생산하고 있는 것이다. 이 영화는 사회적 약자의 억울한 사건을 고발하는 데 그치지 않고 체제의 문제로 확장시킴으로써 관객으로 하여금 다양한 층위의 현재성을 경험하도록 했다. 〈도가니〉는 이렇게 과거이면서 구체적 사건인 내부적 이야기를 현재의 세상인 외부 현실과 직접 연결시킨다. 이를 가능하게 한 것은 바로 지금, 여기의 문제로서 현재성에 대한 공감의 힘이라 하겠다. 즉 '동시대적 공감'에 뿌리를 둔 영화의 감성적 힘인 것이다. 이는 이 영화가 다룬 사건이 과거의 사건이나 영화의 일로 축소될 수 없는 이유이며, 영화로 발생된 사회적 담론들을 단순한 정의감이나 내 이웃에 대한 이타심을 넘어서는, 일상적 권력에 대한 저항의 담론으로 읽어나가도록 만들고 있다.

문화적 공론장: 감성 커뮤니케이션으로서 〈도가니〉

영화 〈도가니〉는, 이미 언급한대로 실제사건을 바탕으로 한 '사실성'이 전제되어 더 큰 파장을 몰고 왔다. 영화는 그러나 그 매체적 특성으로 인해 사실을 굴절시킨다. 카메라의 눈은 뒤에 선 누군가의 시선을 대신하는 것이기 때문이다. 이것은 영화에서 무엇을 바라보는가보다 어떻게 바라보는가가 더욱더 중요하다는 의미이며, 따라서 누구의 입장에서 사건을 재현할 것인가의 문제가 대두된다. 대중문화를 대표하는 콘텐츠로서 영화가 권력의 약자인 대중의 입장에서 사회를 재현하는 것은 일반적이지만, 영화 〈도가니〉는 사회적 소수자의 입장에 설 뿐 아니라 사적 보호자를 자처한다. 여기서 사적 보호자란 가해자와 가해자를 방치해온 사회에 대한 주관적 감정을 가진 입장을 말한다. 이것은 영화가 관객에게 객관적 입장에서 정보를 전달하는 방식이 아닌 주관적 입장의 감정적 호소를 선택했음을 의미한다. 때문에 "나는 이 사건을 세상에 알리기로 결심했다"는 영화의 일성은 세상을 향한 선전포고에 가깝다. 그 결심에 비장함이 묻어나는 이유는 오랜 시간 외면 받았던 피해자들의 고통, 억울함, 배신감, 분노의 감정들이 그 한 문장에 고스란히 녹아 있기 때문이다.

　그렇게 분명한 목적의식이 있었기에 영화는 한 곳을 향해 달려갔고, 영화에 동승한 관객은 그토록 다양한 감정의 폭발을 경험해야 했다. 우선 카메라는 폭력의 공간 깊숙이, 그 현장 속으로 다가가 아이들의 공포와 고통을 직접적으로 전달한다. 영화가 클로즈업을 빈번히 사용하는 것은 관객을 장면 속으로 끌어들여 극적인 효과를 더하기 위함이다. 카메라가 대상과의 물리적 거리를 좁힌 만큼 관객과의 심리적 거리도 좁혀진다. 화면을 가득채운 인물의 얼굴은 얼굴의 형상을 떠나 곧 그 '감정'이 되기 때문이다.* 클로즈업된 얼굴은 공포가 되고 슬픔이 되며 무기력이 되고 분노가 된다. 그

---

* 들뢰즈의 '강화/변용 이미지'에 따르면, 얼굴은 의미화와 주체화를 수행하는 추상적 기계에 비유된다. 이때 탈영토화된 얼굴은 그 인물이 가진 모든 의미 즉 정치, 종교, 사회, 문화적 배경이 배제된 채 순수한 감정만 남는다고 했다. 대표적인 예로 영화 〈잔다르크의 수난〉에 사용된 클로즈업 장면들을 떠올릴 수 있다.

리고 그 감정은 확대된 이미지만큼이나 가깝고 충격적으로 관객에게 전달된다. "있는 그대로 보는 느낌이어야만 이 끔찍한 사건을 제대로 알릴 수 있을 것이라 생각했다"[10]는 감독의 말을 증명하듯, 영화가 이 끔찍한 사건을 세상에 제대로 알리기 위해 선택한 방식은 관객을 사건이 벌어지는 현장에 목격자로 세워 '있는 그대로의 느낌'을 고스란히 전달하는 것이었다. 그럼으로써 그들의 고통을 더 이상 외면할 수 없도록, 고개를 돌렸던 무심한 세상을 향해 감정적으로 호소한 것이다. 그렇게 스크린 안에서 소용돌이치던 감정들은 어느새 장벽을 넘어 관객의 감정으로 전이되었다.

그러나 영화는 오로지 감정 전달의 기능에만 몰두하지 않는다. 영화적 이야기를 보다 현실적인 사건으로 이해시키기 위해 영화는 매우 사실적인 보도 프로그램의 인터뷰 형식을 활용하기도 한다. 아이들을 찍고 있는 영화의 카메라는 관객들에게 인터뷰의 상황을 인지시키고 나서 곧바로 제거되는데, 여기서 영화의 프레임을 걷고 서내면 피해 아이의 고통스러운 얼굴만이 화면을 가득히 채우고 있다. 이제 관객이 마주하는 것은 구체적이고 직접적인 한 아이의 고통인 것이다. 이렇게 카메라를 응시하는 아이들 각자의 고통스런 눈을 직면하도록 만드는 것은 관객을 목격자 혹은 보호자로 호명하는 방식이다. 카메라의 이런 초대에 자녀를 둔 부모들은 자기 자신의 아이들을 떠올리며 '피눈물'을 쏟는 심정으로 응답하기도 한다. 영화는 이렇듯 카메라의 주관적 시선을 일방적으로 강요하기보다 피해 아동이 관객의 감정에 직접 호소하는 방식을 선택함으로써 그 의도된 심리효과를 극대화시키고 있다.

이는 곧 관객의 자발적 감정을 유도하는 장치라고 할 수 있다. 인터뷰라는 객관적 양식 아래에 매개자로서 영화가 가진 주관적 감정을 감춤으로써 내용에 대한 객관적 진실성을 보장받는 방식인 것이다. "이건 마치 영화를 본 게 아니라 요즘 자주 보고 있던 시사프로 〈그것이 알고 싶다〉의 2시간짜리 특집을 본 느낌이랄까요? 이런 현실에 살고 있는 게 너무나 무섭고 무거운 마음이 들게 되던데요"" 라고 쓴 어느 네티즌의 리뷰처럼, 영화는 이제 허구적인 이야기가 아니라 시사 다큐의 진실성을 담보한 객관적 사실로, 따라서 관객의 현실로 연장되고 있다. 아래 그림은 이런 인터뷰 형식을 차용해 객관적 사실성을 부여하고 이를 통해 관객의 자발적 동의를 유도하는 쇼트 구성의 전형적인 예를 보여주고 있다.

[그림] 인터뷰 형식의 쇼트구성

　　영화 〈도가니〉는 소설을 영화화하는 과정에서 사건의 큰 줄기를 강조하기 위해 가지치기를 하고 있다. 영화화 과정에서 소설의 서사는 축약과 생략, 첨가 등의 작업을 거치기 마련이지만, 여기서 특별한 점은 축약과 생략이 이뤄진 부분이 인물들의 개인사였고 첨가시킨 부분은 사건을 극대화시키는 장치에 동원되고 있다는 것이다. 그렇게 캐릭터의 깊이를 포기하는 대신 사건의 굵은 줄기를 만들어내는 데 성공한 영화 속에서, 사연이 사라진 인물들은 현실의 개인을 벗고 각기 선과 악을 대변하는 기호가 된다는 점에 주목할 필요가 있다. 소설이 설정한 가상의 인물인 강인호로부터 도덕적 결함을 지우고 정의감을 부여함으로써 선의 수호자로 동기화시켰다면, 권력을 가진 부정한 자들의 얼굴에는 '사연 없는 괴물'[*]로 반복 재생산되어온 사이코패스의 이미지를 더함으로써 강인호의 대척점에 세운다. 최근 몇 년간 한국영화가 '죄의식 없는 폭력'의 대명사이자 '과잉의 광기'로 그려온 사이코패스를 "관객이 마음껏 분노를 표출할 수 있는 대상"[12]으로 빌려온 것이다.

그렇게 가해자들의 변태적 성 욕망을 사이코패스의 '죄의식 없는 범죄'로 연결시키는 지점에서 가해자의 쌍둥이 얼굴은 정상적인 사회적 얼굴과 흉악한 범죄자의 얼굴을 한 몸에 가진 사이코패스라는 괴물의 두 얼굴을 곧바로 계승한다. 인자하고 온화한 교장의 가면 아래 감춰진 탐욕은 행정실장의 얼굴로 드러나며 두 개의 몸이 하나로 연결된 '괴물'로 제시됨으로써 관객의 기억에 '악마, 짐승, 괴물'의 이미지로 남아 있던 사이코패스의 공포도 함께 재생된다. 가

***

[*] 현실에서 탄생한 사이코패스는 한국영화 속에서 '사연 없는 괴물'로 성장했다. 영화는 그들에게서 인간적 사연을 지워내고 '악마, 짐승, 괴물'로 명명함으로써 우리로부터 '분리된 타자'로 확인하고자 한다. 오승현, 「사이코패스 영화에 내재된 정치적 무의식: 〈악마를 보았다〉와 〈김복남 살인사건의 종말〉을 중심으로」, 『문학과 영상』, 2011, 146쪽을 참조.

해자를 보여주는 방식과 마찬가지로 그들의 공간을 연출하는 방식에서도 사이코패스 영화에서 찾아볼 수 있는 스릴러 장르의 연출방식을 사용함으로써 그 효과를 증대시키고 있다. 가해자의 얼굴에 피해자가 느끼는 공포의 질감을 살리기 위해 덧칠한 장르적 효과가 그들을 더욱 기괴한 악마의 환영으로 보이게 했듯이, 폭력에서 벗어나려는 아이들의 외마디와 울부짖음을 삼켜버리는 무자비한 공간인 방과 후 학교 공간도 흔들리고 불안정한 카메라 시선과 불안한 조명 아래 악마의 소굴로 완성된다.

학교라는 공간 안에서 교육자의 얼굴을 한 가해자의 폭력은 그들 공동체의 묵인 아래 자행되었다. 교육자이자 사회적 보호자의 얼굴 뒤에 악마의 얼굴을 숨긴 것처럼 '자애'라는 이름 아래 사랑의 가르침을 기대했던 학교는 폭력의 공간이라는 다른 얼굴을 가진 것이다. 그런데 이 괴물을 사회 속에 '안전하게' 방치하고, 심지어 그와 더불어 공생하는 것이 우리의 공권력이라면 영화는 더 이상 스크린에서 펼쳐지는 스토리에서 그치지 않는다. 이 지점에서 관객의 분노는 급물살을 타기 시작한다. 개인이 지워지고 강자로서 악과 약자로서의 선의 명확한 이중구도에서 약자의 자리로 소환된 관객의 입장은 분명해질 수밖에 없다. 영화가 관객을 사회적 약자의 자리로 소환하면서, 관객은 아이들의 입장에 스스로를 동일시하게 되고, 가해자에게 일었던 분노는 자연히 그것을 용인한 사회에 대한, 그리고 아직도 변하지 않는 것들에 대한 분노로 확장된다. 이것은 결국 공권력의 무기력함과 방관적 자세를 반복적으로 고발해온 사이코패스 영화의 낯익은 장면과 유사한 수법이라고 할 수 있다. 〈도가니〉의 경찰과 공무원의 모습은 사이코패스 장르에서 경찰로 대변되는 공권력이 줄곧 직무유기를 범해온 것과 다를 바가 없다.

여기서 영화 〈도가니〉가 관객의 분노를 유발한 지점이 사건의 극악성, 그 하나에 있지 않았다는 점을 다시 강조할 필요가 있다. 영화는 한국사회에서 어느새 관행으로 굳어진 구조적 모순, 즉 공무원의 일 미루기 관행과 서열사회의 전관예우의 관행을 비롯한 권력층의 맹목적 공동체 의식 또한 공범으로 고발하고 있다. 즉 공직자를 포함한 사회 권력층에 대한 막연한 불신이 영화를 통해 비로소 실체화되면서 분노의 감정을 유발했던 것이다. 이 분야의 한 전문가에 따르면 "소위 '불멸의 신성 가족', 다시 말해 판검사, 종교인, 지역사회 특권층까지 엮어 기득권을 옹호하고 사실을 왜곡하고 사회를 이끌어가는 데 대한 대중의 분노가 이번 영화를 계기로 터진 것"[13]이다. 영화가 사건의 배후를 분산된 권력의 동조 또는 연대로 인식하게 함으로써, 더구나 그것이 공공연히 자행되어온 것임을 넌지시 일깨움으로써 궁극적으로는 저항의 담론을 실행시킨 것이다. 원작자의 지면 인터뷰에도 그 암시적 의미가 발견된다.

기자: 영화에서는 그런 (지역사회의 은밀한) 커넥션이 다소 덜 묘사된 것 같다.

공지영: 나도 그건 조금 아쉬웠다. (…) 그래도 사람들은 알아보는 것 같았다. 시사회 때, 소설을 읽지 않은 주위 사람 몇 명을 데려갔는데, 충분히 공감하더라. 아무래도 지금의 현실이 딱 그런 모습이니까, 척하면 삼천리로 알아볼 수밖에 없는 거지.[14]

"아무래도 지금의 현실이 딱 그런 모습이니까" 부족한 묘사로도 관객이 충분히 공감할 수 있었다는 말의 뉘앙스는 많은 것을 시사하고 있다. 우선 영화적 층위에서 볼 때, 영화가 보여주는 시각적 자극이 단편적일지라도 이와 관련된 관객의 잠재된 기억에 영향을 미친다면 관객 스스로 그 단편적인 영상을 기억의 연장선에서 완전한 것으로 회복시킨다는 의미다. 이때 관객의 잠재된 기억은 영화를 포함한 많은 매체들을 통해 축적된 기억일 수 있다. 사실과 허구의 영역에서 학습되어온 단편적 기억들이 비슷한 자극을 받아 재생되는 것이다. 또한 같은 맥락에서 아감벤의 영화이미지가 가진 역동적 잠재성에 관한 논의에 따르면 영화의 '역동적 이미지' 자극을 통해 재생되는 기억은 실제 대상보다 더 큰 실제성으로 다가올 수 있다.[15] 여기서 중요한 점은 이런 '잠재된 기억의 활성화 과정'의 반복을 통해 현실에 대한 인식 재정립이 일어난다는 것이다. 텍스트 밖의 의미를 내포한 영화이미지가 관객의 잠재된 기억을 재생시키는 과정에서 더 큰 실제 이미지가 되어 텍스트 밖으로 확장되는 것이다. 영화는 결국 관객의 감각을 깨우는 방식으로 잊거나 외면해왔던 불편한 현실에 확대경을 들이댄 셈이다.

이렇게 보면 영화는 오락의 기능을 일차적으로 수행하지만 교육적 기능 또한 수반하고 있음을 알 수 있다. 이는 저널리즘에도 동일하게 적용되는 이야기이지만 언론이 여전히 감정을 자극하기보다 교훈적 메시지에 치중하고 있다는 점에서 영화와 구별될 수 있다. 저널리즘과 다르게 영화의 교육적 메시지는 인식론의 직접적인 산물이 아니라, 감성의 과잉에서 비롯된 매개적 산물로 이해해야 할 것이다. 〈도가니〉의 경우 관객은 거의 수용의 한계를 넘어설 정도로 감성의 생산에 일차적으로 노출되어 있다. 넘쳐나는 이 감성에너지는 결국 마디점 nodal point 을 지나게 되고 여기서 감성은 다시 사회적 메시지와 결합하는 감정의 생산, 즉 감성과 인식의 접합이 가능한 것이다.[16] 소설의 경우 저널리즘과 비교해서 이러한 감정메시지 생산에 유리한 위치에 있지만, 영화가 동원할 수 있는 시청각적 기술을 감안하면 영화보다 여전히 불리한 것이 사실이다.

바로 이 지점에서 내릴 수 있는 잠정적인 결론은 공론장의 개념이 인식론으로만 설명될 수 없다는 점이다. 인식과 더불어 감정 또한 현대적 개념의 공론장에서 중요한 역할을 하고 있는 사실에 주목할 필요가 있다. 영화 〈도가니〉는 감정과 공론장의 관계가 밀접하게 연결되어 있음을 증명하고 있다. 그러나 이런 주장은 하버마스의 공론장 개념에 정면 도전하는 입장이라고 할 수 있다. 공론장은 원래 합리적이고 비판적인 토론을 통해 가능한 개념이기 때문이다. 따라서 제대로 공론장이 정립되기 위해서는, 또한 이 논의의 연장선상에서 민주사회를 이룩하기 위해서는 언론의 왜곡만큼이나 감상적인 정보뿐만 아니라 정보와 오락이 혼재되어 있는 인포테인먼트 역시 걸림돌로 작용한다는 논리가 성립한다. 그러나 영화는 이제 소설이 그동안 담당했던 문학적 공론장의 기능을 대신하면서 영화가 가진 매체적 특성, 즉 감정적 소구를 통한 공론장 구축을 가능하게 한다. 문학적 공론장은 후기자본사회의 맥락에서는 문학에 한정된 개념으로서가 아니라 문화적 공론장의 개념으로 확대되어야 마땅한 것이다. 그렇다면 그 구체적인 작동과정은 어떠한지 이

문화정치와 감성이론

어서 살펴보도록 한다.

저항 담론과 문화적 공론장

대중영화가 사회변동의 매개가 되는 것은 다양한 공론을 모을 수 있는 공간과, 사회와 개인을 이어준 능동적 주체인 공중公衆, 그리고 담론에 힘을 더한 여러 저항 전략 등의 실천적 행위가 따를 때 가능하다. 영화 〈도가니〉의 인터넷 공식 카페에는 많은 회원들이 모였고, 게시판에는 영화의 의미를 나누며 관람을 권유하거나 서명운동을 알리는 글이 올라오기도 했다. 서명운동에 직접 참여하는 것은 사회적 실천의 일환으로서 온라인의 경계를 벗어나 오프라인 활동으로 그 힘을 확장하는 것을 의미한다. 이 맥락에서 사라 밀스는 '권력의 분산과 그에 따른 저항의 분산'이라는 푸코의 개념을 빌어 다양한 저항 방식을 소개하고 있다. 즉 전통적인 탄원서를 쓰는 방식, 집단 전자메일망의 이용, 항의집회 개최 등 여러 가지 의견 표출 전략을 제시하고 있다.[17] 이 예들은 체제의 질서를 수용하는 입장에서 행해지는 저항 전략이라는 점에서 '권력을 추구하거나 권력에 반대하기 위함이 아닌, 권력의 일부분으로서 작동하는 방식'[18]이라고 할 수 있을 것이다. 〈도가니〉 관객들은 스스로 공중이 되어 바로 이런 합법적 저항방식을 선택했다.

〈도가니〉는 관객의 감성을 자극하고 이성을 깨움으로써 영화가 가진 콘텐츠의 한계를 벗어나 담론정치와 직접적으로 연결되는 드문 예라고 할 수 있다. 대중의 공분이 하나씩 더해지자 언론도 이제 6년이라는 긴 시간동안 진실을 위해 외롭게 싸워온 사람들을 조명하기 시작한다. 이어서 다양한 반성의 목소리가 출현한다. 한 기자는 자신을 포함한 언론에 대해 스스로 '직무유기죄'를 선고했다.[19] 사건의 1심을 담당했던 검사는 영화를 본 후 그때의 고통을 회상하면서 당시에 썼던 일기를 공개하기도 했고, 이에 대해 어느 네티즌은 "세상을 선도해가는 사람들"을 향해 "무엇을 하고 있었는가?" 물으면서 역시 스스로도 "반성, 반성 또 반성"[20]한다고 적고 있다. 사건의 담당 형사도 당시의 상황과 심경을 자신의 트위터에 올렸으며, 일부 영화 장면에 대한 극적 묘사의 아쉬움에 대해 피력하자 〈도가니〉의 원작자인 공지영 작가가 트위터를 통해 자신의 입장을 밝히기도 했다. 이렇게 하나의 담론이 또 다른 담론과 연결되는 '담론구성체'의 구축 과정을 통해 영화는 공론장의 역할을 충실히 수행하고 있는 것이다.

이는 드 세르토 de Certeau 가 일찍이 '일상생활의 실천적 측면'을 강조하며 주장했듯이, 대중이 자신의 입장과 이해에 합당한 문화를 일상적으로 소비함으로써 그것에 대한 의견을 표출한다는 입장과 부합하는 네티즌들의 저항적 실천이라고 할 수 있다.[21] 공중으로서 관객은 사이버 공간을 빌어 영화에 대한 의견을 교환하는 과정에서 사건의 진실을 추적했고, 나아가 제도적 문제점을 노출시켰으며, 이를 수정할 것을 요구한 것이다. 이런 실천의 원동력은 영화가 제공한 분노의 감정이었다. 분노의 에너지는 다시 반성적인 성찰로 이어져 생산적 논의가 가능했다. 이렇게 영화적 이야기가 사회적 공론으로 이어질 수 있었던 것은 트위터 등을 매개로 한 소셜네트워크 환경과 네티즌 토론광장인 '아고라'와 포털사이트에 마련된 공식 카페가 있었기 때문인데, 이는 하버마스가 이상적인 커뮤니케이션의 공간으로 제시한 18세기 유럽의 커피살롱을 대신하는 21세기형 공론장이라고 할 수 있을 것이다.[22]

앞에서 이미 설명한대로 18세기 문학텍스트를 논의하는 장으로 기능했던 공론장은 이후 점차 정치적 성격을 띠게 된다. 그러나 19세기 중반 이래 문예공론장과 정치공론장의 상호보완 관계가 파괴되면서 공중은 더 이상 비판적 공론장의 능동적 주체가 되지 못하고, '사회적 주체'로서 공중이었던 시민은 단순히 '문화소비자'로 전락하게 된다. 이러한 공중의 탈정치화에 편승해 정치공론장의 무력화에 가세한 것이 신문, 잡지 등의 대중매체였다. 문화가 산업으로 변질되자 대중문화는 탈정치화를 가속화시켰고 그 속도는 텔레비전과 같은 전자매체가 등장하면서 강화된다. 그러나 매체문화와 정치공론장의 적극적 관계에 대한 전망은 인터넷의 등장으로 새로운 관점이 제기되고 있다. 디지털 기술에 내재한 쌍방향성, 비선형적 읽기 등의 특징이 부각되면서 새로운 형태의 공론장이 기술적으로 가능해진 것이다. 이제 인터넷은 21세기 공론장을 대표하게 됐고, 이에 따른 전자민주주의 구현이라는 낙관론이 등장하기도 한다.

인터넷의 등장은 영화를 소비하는 방식에도 변화를 가져오고 있다. 이전에 영화감상이 비평과 무관한 일이었다면, 인터넷 시대에는 영화감상과 비평이 하나의 범주로 취급되기도 한다. 이런 맥락에서 일부는 인터넷 비평이 다양한 배경을 가진 대중이 각자의 전문성과 정보를 동원해 의견을 개진함으로써 영화를 보다 적극적이고 능동적으로 수용하는 데 기여하며, 결과적으로 다양한 담론을 생산하고 있다고 주장한다.[23] 인터넷이 관객 상호간의 소통을 통해 능동적 영화읽기에 긍정적으로 기여하고 있다는 것이다. 이는 대중매체의 발전에 따라 일방적 수신자가 되어온 '문화소비자'가 인터넷 매체를 통해 비로소 발신자로서 '공중'의 위치를 회복하고 있음을 의미한다. 영화 〈도가니〉의 사례는, 영화 관객을 중심으로 구축됐던 문화 공론장이 사회 정치적 공론장으로 확장되는 과정을 통해 관객이 공론장의 공중이 되고 있음을 보여주고 있다. 영화가 다룬 소재가 실제 사건이면서 관객의 현실에 영향을 미친다고 판단됐을 때, 영화에서 재현된 역사는 관객의 기억을 자극하게 되고, 이어서 정보공유와 같은 문화공론장을 형성하는 것이다.

이 과정에서 생산된 관객의 담론이 사회적 파급효과와 이에 따른 사회적 힘을 얻게 되면서 공론장의 성격은 이제 정치적으로 변한다. 영화의 영향력이 영화 밖 현실에 미치게 되는 사회변동의 순간이다. 하나의 영화에서 촉발된 저항담론은 이렇게 인터넷이 가진 확장성을 통해 확대될 수 있었다. 담론을 '우리가 현실을 인식하는 방식을 구조화시키는 시스템'[24]으로 이해한다면, 영화는 지배담론에 대항적 입장에서 현실을 재조명함으로써 현실을 새롭게 인식할 수 있도록 틀을 마련한 셈이다. 사회적으로 금기시되는 왜곡된 성 욕망을 대중의 영역으로 끌어들여 극악한 범죄로 진단하도록 관객들에게 요청하고 있는 것이다. 그러나 영화가 가진 하나의 진술만으로 '진리 체계'를 형성하기는 어려운 일이다. 영화담론이 사회적으로 유통되고 있는 '권위' 있는 또 다른 담론과 접합 가능할 때 비로소 '진리'로 평가받을 수 있기 때문이다. 그런 점에서 언론과 전문가들의 개입은 영화담론의 힘을 공식화하는 데 결정적인 역할을 한다.

여기서 한 가지 유의해야 할 점은 인터넷 공론장에서 생산된 담론들이 일사불란하게 하나의 대항담론 또는 대항권력으로 결집되지 않는다는 사실이다. 대중의 목소리는 필연적으로 다의적이고 대화 형태이기 때문에 그 다양성과 복수성은 한 목소리로 환원해 표현할 수 없다. 따라서 인터넷을 통해 형성된 대항권력 또한 체제를 전복하자는 통일된 혁명적 목소리가 아니라, 일상적 생활공간 내에서 변화에 필요한 조건들을 창조하자는 요구라고 할 수 있다. 서명운동의 취지가 그랬다. 대중은 그들의 생활공간이라고 할 수 있는 인터넷 카페에서 대화의 방식을 통해 서명운동을 권유했으며 그것을 '사회적 실천'으로 인식하면서 그에 동참한 것이다. 이슈청원 게시판에 남겨진 글을 보면 각자의 동참 의미를 읽어낼 수 있다.

세상이 우리를 바꾸지 않도록. 서명합니다.(comrade)

안효정 저도 서명합니다. 앞으로 대한민국에 이런 끔찍한 일이 두 번 다시는 일어나지 않기를 바랍니다.(HyoJeong)

저 비록 청각장애인이지만 인화학교 있던 일에 저도 서명합니다. 장애인들 많이들 도와주세요.(행복한 상희)

서명합니다. 사회적 약자를 배려하는 사회가 되길 바랍니다.(김주선)

현 사회에서 아이들을 키운다는 것 자체가 어른으로써 너무 부끄럽습니다. 당시에 못 밝혔다면 지금이라도 꼭 밝혀지고 죄에 대한 처

벌을 받길 바랍니다. 꼭 꼭 꼭!(소봉)

서명합니다. 여러분 인화학교의 가엾은 아이들과 같이 피해 받은 나영이를 위해서도 서명 부탁드려요.(forever우정)[25]

예시에서 볼 수 있듯이 서명운동이라는 동일한 행위 아래 자발적 동참을 하게 된 각자의 계기와 의도는 다양하다. 7만 명이 넘는 서명인들의 뜻이 하나의 목표를 향했을지라도 그 의미가 하나의 목소리로 환원된 것이 아니라는 점은 중요하다. 지향하는 바는 같았으나, 자신의 입장에 따라 해당 사안에 대한 공감의 지점과 그 정도가 다르게 나타났다. 따라서 자녀를 둔 부모, 교육자, 종교인, 같은 장애인의 입장은 공감의 지점이 다를 수밖에 없으며, 이에 따른 재수사 촉구와 가해자 가중처벌, 인화학교 폐교, 공소시효 폐지를 포함한 관련법 개정과 같이 여러 의견들이 제시되는 것은 당연한 결과라고 할 수 있다. 이와 같은 능동적 공중의 실천적 의미는 공권력에 대한 부정이라기보다 그 시스템의 논리적 오류를 바로잡는 데 있다. 결국 〈도가니〉를 통한 사회변동은 거리투쟁으로 성취된 것이 아니라, 대중의 일상적인 인터넷 공간을 통해 나온 것이다.

문화적 공론장과 문화정치

바로 이 맥락에서 문화적 공론장과 정치의 상호관계가 무엇인지에 관한 질문이 가능하다. 오늘날 텔레비전 드라마와 영화가 문학을 대신하고 그 결과 문학적 공론장에서 문화적 공론장으로 공론장의 개념을 확대시킨다고 했을 때, 여전히 모호한 상태로 남아 있는 부분이 문화적 공론장과 정치적 공론장의 차이가 과연 무엇이냐는 것이다. 그립스러드Jostein Gripsrud는 이 문제와 관련해서 문화적 공론장이 현대사회에 출현하게 된 기원을 대중이 공적영역에서 소외된 현상에서 찾고 있다.[26] 이 주장은 하버마스의 생활세계lifeworld와 체제system라는 이항적 대립 개념과 일치하는 대목이다. 하버마스는 자본과 국가가 동원하는 도구적이고 전략적인 합리성이 소통의 합리성communicative rationality과 상호 이해의 장인 생활세계를 식민화시키고 있는 것이 아닌지 묻고 있다.[27] 이런 이항적 대립의 또 다른 측면에서 생각해보면 대중이 왜 무기력감에 빠져 내부로 자신을 움츠리는지 쉽게 이해할 수 있다. 일상생활에서 요구되는 수많은 일들과 자기만족을 우선적으로 충족시켜야 할 상황에 처해 있는 그들이 시스템의 전면적인 부정보다 생활공간의 변화에 더 많은 관심을 나타내는 것은 당연한 결과이기 때문이다.

이와 비슷한 논리의 연장선상에서 피터 달그렌Peter Dahlgren은 공론장의 문제를 인식론적 커뮤니케이션의 문제로 제시하는 입장과 대중문화의 쾌락과 관련된 감성적 커뮤니케이션의 문제로 접근하는, 두 가지로 대별되는 이론적 경향의 대립에 문제를 제기한 바 있다. 그는 "합리적 커뮤니케이션은 필요한 것이지만, 우리의 지평을 소통의 합리성이나 이상적인 스피치 상황의 개념적 틀을 넘어서 확장하거나 침투시킬 수 없다면, 그것은 불구가 된 비판이론이 아닌 것"인지 반문한다.[28] 이에 덧붙여 달그렌은 그 어떤 재현 형식도 전적으로 인식론적이거나 합리적일 수 없으며, 이는 겉으로는 철저하게 감정을 배제하고 오로지 인식론적인 것처럼 보이는 텔레비전 뉴스도 마찬가지라는 이야기이다. 사실인즉슨 텔레비전의 리얼리즘과 픽션 프로그램을 포함한 온갖 장르는 감성과 인식론적 요소의 다양한 혼합으로 구성되었다는 것이다.

하버마스의 주장대로 정확한 정보를 얻을 수 있고, 아무런 제약 없이 반대의견을 제시할 수 있으며, 대화적 이성을 갖추는 것이야말로 민주주의가 작동하기 위한 규범적 조건이라는 사실에 어느 누구도 이의를 달 수 없을 것이다. 그럼에도 불구하고 공론장을 오로지 인지적 개념으로만 이해한다면 문화가 곧 상품인 현대사회에서 많은 한계를 노출시킬 수밖에 없다. 만약 민주주의가 고도로 매개된 세계에서 민주주의라는 신화를 정당화시키는 것 이상의 의미를 가지려면, 대중은 분명 중요한 사회적 이슈에 대해 제대로 된 정보를 가지고 합리적이며 비판적인 토론에 참여해야 할 것이다. 그렇게 해야만 올바른 정책적 결과를 내놓을 수 있고, 결국 이상적인 사회의 건설이 가능하기 때문이다. 그러나 그것이 생활세계의 전부라고 할 수는 없을 것이다. 대중들이 자신들이 처해 있는 무기력한 권력과 정책에 대해 아무런 영향력을 행사할 수 없는 상황에도 불구하고 각자가 사적 생활에 쏟는 것과 동일한 수준의 열정을 공식적인 정치에 투자하기를 기대하기 어렵기 때문이다.

공론장과 감정의 연결고리가 성립될 수 있는 가능성은 바로 이 지점에서다. 대중이 드물게나마 실제로 정치적 과정에 참여하는 경우는 거의 예외 없이 그들의 생활세계와 직결된 관심사, 예를 들어 위에서 살펴본 성폭력의 문제를 포함해서 육아·환경·노동조건 등의 문제인 때가 많고, 더욱 중요하게는 냉철한 지적·인지적 태도를 견지한 상태로 공론장에 참여하는 것이 아니라, 감정이 매우 격앙된 상황에서 토론에 참여하는 경우가 대부분이라고 할 수 있다. 동일한 맥락의 유추로 대중이, 예컨대 텔레비전 시사토론 프로그램에 주목하는지의 여부는 그 주제가 얼마나 자신의 일상적 삶에 적합할 것인지의 적절성에 달려 있다고 해도 과언이 아니다. 그러나 생활세계에 직접적으로 연관된 주제의 토론마저도 쾌락적인 TV드라마와 경쟁이 될 수 없는 것은 그만큼 대중 스스로 자신들이 공식정치의 장에서 멀어져 있다고 느낀다는 걸 의미한다. 하루의 대부분 시간을 생존을 위한 노동으로 소비한 후에 휴식의 시간까지 자신들이 통제할 수도 없는 문제에 이성적으로 몰입하기를 기대하기는 어려운 것이다.

그렇다면 후기자본사회 시대에 문화적 공론장을 18세기적 개념의 문학적 공론장으로 한정시키는 것은 시대적 상황에 맞지 않은 이상론이라고 주장할 수 있다. 고전, 순수예술, 근대 또는 포스트모던 예술로 문화적 공론장을 규정하는 입장 또한 여전히 합리적 이성을 과도하게 요구한다는 점에서 부분적이라고 할 수 있다. 문화적 공론장은 이제 다양한 채널의 대중문화와 대중오락을 포함해야 할 것이다. 이는 우리가 대중문화로 매개된 미학적이고도 감정적인 텍스트를 통해 어떻게 보다 더 즐겁고, 보다 더 나은 삶을 살 수 있을지를 상상해보는 것까지 문화적 공론장이 수용함을 의미한다. 매키건Jim McGuigan은 이 같은 논리로 문화적 공론장을 "감성적 양식을 통한 투쟁의 장으로서 정치와 공공성과 개인을 접합"하는 것으로 정의하고 있다.[29] 이제 공론장은 합리적 이성만으로가 아니라 감정의 영역을 포함한 개념으로 볼 수 있다. 이렇게 문화적 공론장을 재정의했을 때 왜 대중이 뉴스 대신 드라마를 선호하는지 비로소 이해할 수 있는 것이다.

대중문화나 오락과 연계해서 문화적 공론장을 이해하면 이때의 공론장은 도저히 믿을 수 없는 사실을 기꺼이 공감하면서 대리 경험한 쾌락과 고통을 교환하는 장으로 풀어볼 수 있을 것이다. 〈도가니〉 관객의 경우, 영화 감상을 통해 영화 속 캐릭터와 자신들이 가지고 있는 문제를 동일시할 수 있었고, 더 나아가 친구들과 구체적으로 시시비비를 가리면서 영화 속 이야기를 현실의 장으로 이끌어냈다. 이 과정에 개입한 매개체는 물론 인터넷 토론장이다. 여기서 다양한 담론이 변화하는 상황에 따라 새롭게 만들어졌고, 이런 담론 생산의 이니셔티브를 통해 실제적인 사회변동을 주도했다. 따라서 인터넷 토론장에서의 영화에 대한 글쓰기는 단순한 문화적 행위를 넘어서 사회적 실천으로 발전됐다. 문화가 정치가 되는 변화를 이룩한 것이다. 다시 한 번 강조하자면, 이 과정에서 변화의 원동력은 분노의 감정으로 충전된 에너지였다. 보다 정확하게는 격하게 생산된 감성적 에너지가 변화를 촉구하는 정치와 접합한 결과였다.

정리하자면, 감성적 커뮤니케이션은 대중으로 하여금 자신이 처해 있는 생활세계에 대해 성찰적으로 숙고할 수 있게 하며 일상생활의 지형에서 자신의 통제를 벗어난 것으로 여겨지는 시스템과 어떻게 협상할지를 알려주기도 한다. 〈도가니〉를 둘러싼 토론은 대중에게 전통적인 성에 대한 인식이 더 이상 유효하지 않은 상황에서 어떻게 새로운 도덕적 기준에 맞춰 살아가야 하는지의 행동 방법을 일깨워주는 '생활정치'를 명시하고 있다. 문화적 공론장은 이처럼 혼란스런 성찰적 모더니티의 조건 속에서 협상적 관계를 유지하고 지속적으로 결정을 내려야 하는 개인생활에 일종의 모델을 제시하기도 한다. 문화적 공론장은 이제 문학과 오락, 인지와 느낌 또는 인식과 감성의 대립 쌍에서 어느 하나만의 영역일 수 없고, 두 개념을 모두 아우르는 통로라고 할 수 있다. 감성적 상상력과 이성적 논쟁이 혼재된 공간인 것이다. 그러나 이 접합의 장이 모든 경우에 긍정적인 결과를 보장하지는 않는다. 〈도가니〉가 문화정치적으로 유의미할 수 있던 이유는 모두 공감할 수 있는 정의를 실현했기 때문일 것이다.

2부

대중문화와 문화정치

포스트헤게모니 시대의 문화정치:
쾌락, 권력관계 그리고 대중문화

대중문화, 이데올로기, 헤게모니

문학이나 영화학 그리고 인류학이나 역사학 같은 전통 분과학문과 요즈음 유행하고 있는 문화연구의 차이점이 무엇일까? 조금 더 노골적으로 부정적 관점에서 접근하는 입장이라면 이런 질문도 가능할 것이다. 문학 혹은 문화학으로 규정지을 수 있었던 고전 학문 영역이 도대체 문화연구와 어떻게, 또 무엇이 다르다는 것인가? 이 질문 속에 담겨 있는 '문화연구'라는 단어는 이미 거부감이 전제된 부정명제의 산물일 것이며, 이는 필시 문화연구가 예술과 문화의 '숭고미'를 추구하는 작업으로 다가오는 대신 문화의 '정치성'을 과도하게 강조해 전개하는 논리로 여겨져서 매우 낯설게 느껴지기 때문일 것이다. 시대를 대표하는 '최고'의 작가가 생산한 사고나 작품으로 문화를 이해하기는 쉬워도 정치 또는 힘의 함수관계로 문화를 접근하는 것은 선뜻 동의하기 어려운 조합일 수 있다.

이런 의문은 좀 더 구체적으로 질문을 던졌을 때 실감나는 문제다. 소설을 쓰거나 읽는 일, 이보다 격이 떨어지는 텔레비전을 시청하는 행위, 그리고 영화를 보거나 신문 잡지를 소비하는 행동이 과연 정치나 권력과 어떤 상관관계가 있다는 것인가? 심지어 패션, 여행 그리고 일상적으로 소비되고 있는 유행가요를 즐기는 일조차도 정치나 권력관계와 결코 무관하지 않다고 주장한다면 이를 쉽게 이해할 수 있는 사람이 과연 얼마나 될지 의문이다. 그러나 현대인들이 현실을 직접 경험하기보다 거의 모든 영역에서 '재현'된 문화상품을 통해 현실을 간접 소비해야만 하는 상황을 인정한다면, 이 재현 작업을 누가 어떤 방식으로 실천하느냐에 따라 현실 그 자체가 다르게 구축될 수 있다는 점을 알 수 있고, 따라서 문화와 정치가 결코 멀리 떨어진 개념이 아니라는 사실을 터득할 수 있을 것이다.

1960년대와 1970년대 영국에서 본격적으로 정리된 문화연구의 주된 관심사가 대중문화로 집중된 것은 바로 이 맥락에서 비롯되었다. 투표가 대의민주주의를 실현하는 적극적인 정치적 행위라고 믿었는데, 막상 그 행위의 밑바탕이 되는 대중의 정치의식은 문화연구가들이 판단해봤을 때 매우 허위의식적인 것으로 판단된 것이다. 여기서 왜곡된 정치행위의 주된 원인은 물론 대중문화에서 연유했다고 진단된다. 이렇게 대중문화를 본격적인 분석대상으로 삼은 것 자체가 이런 정치적 상관관계를 모색해보기 위해서였으므로 문화연구는 출발시점부터 문화와 정치 또는 문화와 권력의 상관관계를 전제로 한 셈이다. 초기 문화연구에서 도출된 가설은 현대인들이 대중문화에서 즐거움을 얻지만, 그 쾌락의 수용 과정을 통해 동시에 텍스트 속에 내재된 지배 이데올로기와 '주체적' 관계를 맺을 수밖에 없다는 것이었다.

따라서 초기 문화연구에서 대중문화 수용자가 텍스트를 통해 누리는 쾌락의 문제는 텍스트 안에 담겨 있는 이데올로기를 추적하는 작업보다 우선순위가 높을 수 없었다. 이런 연구를 수행하기 위해 동원됐던 대표적인 이론가는, 잘 알려진 대로 그람시와 알튀세르였다. 그람시가 정치와 문화적 개입에 관한 변증법적 방법으로 접근하거나 이론과 실천, 과학과 상식, 지식인과 대중의 통합을 시도하는 이론을 펼친 데 반해, 알튀세르는 반대로 맑스주의 과학과 이데올로기적 층위의 상식을 분리해서 다루고 있어 두 이론은 서로 공존하기가 어려운 입장을 가지고 있다. 그러나 스튜어트 홀 Stuart Hall 은 그람시와 알튀세르를 소환해 현대사회의 문화적 실천, 특히 미디어의 이데올로기적 역학을 이해하려는 목적으로 포스트 맑스주의적 관점에서 헤게모니를 재조명하고 있다.[1]

홀이 제시하는 이데올로기론은 알튀세르를 그람시 이론에 대입하는 것이었다. 다시 말해, 알튀세르로부터 도출된 구조적이며 중층적 개념의 이데올로기를 그람시의 국면적 관점으로 접근한 헤게모니와 대중의식의 관계에 접목시킨 이론이다. 알튀세르의 구조주의는 이데올로기를 재현체계로 설정하고, 여기서 주체는 자신의 실존적 조건과 상상적 관계를 맺으면서 살아가는 존재라고 할 수 있다. 이데올로기에 빠져 있는 주체는, 따라서 중층으로 결정된 사회구조를 재생산하는 도구적 대리인에 불과한 셈이다. 알튀세르 이론은 사회구성체를 이데올로기 층위로 환원시키고 있어 불평등한 구조에 저항할 수 있는 가능성을 원천봉쇄하고 있는 것이다. 홀은 알튀세르의 이런 환원적 이데올로기론을 비판하고 있지만, 여전히 이데올로기가 가지는 결정력을 수용해 대중들이 일상적 삶을 살아가는 과정에 실제로 영향력을 행사하는 것으로 풀어쓰고 있다.[2]

　문화연구에서 그람시의 헤게모니 개념을 중요하게 여기는 이유는 무엇보다 알튀세르의 이데올로기 이론에서 찾아볼 수 있는 주체의 수동성을 탈피하기 위한 이론적 근거를 마련하기 위해서였다. 대중은 문화를 통해 실존적 경험을 창조하는 능동적 참여자이지, 알튀세르의 주장대로 이데올로기에 함몰되는 수동적 주체들이 아니라는 것이다. 홀[3]은, 따라서 그람시를 동원해 이데올로기를 계급에 기반한 고정된 의미의 개념으로 이해한 입장에서 이데올로기를 투쟁의 장으로서 이해하는 입장으로 옮겨가 이데올로기의 변화를 통한 사회변동의 개념을 재정의하고 있다. 바로 이 지점에서 문화연구가 기존의 전통 분과학문과 차별화되는 조건이 성립된다. 문화연구의 존재 이유는 불평등한 사회적 관계를 규명하고 이해함으로써, 비록 그 분석이 대중적 실천으로까지 이어질 보장은 없더라도 사회적 현상의 체계적 이해를 통한 지성의 정치를 추구하는 것이다.

　헤게모니 개념이 문화연구에서 중요했던 또 다른 이유는, 지배그룹이 헤게모니적 권력관계를 통해서 자신들의 이익과 일반 대중의 이익을 동일한 것으로 제시해 대중들로부터 자발적 동의를 획득하고 결과적으로 지배적 권위를 유지하는 과정을 추적할 수 있기 때문이다. 한마디로 상식체계를 해체하는 데 필요한 개념인 것이다.

그러나 지배그룹이 도덕적·문화적·지적 리더쉽을 유지하려면 자신들을 반대하는 그룹과 지속적으로 협상해야만 한다. 바로 이 맥락에서 헤게모니는 지속적인 수용과 협상의 과정이라 할 수 있으며, 문화적 저항과 사회변동의 잠재력이 이 과정에서 발생한다. 그렇다면 그람시와 알튀세르를 접목시켜 정리한 초기 문화연구의 핵심 주장은 국가와 사회기구가 각기 독립적으로 작동하면서, 이데올로기 과정을 통해 실제로는 사회적으로 강한 자들의 이익에 불과한 것을 대중의 이익인 것처럼 가장해 사회적 통합을 시도하고 있다는 주장일 것이다.

여기서, 현대인들이 일상적으로 소비하는 대중문화의 역할이 결정적이라는 점을 다시 강조할 수 있다. 문화연구가 문학작품 대신 대중적인 미디어 현상에 주목했던 이유도 현대 자본주의 사회에서 가장 중요한 의미생산 체제가 대중문화라고 판단했기 때문이다. 미디어는 대중의 일상적 경험을 패턴화하는 결정적인 자원이며, 따라서 일상생활을 분열된 모습으로서가 아니라 일관되고 이해 가능한 총체적인 모습으로 만들어주고 있다는 것이다.⁴ 미디어는 결국 현대인들의 경험을 관리하면서 일종의 문화적 리더십을 행사하고 있는 셈이다. 이는 물론 대중문화가 현대인이 구사하는 모든 커뮤니케이션 형태나 문화적 실천을 대신한다는 주장이 아니다. 초기 문화연구가 대중문화를 연구문제로 설정한 것은 단지 현대사회의 의미화 과정에서 대중문화가 차지하는 역할을 강조한 것이며, 이에 따른 정치적 효과성을 간과할 수 없다는 경험적 현실에서 비롯되었다고 할 수 있다.

초기 문화연구가 텍스트의 이데올로기 연구에 몰두한 것은 이런 역사적 흐름을 감안하면 매우 자연스러운 결과라고 할 수 있다. 그러나 텍스트 중심의 이데올로기 연구경향에서 관객이 텍스트를 통해 얻는 즐거움을 추적할 이론적 여유는 없었다. 홀의 경우 텍스트 생산과 수용자의 소비에 이르는 모든 커뮤니케이션 과정을 망라한 '기호화와 기호해독'[5] 이론을 제시했음에도 불구하고, 여전히 그는 텍스트의 소비과정, 즉 텍스트의 즐거움보다는 텍스트의 이데올로기가 어떻게 구조화되고 있는지에 집중하고 있다. 영미권에서는 1980년대에 접어들면서 이렇게 편중된 연구경향에 반기를 든 움직임이 서서히 일어나기 시작한다. 특히 관객연구의 실증적 증거를 통해 미디어가 현대사회에서 관리적 기능을 바탕으로 일상생활을 패턴화하고 있다는 홀의 주장이 과장된 것으로 드러나기도 한다. 예를 들어보자.

이데올로기적 쾌락과 대중적 쾌락

2010년 2월 26일, 한국 스포츠 역사에 또 하나의 기념비적인 기록이 추가된다. 김연아 선수가 한국인으로서는 최초로 피겨스케이팅 여자싱글 부분에서 세계신기록의 점수로 밴쿠버 동계올림픽 금메달을 수상한 것이다. 이날 대부분의 시민들은 이 중계방송을 시청하기 위해 텔레비전 앞에 모여들었다. 직장인들은 점심시간을 한 시간 늘리거나 잠시 짬을 내 중계방송에 몰두하기도 했다. 기차역과 버스터미널 그리고 대형 텔레비전이 설치된 장소에는 많은 인파가 몰려 마치 자신이 선수가 된 양 긴장감을 유지하면서 김연아 선수의 동작을 하나씩 숨죽여 지켜보고 있었다. 함께 모여 경기를 볼 수 없는 상황일 경우, 개인이 소지한 휴대전화기를 통해 중계방송을 지켜보기도 했다. 전국은 가히 김연아 열풍에 휩싸인 모습이었다고 해도 과언이 아니었다. 시내의 교통량이나 증권거래마저 한산한 모습을 보였다고 보도되었으니 말이다.[6]

한국 사회가 계급·젠더·지역·세대·교육 등으로 매우 분열된 모습을 평소에 보이지만 이날 피겨 경기 중계방송이 진행된 순간만큼은 온갖 사회적 분화를 초월해 모두가 하나가 되는 '연대'의 순간을 경험한 듯했다. 김연아 선수의 승리를 기원하며 경기를 지켜본 국민 대다수가 그녀의 '완벽한' 연기에 감탄하면서 한국인의 자긍심을 심어준 그녀의 노력에 박수를 보냈다. 금메달이 확정된 이후 한국의 주요 언론들은 오로지 '여신'의 탄생과 그녀의 승리를 축하하는 '과잉'된 메시지로만 뉴스를 생산하고 있었다. 이 과정에서 김연아 선수의 우승으로 고조된 감성적 에너지는 대한민국이 최고라는 국가 이데올로기와 뒤섞여 아주 자연스럽게 지배적 상식체계를 구축하는 데 동원되기도 한다. 그녀의 아름다운 연기는, 그 아름다움이 한국인의 참된 모습으로, 그리고 한국인의 본질로까지 과장되는 이데올로기 과정을 필연적으로 수반하고 있었던 것이다.

이렇듯 김연아의 피겨스케이팅 시합, 또는 그 연장선상에서 올림픽은 국가와 지배그룹의 이익을 우선적으로 도모하는 이데올로기 작업에 동원되기 쉬운 역사적 순간일 수 있다. 그러나 이데올로기 과정이 결코 일방적일 수는 없는 것이다. 올림픽 금메달의 의미를 지배적인 것으로만 고정시키고 싶은 지배세력의 노력은 번번이 이에 어긋나는 도전에 직면한다. 김연아 선수가 금메달을 획득한 것이 한국인의 자부심을 드높여줬다는 사실에 이의를 다는 사람이 많지 않겠지만, 그럼에도 불구하고 이 금메달의 의미가 하나의 지배적인 것만으로 고정되지는 않는다. 김연아가 승리했다는 뉴스를 내보내기 바빴던 주요 언론사 인터넷 사이트에는 일부 시민들이 그녀의 금메달 수상의 의미를 100년 전 일본의 강제합방이라는 국치의 경험에 대한 설욕으로 해석하는가 하면 또 일부는 어린 선수를 본받아 정치가들이 정신을 차릴 것을 촉구하라고 주장하기도 한다.

바로 이 맥락에서 우리는 바르트[7]가 '투르 드 프랑스Tour de France'를 분석하면서 제시한 주장에 주목할 필요가 있다. 바르트는 대중들이 이 경기에 열광하는 것은, 이 연례행사가 부르주아와의 계급적 이해관계를 희석하는 신화가 되었음에도 불구하고, 대중들이 반드시 지배적 가치에 함몰된 건 아니기 때문이라고 강조하고 있다. 물론 이 사이클 경기가 국가적 행사로서의 매력을 담보하고 있지만, 즉 국가 이데올로기에 동조하는 즐거움을 제시하고 있지만, 동시에 이런 스포츠 행사가 대중들에게는 자신의 일상적 삶을 지역사회나 세상과 연결시켜 숙고해보는 계기가 되기도 한다는 것이다. 이는 김연아 선수가 자신의 연기를 마치고 흘리는 눈물의 의미를 관객마다 제 삶의 맥락과 역사를 바탕으로 각기 다르게 반추해 해석하는 것과 마찬가지 과정이라고 할 수 있다. 그녀의 승리에 환호는 하되, 그 열광적 지지가 지배 이데올로기를 향한 것으로만 볼 수는 없다는 주장이다.

여기서 바르트[8]의 유명한 '주이상스_jouissance_'의 개념적 정리가 이 과정을 이해하는 데 도움이 될 수 있다. 주이상스는 환희, 무아경, 오르가슴으로 번역되는 것에서 알 수 있듯이 몸의 쾌락과 관계가 있는 개념으로, 문화가 자연으로 붕괴되는 순간에 일어나는 과정이라고 할 수 있다. 사람이 자아를 통제하는 주체성이나 자아를 상실하고 자연으로 회귀하는 순간을 일컫는 말이기도 하다. 왜냐하면 자아는 사회적 구성물이며, 따라서 사회적으로 통제되는 주체성의 장이자 동시에 이데올로기가 생산되고 재생산되는 지점이기 때문이다. 그렇다면 자아를 상실하는 것은 사회적 통제, 즉 이데올로기를 회피하는 것이라고 할 수 있다. 의미는 항상 사회적으로 생산되는 것이기에 자아의 상실은 결국 의미로부터의 탈출 과정이기도 하다.

바르트는 이 개념을 텍스트에 독자의 몸이 물리적으로 반응하는 '몸으로 읽기_reading with the body_'라는 은유로 설명하고 있다. 이는 개념과 이데올로기 그리고 내연적 기의로 읽기와는 다른 과정이다. 그가 제시한 예는 가수의 목소리에서 감지되는 목소리의 결이다. 멜로디나 하모니 또는 가사의 영역 밖에 존재하는 어느 특정한 공연의 음색은 청중으로 하여금 자아의 상실을 초래한다는 것이다.[9] 문학에서 드물게 찾아볼 수 있는 말장난이나 영화의 몇몇 이미지에서 이런 몸이 반응하는 상실감을 감지하는 것도 마찬가지 이치로, 이는 이데올로기나 의미의 외곽에 존재하는 것이라고 할 수 있다. 이렇듯 주이상스는 특정한 맥락에 한정된 개념이다. 다시 말해, 다른 맥락에서 동일한 텍스트를 접한다고 해서 같은 주이상스를 보장할 수 없다는 것이다.

김연아 선수의 연기에 몰입한 관객도 이와 유사한 과정의 주이상스를 경험했다고 보아야 할 것이다. 이미 경기 시작 전부터 언론은 한국과 일본의 대표선수가 맞붙는 국가대항전으로 의미를 한정 짓고 있었지만, 그녀의 기술이 하나씩 성공적으로 다음 동작과 이어질 때, 그녀의 관능적 몸짓이 완벽한 아름다움을 창조할 때, 그리고 만족스러운 공연을 마치고 마침내 눈물을 흘리는 모습을 목격할 때 관객들이 느낀 것은 방송 캐스터들이 내뱉는 서사와 무관한 무아경 그 자체라고 할 수 있을 것이다. 김연아 선수와 함께 우는 관객의 눈물은 바로 주이상스를 경험한 결과이기 쉽다. 올림픽 경기를 관람하면서 흘리는 눈물은 사회생활에서 억압된 감정과 정체성을 표현하는 쾌락일 뿐만 아니라, 몸으로 읽는 주이상스, 즉 문화와 이데올로기 너머에 존재하는 것을 관객 스스로가 자기 사정에 맞춰 정립하는 기쁨이기도 하다.

바로 이 지점에서 주이상스와 쾌락plaisir의 모호한 경계에 대한 의문이 제기될 수 있다. 수용자가 대중문화를 소비하면서 경험하는 주이상스적 순간은 매우 한정되어 있다고 할 수 있다. 그들이 대중문화에 몰입해서 얻는 것은 주이상스라기보다 대부분 낮은 단계의 쾌락이 일반적이다. 그 쾌락은 주이상스와 구별될 수 있고, 더욱 중요하게는 그것은 사회적으로 생산되는 개념, 그리고 지배 이데올로기의 울타리 안에서 작동되는 개념이라는 점이다. 따라서 쾌락은 사회적 정체성과 밀접한 관계가 있을 수밖에 없다. 만약 주이상스가 사회질서에서 해방된 즐거움을 생산한다면, 쾌락은 사회질서와 관련된 것에서 연유한다고 할 수 있다. 대중적 쾌락이 일상생활과 밀접한 관계가 있다고 한다면, 주이상스는 주로 카니발과 같은 특별한 순간에 작동되는 개념이다. 쾌락은 사회적 정체성을 인식하고, 동의하며 협상하는 과정에서 비롯되는 개념이지만, 그렇다고 지배 이데올로기에 함몰되는 체제 순응적인 즐거움은 아니다.

　이렇게 보면 김연아 선수의 경기는 주이상스와 쾌락적 순간이 모두 내재해 있다고 볼 수 있을 것이다. 카니발로서의 올림픽이 분명 존재하며 관객의 넋을 잃게 만드는 해방의 순간이 제시되지만, 경기를 시청하면서 생산된 즐거움은 사회적 관계에서 비롯된 쾌락이기가 쉽다. 일본을 압도한다는 국가적 자부심 같은 이데올로기에서 비롯된 지배적이며 보편적인 쾌락이 분명히 존재하지만, 동시에 탈중심화된 쾌락 또한 김연아의 경기를 읽어내는 또 다른 방법으로 제시되고 있다. 올림픽 여자싱글 피겨스케이팅이라는 텍스트는 부분적으로 그렇게 구축되고 있다. 그렇다면 이는 독자가 의미생산에서 어느 정도 통제력을 발휘하는 것을 전제로 한 개념이라고 할 수 있다. 바로 이런 이유에서 김연아 선수의 경기를 하나의 지배적인 의미와 감성으로 수렴되는 과정으로 볼 것이 아니라, 다양성이 교차되는 의미생산의 장, 따라서 갈등의 장으로 제시할 수 있다. 물론 올림픽에서 헤게모니와 이데올로기적 속성을 배제하기는 어렵다. 언론이 일방적으로 지배적 담론을 생산하고 있기 때문이다. 그러나 올림픽은 지식과 힘과 쾌락이 개입된 매트릭스의 관점에서 접근해야 할 문제이기도 하다.

　지식과, 권력 그리고 쾌락은 역선力線, line of force을 형성하고 이를 통해 자신과 타자를 다스린다. 언론에서 생산한 뉴스와 다큐, 그리고 연속극과 연예뉴스 프로그램은 때로는 정보로 또 때로는 스포츠와 오락으로 수용자들에게 제공되어 지식생산, 즉 담론적 실천에 개입한다. 이 과정에서 힘을 행사하는 것은 분명 즐거운 일이다. 언론은 담론을 생산하는 '이데올로기 기구'이기에 수용자보다 힘을 행사하기 유리한 위치에 있다. 그러나 대중 또한 주어진 정보를 있는 그대로 받아들이는 것보다 힘 있는 사회기구와 마찬가지로 지식을 생산하는 과정에서 힘을 행사하는 것을 즐긴다. 언론은, 예컨대 김연아 선수의 성공적인 퍼포먼스를 보도하며 국가적 자부심과 국가 브랜드의 제고 그리고 유쾌한 감성에서 비롯된 긍정적 에너지를 지속적으로 생산하고 일방적으로 전파했지만, 각 언론사의 인터넷 댓글에서는 패자도 함께 위로해주는 아량이 필요하다는 의견과 동계올림픽에서 메달을 획득하기 위해 피나는 노력을 선수들이 게을리하지 않았듯이 정치인들 또한 국민의 안녕과 복지를 위해 노력할 것을 촉구하는 등의 다양한 목소리가 공존하고 있었다.

그렇다면 미디어를 통해 얻는 정보의 즐거움 또는 대중문화를 소비하는 과정에서 얻는 쾌락은 지식을 생산하는 즐거움이라고 할 수 있으며, 그 쾌락은 또한 적대적 역선을 형성해서 생산한 지식이기가 쉽다. 물론 그람시와 알튀세르 이론에서는 미디어에서 제시한 쾌락이 모두 이데올로기적이라고 주장할 것이다. 이들의 논리를 따르면, 미디어 프로그램은 그 형식이 지배 이데올로기적 관점으로 세상을 이해하기 적합하게 틀이 짜여 있어 수용자를 미디어의 종속적 주체로 만들고 있다는 분석이 가능하다. 익숙한 것에서 얻는 쾌락을 통해 지배 이데올로기적 실천을 확인할 수 있으며 종속그룹이 지배체제에 기꺼이 동의하는 것도 가능하다. 따라서 그람시와 알튀세르의 이데올로기 이론에서는 자발적 동의와 그 동의를 생산하는 실천에서 오는 쾌락이 상호 밀접하게 연관되어 있는 개념이다.

그러나 푸코[10]를 비롯한 포스트구조주의 이론가들은 이런 이데올로기 중심의 쾌락론에 여러 가지 문제가 있음을 밝히고 있으며, 총체적으로 이들의 주장을 뒤집고 있다. 이 중 가장 중요한 반론은 이데올로기 이론에서는 미디어 수용자 또는 대중을 이데올로기에 대응할 어떤 힘도 없는 무능한 존재로 바라보고 있다는 것이다. 위에 열거한 예에서 볼 수 있듯이, 대중은 어느 하나의 미디어 소스에서 얻은 정보를 일방적으로 수용하는 것이 아니라, 주변에 존재하는 다양한 개인적 네트워크를 통해 추가 정보를 더하고 자신만이 가지고 있는 현실세계의 상황을 바탕으로 지식의 소비자 대신 생산자로 기능하는 것을 선호한다. 따라서 구조주의 이데올로기 이론에서 전제하고 있는, 종속성으로부터 쾌락이 발생하고 쾌락은 종속성이 강해질수록 커진다는 주장, 다시 말해 이데올로기에 완전히 동의할수록 또는 이데올로기가 마련한 주체의 위치를 포용할수록 쾌락이 커진다는 논리는 포스트구조주의 이론에서는 수용하기 어려운 것이다.

이미 언급한 대로, 지배 이데올로기에 빠져드는 기쁨이 없지는 않다. 예를 들어, 한국 선수가 일본이 금메달 후보라고 내세운 대표선수를 상대로 압도적인 점수 차로 승리하거나, 그동안 서구 선수들의 전유물이어서 한국 선수가 감히 넘볼 수 없었던 종목에서 금메달을 획득했을 때 지배 이데올로기에 적극적으로 호응하고 그 과정에서 즐거움을 얻는 주체들이 다수 존재할 수 있다. 지배적 주류와 함께 가고 있다는 생각이 그들에게 커다란 즐거움을 가져다 줄 수 있는 것이다. 그러나 그것은 낮은 수준의 쾌락이라 할 수 있으며, 인터넷 댓글에서 김연아 선수의 금메달에 부끄럽지 않게 정치인들이 제대로 행동하라고 비판과 조롱을 하는 대중들은 설명되지 않는다. 이데올로기적 쾌락은 또한 오로지 하나의 설명만이 가능하며, 동일한 이데올로기에서 모든 주체가 느끼는 쾌락이 다를 수 없다는 걸 전제하고 있다는 점도 문제로 남아 있다.

따라서 이데올로기적 쾌락은 사회적 차이를 외면하고 있으며 그 차이에 대해 그 어떤 힘도 부여하지 않고 있는 것이다. 하나의 설명, 하나의 역사, 하나의 목소리는 지배그룹의 이익을 위해 봉사할 뿐이다. 그러나 라클라우Ernesto Laclau와 무페Chantal Mouffe는 『헤게모니와 사회주의 전략Hegemony and Socialist Strategy』에서 그람시나 알튀세르 이론과는 다르게 주체성과 사회가 밀접하게 얽혀 있어서 주체성을 토대나 사회질서에 고착된 개념으로 접근해서는 안 되는 것이라고 주장한다.[11] 사회는 주체가 다양한 담론에 의해 위치되어지거나 호명되어지는 것과 마찬가지로 다양한 담론으로 구성되어 있어, 어느 하나의 담론으로 주체를 요약할 수 없다는 것이다. 따라서 주체나 사회 모두 열려 있으면서 동시에 중층결정된 개념으로 이해해야 한다는 것이다. 어느 담론이든 이렇게 열려 있을 수밖에 없다는 담론적 속성이 바로 담론의 위치성discursive positionalities 또는 담론구성체discursive formation를 형성하는 원리가 된다.[12]

라클라우와 무페의 이론에서 접합은 이렇게 헤게모니적 관점에

문화정치와 감성이론

서 논의되는 개념이다. 여기서 중요한 점은 그람시가 헤게모니를 계급의 분화, 산업 자본주의 내의 투쟁 그리고 여러 계급을 결집시켜 계급동맹이라는 역사적 블록이라는 관점에서 접근했다고 한다면, 라클라우와 무페는 헤게모니를 담론적 시도로 이해하고 있다는 것이다. 그렇기 때문에 우리가 몸담고 있는 사회는 사회를 구축하는 정체성 외부에 존재할 수 없다고 본다. 사회는 접합 또는 담론적 결합과 연합을 통해 형성되는 것으로 이해해야 마땅하다는 이야기다. 더욱 중요한 것은, 이 사회적 관계라는 것이 항상 불완전한 부분에 불과하기에 헤게모니가 가능하다는 점이다. 고정된 정체성은 결코 존재할 수 없으며, 완전한 종결도 불가능하고, 완벽한 통제 또한 있을 수 없는 개념이기에 헤게모니는 투쟁의 과정일 뿐이다.[13]

그렇다면 헤게모니를 거부하고 변화를 주장하는 목소리는 오로지 사회적 다양성과 차이 나게 배분된 권력의 불평등성에서 비롯되는 것으로 이해할 수 있다. 헤게모니 이론에서는, 최종심급에서 민중의 힘을 바탕으로 혁명이 가능한 것으로 전제하고 있지만, 여전히 지배세력에게 더 큰 권력을 할당하고 있고, 그 결과 저항에 대해서는 매우 소극적으로 다루고 있다. 이데올로기 이론에서 제시하고 있는, 자기 자신의 이익에 반하고 사회적 관계를 허위로 재현한 프로그램, 다시 말해 대중을 주체로 종속시키는 프로그램을 시청하는 것이 곧 즐거움을 가져다준다는 주장은 '허위의식'으로서의 이데올로기 이론과 다를 바 없으며, 이는 또 계급지배의 수단으로서 이데올로기 이론인 것이다. 대중이 불평등한 사회적 조건에 대해 순응하는 과정만이 강조됐을 뿐, 대중들이 구체적으로 이런 지배적 권력관계에 어떻게 대처하는지에 대해서는 관심이 없다.

홀은 일찍이 이런 수동적 주체론을 일컬어 '문화적 젬병'이라 비판한 적이 있다.[14] 지배 이데올로기적 구성의 힘에 맞서 아무런 저항도 펼칠 수 없는 무력한 이론이라는 의미다. 자신의 이익을 거부하는 것을 쾌락의 정의로 삼고 있는 대부분의 좌파 이론가들은, 따라서 쾌락에 관한 이론을 제대로 제시하지 못하고 있다. 알튀세르 이론에서 저항을 논할 수도 있겠지만, 그의 관심은 오로지 이데올로기적 실천에 집중됐을 뿐이며, 프랑크푸르트 학파의 주장 또한 대중적 저항과는 거리가 먼 이론이다. 이는 좌파 이론가들이 자신들의 정치적 목적을 달성하기 위해서 대중의 도움이 필요함에도 불구하고 여전히 그들을 낮게 평가하는 엘리트주의에서 비롯된 결과라고 할 수 있다. 결과적으로 좌파이론에서는 대중이 왜 지배 권력을 험담하는 것에서 쾌락을 느끼는지에 관한 문제는 등한시했고, 쾌락 속에 대중의 저항적 흔적을 추적하는 작업 또한 외면할 수밖에 없었던 것이다.

행위자, 권력관계 그리고 쾌락

그람시의 헤게모니나 이데올로기 이론의 또 다른 문제는 대중문화의 프로그램에서 나타나는 모순적인 목소리, 즉 상호 충돌하는 갈등을 설명하지 못하고 있다는 점이다. 이 문제에 대해서 설명하는 것은 바르트의 『신화론Mythologies』이 제시하는 이데올로기론이 거의 유일하다. 이는 일종의 '예방주사' 이론[15]으로 급진적 갈등의 기미가 있는 것은 매우 통제된 양을 대중들에게 미리 제공해 면역이 되도록 만들어 오히려 지배질서를 강화시킨다고 설명하고 있지만, 이런 이론으로도 통제를 벗어난 갈등을 해석하는 일이 불가능한 것은 마찬가지다. 따라서 이데올로기 이론은 지배그룹의 이익을 지지하지 않고 저항하도록 부추기는 대중문화의 모순적 갈등을 제대로 다루지 못하고 있는 셈이다.* 이데올로기 이론은 지배 이데올로기를 도모하고 구성하는 텍스트적 실천이 성공했을 때만을 전제로 하고 있지, 실패한 이데올로기는 설명하지 못하고 있다.

같은 맥락에서 이데올로기 이론은 현대 대중문화가 가지고 있는 자체의 담론성을 설명할 수 없다.[16] 최근에 유행하는 팩션사극이나 리얼리티 프로그램 그리고 〈꽃보다 남자〉와 같은 프로그램에는 텔레비전이나 영화의 고유한 텍스트성이 내재해 있다. 이런 프로그램에서 쾌락이 어떻게 구성되어 있는지, 관객의 참여를 높이기 위해 텍스트가 어떻게 갈등을 제시하는지 등의 텍스트성을 이데올로기 이론은 제대로 설명하지 못하고 있다. 대중문화가 자신과 세상에 대한 구태의연한 의미를 제시하는 지배 이데올로기적 쾌락에 맞서서(또는 이에 덧붙여서) 어떤 의미, 쾌락 그리고 권능의 힘을 관객에게 제공하고 있는지에 이데올로기 이론은 관심이 없다는 말이다.

---

* 맥케이브Colin MacCabe는 이와는 반대로 리얼리즘 형식이 텍스트 내에 존재하는 모순을 텍스트 내부에서 해결하기 때문에 관객에게 전달되는 갈등의 울림이 없다고 주장한다. 리얼리즘 형식은 메타담론의 작동으로 모든 것을 일사불란한 내용으로 관객에게 제시되고, 따라서 관객의 의식 속에 남아 있는 해결되지 않는 갈등이 있을 수 없다는 것이다. 그의 "Realism and Cinema: Notes on Brechtian Thesis," Tony Bennett et al. eds., *Popular Television and Film*. London: BFI, 1981을 참조.

그러나 오늘날 대중문화는, 그것이 비록 경제적 목적을 극대화하기 위한 것이긴 하지만 대중의 욕망에 민감하게 반응하고 동시에 그 욕망을 창출하기도 한다.

대중문화를 소비하는 대중의 관점에서 봤을 때, 이렇게 대중의 욕망에 부응해 생산된 대중문화는 일종의 문화적 자원이라 할 수 있다. 대중은 대중문화를 이용해 사회적으로 자신들에게 적합한 의미를 매우 적극적으로 생산해낸다고 할 수 있다. 여기서 사회적으로 유용한 의미는 대중문화가 제시하는 담론적 자원으로부터 만들어지는 것이며, 그 담론은 또한 권력관계로 구성된 것이다. 따라서 관객이 자신들의 일상적 삶에 적합한 지식과 의미를 대중문화의 담론에서 생산한다는 것은 그 담론이 필연적으로 지배와 종속, 권력과 저항, 하향식 권력과 상향식 힘의 갈등적 관계를 내포한 개념일 수밖에 없다는 의미다. 문제는 이 과정에서 키워드로 등장하는 힘에 관한 관계를 이해하는 것이 대중이 대중문화에서 얻을 수 있는 쾌락을 이해하는 핵심개념임에도 불구하고 경제학이나 정치학, 심지어 이미 살펴본 대로 이데올로기적 실천으로도 이것을 설명할 수 없다는 것이다.

이 힘은 대중이 의미나 지식을 생산하는 힘이자 자신과 타자들을 다스리는govern 수단을 만들어내는 진리 생산의 힘이라고 할 수 있다.[17] 이 힘은 또한 필연적으로 지배적 지식에 반대하는 다양한 지식을 생산하는 쪽으로 행사된다. 즉 각기 다른 양상의 거버넌스가 녹아 있는, 통치원리와는 다른 형태의 여러 경쟁하는 지식생산에 힘이 행사되고 있다는 뜻이다. 이는 힘이 쌍방향이기에 힘에서 비롯되는 쾌락 또한 두 가지로 구분되어야 하기 때문이다. 우리는 다스려지고 있는 사회 구성원의 일원이기에 다스림의 지혜가 녹아 있는 지식을 생산하는 데서 쾌락을 찾는다. 같은 논리로 우리가 기율 사회의 일원으로서 통치되고 있기에 그 통치 권력에 저항하는 데서 그리고 통치 권력이 생산한 지식과 경쟁하는 지식을 생산하는 데서 쾌락을 얻을 수 있다. 명절에 온 가족이 모여 언론이 설정한 주제를 각기 다르게 각색된 내용으로 토론하는 것은 통제와 해방의 힘 모두가 작용된 경우라고 할 수 있다.

이렇게 쾌락을 다양한 억압에 대한 저항의 관점에서 접근하는 것은 포스트구조주의적으로 초기 문화연구를 재접합한 결과라고 할 수 있다. 여기서 저항은 다양한 형태로 나타나는 대중 문화소비자들의 텍스트 수용과정으로서, 텍스트의 부분적 수용·전도·비틂·풍자·왜곡, 그리고 적극적 반대에 이르는 여러 가지 모습의 텍스트와 관객의 조우를 의미한다. 구조주의 문화연구가 이데올로기 분석에 집중하고 있다면 포스트구조주의 문화이론, 특히 1980년대 말부터 유행했던 수용자 연구는 수용자의 의미와 쾌락의 생산과정을 강조하고 있다. 그러나 이는 정확한 설명이 아니다. 홀의 이론이 텍스트와 수용의 전 과정을 아우르는 이론을 제시하고 있지만 여전히 이데올로기 연구에 치중하고 있듯이, 포스트구조주의 수용자 문화연구 또한 텍스트와 컨텍스트의 상호관계를 중시하고 있지만 관객의 능동적 의미생산 과정에 주로 집중했다고 볼 수 있을 것이다.

이 과정에서 필연적으로 제기된 문제는 수용자의 주체성에 관한 것이었다. 초기 문화연구에서 이미 이 주제를 수동적 문화소비의 주체에서 능동적 문화적 주체로 정리한 바 있지만, 본격적으로 수용자 연구가 제기된 상황에서 수용자 주체성의 문제는 보다 정교하게 제시되어야만 했다. 문화이론에서 대중을 어떻게 정의할 것인지는 매우 중요한 문제다. 초기 문화연구가 문화의 정치적 층위를 강조하며 그람시가 제시한 민중의 헤게모니를 위한 투쟁의 관점에서 이데올로기 분석을 통해 문화에 접근했지만, 정작 문화의 주인공이라 할 수 있는 대중이 구체적으로 어떤 문화적 실천을 하고 있는지는 외면했다. 이는 레닌의 문화이론이 가지고 있는 문제의식과 유사한 것으로 투쟁을 통해 민중의 동의를 얻어내는 궁극적인 목표가 당의 이익에 봉사하도록 만드는 전략이라는 점에서 문화가 보다 거시적인 정치적 목적달성을 위한 동원의 대상으로 전제되는 문제를 안고 있다.

현대 자본사회를 대중들이 어떻게 살아가는지의 문제에 접근하는 방법은 이렇게 '주체성subjectivity'의 개념으로 접근하는 방법 하나와 '능동적 행위자agency'로 설명하는 이론 두 가지로 대별된다.[18] 주체이론은 홀의 연구에서 찾아볼 수 있듯이 지배적 힘의 작동과정에 초점을 맞추고 있으며, 분석에서는 이데올로기·상품·정신분석학 이론이 주로 동원된다. 반면에 능동적 행위자이론에서는 이런 지배적 힘에 맞서 대중이 구체적으로 어떻게 대처해 나가는지를 중시한다. 지배와 기율세력이 상대적으로 균질화되어 있기 때문에 주체이론은 어느 특정한 사회질서에서 모든 주체들에게 공통적으로 나타나는 것, 특히 그들의 (무)의식이 무엇인지를 캐묻는다. 그러나 행위자이론은 이런 조건에서 살아가는 대중의 물질적 조건이 각기 다르

문화정치와 감성이론

다는 점에 주목해 다양성을 강조하는 것이 차이라고 할 수 있다.

행위자나 주체이론 모두 현대사회에서 벌어지는 복잡한 일들이 이해관계가 충돌하는 구조 내부에 존재한다는 사실을 인정한다. 그러나 주체이론은 지배적 힘에 초점을 맞추고 있어, 알튀세르의 경우처럼 심한 경우 사회적 종속그룹이 지배세력에 저항해 사회변동을 도모할 가능성이 매우 낮다고 제시하기도 한다. 이에 반해 행위자이론은 그 종속그룹이 지배적 위치에 도달하기 위해 지속적으로 투쟁하는 과정을 중시하므로, 극단적인 경우 종속적 사회구성체의 구성원들이 지배그룹에 도전하고 반대하며 때로는 그들을 회피하는 양상을 상정하기도 한다. 행위자이론의 궁극적 목표는, 지배그룹이 비효과적으로 보이게끔 만드는 것이고, 그들이 또 다시 종속그룹의 동의를 얻으려고 또는 종속그룹이 그들이 설정한 기율체계를 따르게 만들려고 협상을 통한 양보를 하게 만드는 것이라고 할 수 있다.

대중을 단순히 주체로 설정하는 것이 아니라 능동적 행위자로 재정의한 것은 이들을 대중문화에서 의미와 쾌락을 생산하는 적극적인 참여자로 제시하는 이론적 입장이라고 할 수 있다. 그러나 쾌락 또한 사회적 관계와 무관한 개념이 아니다. 대중문화에서 얻는 즐거움은 의미와 힘이라는 특정한 관계에서 비롯된 것이라고 할 수 있다. 대중 혹은 사회적 종속그룹의 쾌락은 지배구조에 저항하거나, 무관심하거나, 협상을 요청하는 과정에서 자신들이 가진 사회적 정체성을 주장함으로써 생산되는 것으로 이해해야 마땅하다. 다시 말해, 모든 문화를 수동적으로 수용만 한다면 거기서 즐거움을 얻으리라 기대하기는 어려울 것이다. 그러나 예를 들어 여성 관객들이 텔레비전 연속극에서 가부장제의 한계 내에서나마 친여성주의적 의미와 정체성을 찾아볼 수 있다면 그들은 거기서 커다란 즐거움을 얻을 수 있을 것이다.

따라서 텍스트의 즐거움은 세상과 자신에 관한 의미가 지배그룹이 아니라 대중의 이익에 보탬이 됐을 때 가능한 개념이라고 할 수 있다. 사회적 종속그룹은 상대적으로 힘이 약한 것이 사실이지만, 그렇다고 무능한 것은 아니다. 푸코의 주장을 따른다면 힘은 상대적 개념이며 그런 관점에서 보면 종속그룹 또한 얼마든지 힘을 행사할 수 있다. 따라서 종속그룹이 지배적 힘에 맞서거나 지배 이데올로기와 대립해 자신들의 정체성을 유지하는 것 또는 지배적 입장을 거스르는 이문화異文化적 가치를 주장하는 실천에서 종속그룹의 힘을 찾아볼 수 있는 것이다. 이는 한마디로 차이에서 비롯된 힘이자 종속그룹이 행사할 수 있는 힘으로서, 잠정적으로 대중이 느끼는 쾌락의 출처가 되기도 한다. 왜냐하면 쾌락은 수용자가 문화적 과정에 적극적으로 참여해 의미를 통제할 수 있다는 사실을 전제했을 때 가능한 개념이기 때문이다.

정리하자면 포스트구조주의 수용자 문화연구가 제시한 핵심 쟁점은 다음과 같다. 대중문화가 대중에게 인기 있는 것은, 다시 말해 대중문화가 각기 다른 사회적 위치를 점하고 있는 다양한 관객들에게 다양한 종류의 쾌락을 제시할 수 있는 것은, 텍스트와 이를 수용하는 방식의 특성으로 인해 대중이 문화를 이해하는 과정에 능동적으로 참여할 수 있기 때문이다. 실제로 현대 대중문화는 수용자의 적극적인 참여를 전제로 생산되는 문화산업의 산물이며, 이 과정에서 관객이 텍스트의 즐거움을 생산했다면 이는 지배 이데올로기를 대처하는 과정에서 발생한 것으로 문화정치적 함의가 내재돼 있다고 볼 수 있다. 예를 들어 관객이 대중문화가 제시하는 선정성에서 즐거움을 느꼈다면 그것은 곧 지배 이데올로기를 회피하는 하나의 방법일 수 있다는 이야기다.

문화정치의 가능성

현대인들이 이데올로기 문화이론에서 제시한 바대로 결코 움직이지 않고 있다는 실천적 층위의 증거는 헤게모니 이론의 비판적 근거가 되기도 한다. 그들은 자본주의 자체를 반대하는 것이 아니라 모든 종류의 반민주적 행정조직에 불만을 쏟아내며, 착취를 비판하기보다 소외를 문제 삼는 편이고, 공장과 회사의 문제보다 모든 영역의 일상적 고민거리에 더 큰 관심을 보이기도 한다. 그 결과 자본주의가 성취한 것에 대해 모든 사람들이 동등한 몫을 가져야 한다고 주장하지는 않지만, 다양한 사회활동에서 능동적인 참여와 창조적 역할을 발휘할 수 있기를 바라고 있다.[19] 그렇다면 초기 문화연구 이론에서 제시하듯이 헤게모니를 통한 사회변동을 기대하는 것은 구체적인 현실적 맥락과 상당한 괴리가 존재함을 알 수 있고, 따라서 이론의 수정이 불가피해진다.

헤게모니가 원래 계급투쟁을 성공적으로 이끌기 위한 문화전략이었다고 한다면, 이제 헤게모니는 계급에 한정된 개념으로 제시되는 것이 아니라 계급의 울타리를 넘어서 현대사회에서 찾아볼 수 있는 또 다른 사회문화적 분화와 투쟁을 포용할 수 있는 이론으로 재정의되기 시작한다. 이런 문제의식은 헤게모니 개념이 특히 몸과 관련된 담론을 제대로 분석하지 못하고 있다는 사실에서 제기되기도 한다. 헤게모니가 강조하는, 투쟁을 통한 상식의 선점 전략은 몸 영역에 대한 고려를 일체 배제한 이론이라고 할 수 있다. 그람시는 적극적인 정치적 주체를 형성하는 데 의식과 언어가 절대적 역할을 한다고 생각했고, 그 주제를 집중적으로 파헤쳤다. 그람시에게는 대중 모두가 의식적 행위자 또는 '철학자'로 행동할 수 있다는 사실이 권위에 대한 무의식적 복종이 몸에 배어 있을 수 있다는 사실보다 훨씬 중요한 연구 관심사였던 것이다.

그러나 푸코는 그람시와 정반대의 이론이 가능함을 보여주고 있다. 푸코는 몸을 통제하는 것이야말로 원하는 모든 것을 통제하는 일이라고 주장한다. 왜냐하면 우리의 의식과 사회적 관계가 몸에서부터 비롯되기 때문이라는 것이다. 이는 의식이 몸의 행동에 앞선다고 전제한 이데올로기 이론과 정반대 입장이라고 할 수 있다. 푸코는 몸이 생각을 가능케 하는 수단일 뿐만 아니라 의식을 통제하는 도구이며, 사회통제와 연관시켜 생각해보면 통치자들이 궁극적으로 정복해야 할 마지막 목표라고 주장한다. 여기서 몸의 통제는 현대사회에 복잡하게 구축되어 있는 힘의 관계에서 이뤄진다. 바로 이 힘의 관계를 통해서 현대인 스스로 자신의 몸을 통제하는 기율적인 몸이 완성될 수 있으며, 이 '고분고분한 몸'은 더 나아가 사회질서가 원만하게 유지될 수 있는 근거가 된다.

푸코의 힘에 관한 이론은 그람시나 홀이 제시한 입장과도 대비된

문화정치와 감성이론

다. 홀의 이론적 관심사는 한마디로 누가 이데올로기적 권력을 가졌느냐이다. 이와 더불어 어떻게 이데올로기적 의미가 유지되고 있는지를 심문하는 것도 그가 빼놓지 않고 제기하는 연구문제다. 홀의 이론은 권력에 대한 세 가지 전제를 바탕으로 하고 있다. 홀에게 권력은 국가가 다양한 이데올로기적 실천을 통해 헤게모니를 얻는 방법을 설명하는 데 주로 동원되는 개념이다. 따라서 국가가 권력의 핵심으로 제시되고 있다. 여기서 홀의 주된 관심사는 지배구조를 파헤치는 것이다. 홀은 또한 헤게모니에서 강압이 중요한 요소임을 인정하지만, 권력의 개념은 주로 이데올로기 영역에만 한정돼 있다고 본다. 마지막으로 권력이 부정적으로 묘사되고 있어, 대중이 어떻게 힘을 생산할 수 있는지의 문제 대신에 어떻게 지배구조가 형성되었는지를 강조하고 있을 뿐이다.[20]

반면에 푸코는 홀이 제기하는 권력의 핵심으로서의 국가를 부정하고 있다. 그는 힘을 누구에게나 산재되어 있는 확산된 개념으로 보고 있으며, 투쟁 또한 형식적으로나마 국지화되어 있다고 주장하고 있다. 홀이 국가권력과 전쟁을 벌이고 있다면, 푸코는 일상의 존재에서 찾아볼 수 있는 모든 종류의 힘에 대처할 가능성을 제시한다고 할 수 있다. 푸코는 힘의 관계를 분석할 때 국가의 한계를 넘어서자고 주장하는데, 이는 국가가 여러 국가권력기구를 동원할지라도 모든 권력관계를 장악할 수 없다는 사실에서 기인한 것이다. 그는 또한 몸에 대한 두 가지 축으로 힘에 접근하고 있는데, 하나는 자본체제의 원활한 운영을 위한 개인의 몸을 만들어내는 몸 정치 body politic 의 관점에서의 힘이고, 또 하나는 인구가 생명역학의 층위에서 관리되는 생명정치 bio politics 에 관여하는 힘이다. 여기서 후자의 경우 반드시 부정적인 힘의 행사로만 볼 수는 없다.[21]

문제는 푸코가 지배에 대한 저항을 개념화하고 있지만, 그의 연구 작업은 감옥·병원·학교 등과 같은 담론권력기구를 추적하는 일에 모든 역량을 쏟고 있다는 점이다. 푸코가 제시하는 힘의 이론에서 부족한 점은 저항 또는 투쟁의 개념일 것이다. 푸코는 저항이 권력의 필요조건이라고 주장하지만, 권력이 극복해야만 하는 것 이상으로 저항을 개념화시키지는 않고 있다. 만약 대중이 자본주의와 일전을 각오할 생각은 없지만, 자신의 일상적 삶과 밀접하게 관계된 이해관계에는 민감하다면 그 일상적 층위에서 벌어지고 있는 다양한 힘의 갈등관계를 저항과 투쟁의 개념으로 이론화시켜야 마땅할 텐데 푸코 이론에서는 이런 노력을 찾아볼 수 없다. 따라서 푸코 이론에서는 다양한 형태로 나타나는 저항의 모습을 설명하지 못하며, 그 과정에서 대중이 보여줄 수 있는 창의적인 노력을 제시하거나 이론화하지도 않고 있다. 한마디로 푸코의 이론은 지배적 권력에 관한 것이며 그 권력에 맞서 다양한 국지적 힘이 어떻게 저항할 수 있는지에 관한 개념이 거세되어 있다고 할 수 있다.

푸코가 외면한 저항과 실천을 강조한 문화이론은 드 세르토 Michel de Certeau 의 『일상의 실천 The Practice of Everyday Life』, 부르디외 Pierre Bourdieu 의 『구별짓기 La Distinction』 그리고 바흐친 Mikhail Bakhtin 의 『라블레와 그의 세계 Rablais and His World』에서 쉽게 찾아볼 수 있다. 푸코의 은유가 기계장치라면 드 세르토는 게릴라전으로 사회적 종속그룹의 저항과 실천을 제시하고 있다. 그는 힘을 점령군에 비유하면서 보통의 경우 점령군이 제시한 규칙에 대부분 복종하지만, 점령지역의 주민들은 동시에 게릴라전을 펼치듯이 약자도 강자를 공격할 수 있다는 주장을 펼치고 있다.[22] 이는 말 그대로 전략적 권력에 저항하는 대중의 기회주의적이자 창의적인 전술을 의미하는 말로서 대중의 실천적 문제를 제시한 이론이라 할 수 있다. 부르디외 또한 다양성을 설명할 때 어떤 사회문화적 지도를 그려야 하는지를 보여준 이론가이다. 바흐친은 좀 더 구체적으로 아래로부터의 무질서와 저속한 활기 그리고 나쁜 취향을 이해할 수 있는 이론을 우리에게 알려주고 있다.

이 모든 이론가들은 대중의 창조성이 지배그룹의 그것과 다를 바 없이 풍부하고 다양함을 보여주고 있다. 뿐만 아니라, 푸코를 포함한 이들의 이론은 몸을 중요한 문화적 장場으로 제시하고 있다는 점이 흥미롭다. 우리의 몸은 타자와 차이나는 유일한 지점으로서 몸을 강조한 이론은 주체성이나 (무)의식을 강조한 이론보다 사회적 차이를 보다 잘 설명할 수 있는 것이다. 바흐친, 드 세르토, 부르디외는 각기 다른 방식으로 대중이 사회적 행위자로서 보다 능동적으로 사회질서에 기여하고 있다는 점을 강조한다. 푸코의 이론 또한 비록 그의 분석에서 어떻게 작동하는지 구체적으로 보여주고 있진 않지만 하향식 권력에 대처하는 대중의 저항이 필요한 것으로 제시되고 있다. 그람시의 이론과 마찬가지로 이 이론들은 종속그룹이 자신의 이익을 위해서 지배블록과 투쟁할 수 있음을 보여준다.

그렇다면 푸코식의 포스트구조주의가 안고 있는 문제점과 그람시의 헤게모니와 이데올로기 이론이 가지고 있는 문제점을 해결하기 위해서는 상대방 이론에서 그 해결책을 찾아야 한다는 논리가 성립될 수 있다. 다시 말해 그람시가 제시한 사회변동의 가능성을 푸코의 힘의 편재 개념을 통합하여, 그람시를 푸코화하고 푸코를 그람시화하는 이론을 세우는 게 가능하다는 이야기다. 오늘날 후기자본사회의 사회질서는 대중으로부터 의견의 일치를 기대할 수 있는 조건이라기보다 다양한 지점에서 다양한 이슈에 대해 잠정적 동의를 구하는 상황으로 변했다고 할 수 있다. 따라서 파워블록의 헤게모니는 약화될 수밖에 없고 이전보다 훨씬 더 열심히 노력해야 대중의 동의를 얻을 수 있다. 바로 이런 이유에서 푸코, 부르디외, 드세르토 그리고 바흐친의 시각으로 헤게모니를 접근했을 때 현대사회의 복잡한 문화현상과 사회질서를 보다 잘 이해할 수 있는 것이다.

포스트구조주의적으로 접근한 헤게모니 이론에서는 텍스트가 하나의 의미로 종결 가능한 통합체로 존재하는 것이 아니라 매우 불안정하고 지속적으로 '차연'된 의미화 과정으로 제시되고 있다. 이런 텍스트를 수용한 종속그룹이 생산한 목소리 또한 하나의 일사불란한 목소리가 아니라 다양성의 개념으로 존재한다. 다양한 목소리는 대중의 이익을 위해 작동되는 개념이며 통일된 목소리는 지배체제의 산물임과 동시에 지배그룹의 이익을 위해 움직인다고 볼 수 있다. 능동적 행위자와 투쟁의 이론이 접목된 포스트구조주의 이론에서는 하향식 권력이 권력의 장을 균질화시키고 자신의 이익을 하나의 방식으로 도모하려는 시도를 좌절시킬 수 있는 가능성이 존재한다. 그러나 포스트구조주의가 다른 이론과 접합했을 때도 이런 기대를 할 수 있을지는 의문이다. 특히 포스트모더니즘 이론의 경우, 다양성과 유동성이 모두에게 자유롭게 제시될 수 있는 것처럼 주장한 학설에서 문화정치를 기대하기는 어려운 일일 것이다.

한류와 이미지 공간의 정치:
비판적 리저널리즘을 위한 문화지리의 재구성

한류와 이미지 공간의 변화

현재 전 세계적으로 겪고 있는 경제위기를 어떻게 해석할지에 관해 학자들마다 견해가 다르다. 일부에서는 세계자본주의체제 자체가 오랫동안 누적된 문제를 해결하지 못해 폭발할 수밖에 없는 예정된 결과로 보고 있는 반면, 또 다른 한편에서는 미국을 중심으로 한 단일 체제의 경제헤게모니가 와해되는 순간을 우리가 목격하고 있는 것으로 풀어내기도 한다. 같은 현상을 놓고 각기 다른 강세로 위기를 설명하다보니 다양한 이론이 가능하지만, 여전히 해석의 중심축은 '자본의 위기'와 '포스트헤게모니' 질서라는 패러다임의 변화로 구성되어 있는 것이 사실이다.

이 중에서 특히 스콧 래쉬 Scott Lash 는 헤게모니 질서의 와해와 포스트 헤게모니 시대의 시작을 헤게모니 권력의 핵심이었던 상징계의 몰락과 새로운 커뮤니케이션 패러다임의 전개로 설명하고 있다. 여기서 상징계는 담론과 기율권력의 개입을 통한 권력의 합법화가 구축되는 지점이며 이에 따른 권력의 불평등한 배분, 즉 지배와 종속이라는 이원성의 상징체제로 존재하는 세계라고 할 수 있다. 상징적 힘은 구조 자체를 유지하는 데 결정적 요소로 작용한다. 경제, 사회 그리고 정치체제를 재생산하는 과정에 문화적 권력이 깊숙이 관여하기 때문이다. 그러나 오늘날 글로벌 정보사회에서는 외부에서 작용하는 형태의 힘의 지배가 더 이상 현저하지 않기 때문에 즉각적인 커뮤니케이션만이 일상을 지배하고 있다는 것이다.[1]

바로 이 맥락에서 최근 한류가 아시아라는 권역의 한계를 넘어 유럽의 중심부에서 '폭발적'인 반응을 이끌어낸 사실을 이해할 수 있다. 한국가수들이 부른 노래를 공연장에서 유럽 청중들이 함께 따라 부르는 모습을 뉴스로 보는 것은 낯설고도 기묘한 기분을 자아내기에 충분했다. 곧이어 드는 '어떻게?'라는 의문에 대해서 언론은 친절하게도 '유튜브'와 '인터넷'을 통해 가능했다고 보도하고 있다. 유럽의 청소년들이 유튜브를 통해 우연히 접한 한국 노래에 매료되어 멜로디와 율동과 가사를 흉내 낸 결과라는 것이다. 한국 대중문화의 유럽으로의 확산은 이런 즉각적인 인터넷 '접속'만으로 가능했다는 얘기다.

유럽의 지식인들, 특히 프랑크푸르트학파는 할리우드 문화독점 현상에 대해 매우 비판적인 이론을 제시한 바 있다. 할리우드가 대중을 선동하고 천박한 문화의 포로로 만들고 있다는 것이 비판의 핵심 중 하나였다. 문화의 전통과 위상을 중시하는 유럽 지식인들의 입장에서는 미국문화를 위험한 이데올로기로 보고 접근하는 것이 어쩌면 자연스러운 결과일 수도 있다. 그러나 '오리엔탈리즘'의 발상지인 유럽에서, 더구나 문화의 중심지라는 프랑스 파리에서 유행하고 있는 한국 대중문화는 그렇다면 어떻게 이해해야 할 것인가? 한국 가수의 율동을 따라하면서, 한국노래를 한국말로 함께 부르며 즐거워하는 유럽 청중들의 모습을 과연 이데올로기로 풀어낼 수 있을 것인지는 의문이다.

래쉬의 이론은 바로 이 틈새를 메우고 있다. 유럽 수용자들의 열광적인 반응은 즉각적인 재미를 추구하는 '실천'의 산물로 접근해야 이해할 수 있다는 것이다. 그러나 좀 더 거시적인 맥락에서 살펴보면 이 작은 에피소드는 이제까지 할리우드로 상징되는 미국이라는 '문화제국'이 쇠퇴하고 있음을 나타내는 하나의 징후로 읽어낼 수 있다. 물론 할리우드가 아직까지 한국과 인도 등 소수의 몇 나라를 제외하고 전 세계에 과반이 훨씬 넘는 비율의 대중문화 콘텐츠를 제공하는 지배적인 위치에 있음은 부정할 수 없는 사실이지만, 과거 '하나의 세계문화one world culture '와 '하나의 세계정신one world mind '[2]을 구축하는 문화제국주의의 이데올로기 기구라 비판받던 시절과 비교해보면 오늘날 할리우드의 헤게모니가 상대적으로 쇠락하고 있는 것도 사실이다.

실제로 현재 할리우드의 헤게모니가 과연 존재하는 것일까라는 보다 근본적인 의문은 할리우드가 더 이상 미국적인 것과 동격으로 사용될 수 없다는 사실에서 비롯된다. 할리우드는 역사적으로 미국 문화를 나타내는 하나의 대표적인 상징물이었다. 미국을 방문한 유

문화정치와 감성이론

럽의 철학자들은 할리우드를 가장 미국적인 것으로 제시하기에 주저하지 않았다. 보드리야르 Jean Baudrillard 도 예외가 아니다. 그는 미국에서 영화는 문화를 대표하며 미국인의 삶 그 자체라고 여행기에 남기고 있다.³ 할리우드가 곧 미국인 셈이다. 그러나 오늘날 할리우드의 소유권은 추적하기조차 어려울 만큼 시시각각 변하는 다국적 산업으로 변화하고 있다. 할리우드는 이제 미국 자본에 더해 호주·일본·프랑스·캐나다 등의 투자로 완성된 초국가적 transnational 산업이다.

뿐만 아니라, 영화를 포함한 할리우드 문화상품이 전 세계에서 여전히 우월적 위치를 점유하고 있지만 세계 문화시장 자체가 서서히 지역화 localization 또는 권역화 regionalization 되고 있다는 사실도 우리가 동시에 주목해야 할 대목이다. 예를 들어 남미의 경우 경제와 달리 문화영역은 '이미지 공간 image spaces '의 통합을 완성할 만큼 문화네트워크가 잘 발달되어 있고, EU권을 중심으로 한 유럽문화 또한 다양성을 전제로 한 문화통합을 위해 대대적인 노력과 투자를 집중하고 있다.⁴ 아시아 권역, 특히 동아시아 3국의 대중문화 교류 또한 활발하게 진행되고 있으며, 한류가 동아시아를 넘어 모든 아시아 전체를 관통하고, 더 나아가 전 세계에서 대중문화의 리더십을 발휘하기를 정부와 문화산업 모두가 희망하고 있다.

이런 목적을 성취하기 위한 가장 적극적인 문화 전략은 공동제작이다. 실제로 'SM타운 파리 공연'에서 유럽 청중의 인기를 모았던 음악 중에 유럽 작곡가가 한국 가수를 위해 만든 노래가 포함됐다는 사실은 세계시장으로의 침투와 확대를 꾀하는 데 공동제작이 얼마나 중요한 전략인지 실증적으로 증명하고 있는 셈이다. 동아시아 3국의 경우, 이제 문화상품 생산을 위한 자본·기술·인력·아이디어 등의 교류와 합작은 더 이상 예외적 현상이 아니다. 일본과 홍콩의 자본을 바탕으로 한국 감독이 중국 배우와 함께 영화를 제작하는 것이 일상적인 일로 변했다. 이 또한 시장 확대라는 경제적 목적에서 비롯된 일이긴 하지만, 이에 따른 문화적 정치적 함의를 인식하는 일이 더 중요한 문제라고 할 수 있다.

정리해보면 현재 미세하게 움직이는 세계 문화지형의 판도변화 과정에서 드러나는 핵심 개념은 공간의 재구성이다. 자본사회는 경쟁과 성장을 위한 전략의 일환으로 공간을 사용하고 있으며, 이 전략에는 생산과 관계된 공간구조를 끊임없이 재생산하는 과정이 포함돼 있다. 즉 각기 다른 장소에서 벌어지는 활동으로 인한 새로운 관계의 형성, 사회조직의 새로운 공간 패턴, 새롭게 정립된 지배와 종속의 불평등한 관계 등이 포함돼 있다.[5] 자본의 재구성은 그렇다면 공간적으로 변화된 노동 분화와 지역사회의 구체성이 변화하는 것을 전제로 한다는 의미이기도 하다.

결국 우리가 자본축적의 초국가화와 연관시켜 현재 경험하고 있는 공간은 지구적 global , 초국가적 transnational * , 국가적 national 그리고 지역 local 의 단위로 재구성되고 있는 것이다. 이런 공간의 재구축 과

---

* 초국가적 transnational 개념을 영화연구에 적용했을 경우, 그동안 국경의 경계 내에 존재하는 영화로 제한한 내셔널 national 시네마 연구와 대비되는 국경을 초월한 공동제작, 망명 작가, 디아스포라, 이주영화, 국제영화인력, NGO, 국제영화제 등의 '초국가적' 영화 현상을 일컫는 이론적인 용어로 사용되고 있다. Lee, Sangjoon. "Toward a Theory of Transnational Film History," 『현대영화연구』 Vol. 11, 2011, pp.39-65 참조.

정이 우선적으로 경제적이지만 동시에 문화적이고 정치적인 이유는, 문화적 정체성과 정치적 소속감이 그동안은 전적으로 국가 단위로 구축되었지만 공간의 재구성이 가져온 변화가 국가의 역할을 심각하게 훼손하고 있고, 바로 그 이유에서 "국가가 '국민'을 생산하는 데 있어서 쉽게 해결할 수 없는 어려움에 직면하는 현상들이 증가할수록, 초국가는 애국심의 위기가 상연되는 가장 중요한 사회적 영역"이 되기 때문이다.[6]

이렇게 '위험한' 변화에 맞선 퇴행적 국가주의의 레토릭이 성행하는 상황에서 과연 국가를 넘어선 새로운 대안적 공간 또는 '문화지리'의 구축은 가능한 일인가? 이 과정에서 그동안 한류가 시장 확보와 공간 확대를 공격적으로 실행하면서 야기한 부정적 국가주의와 포퓰리즘은 극복될 수 있을 것이며, 대신 보다 긍정적인 역할을 기대할 수 있을 것인가? 이 질문은 결국 커뮤니케이션의 정치를 어떻게 공간과 장소의 정치로 함께 묶어낼 수 있을 것인가의 문제이기도 하다. 이는 또한 커뮤니케이션의 문제는 곧 지역사회의 본질과 영역의 문제와 연결되어 있기에, 국가주의를 대신할 대안적 커뮤니티를 상상하는 문제이다.*

* 여기서 제기된 연구문제는 영화를 비롯한 TV드라마와 K-Pop과 같이 한류의 모든 장르에 해당되는 질문이라고 할 수 있다. 그러나 K-Pop 자체가 타 장르와 비교해서 음악의 보편성을 상당 부분 확보했다는 점에서 이 글에서는 분석 대상으로 삼고 있지 않다. TV 드라마는 현재 한류의 핵심 위상을 차지하고 있지만, 대체로 국내 소비를 일차적 목표로 제작되는 콘텐츠라는 점에서, 또한 미디어의 특성상 제작과정에서 국제교류가 한정적이라는 사실 때문에 본격적으로 다루지 않고 있다. 이 글에서 영화산업을 주된 분석대상으로 삼고 있는 이유는 영화가 TV와 달리 프리프로덕션 단계에서 이미 수출을 염두에 두고 인적자원과 자본 그리고 기술 등의 국제교류를 추진하는 경우가 많으며, 따라서 이미지

할리우드를 닮은 한류

지리적 재구성이 현대 경제와 문화의 변화에 핵심 개념일 수밖에 없는 하나의 증거로 할리우드의 전략을 들 수 있다. 이미 오래전부터 할리우드는 아시아의 스타와 감독 그리고 시나리오를 이용해 아시아 관객을 타깃으로 한 영화 만들기 작업을 진행해오고 있다. 이는 세계 문화시장에서 급성장하고 있는 아시아 지역을 겨냥한 전략으로 볼 수 있으며, 그 결과 새로운 글로벌 공간을 창출하고 있다. 이는 '흐름 flow'의 공간이자, 전자적 공간이며 국경과 경계가 침투된 '네트워크'의 공간이다.[7] 오늘날 할리우드영화가 아시아 시장을 비롯해서 세계 전역에서 성공을 거두고 있는 현상은 바로 이 문화 산물의 유통이 활성화되도록 새로운 네트워크를 정립하기 위한 노력과 무관하지 않음을 알 수 있다.

그러나 이런 할리우드의 초국가적 자본축적 전략은 한국 영화산업을 재편하게 하는 데 직접적인 영향력을 발휘하기도 한다. 예를 들어, 한국정부는 2006년 미국이 한미FTA 협상의 전제조건으로 내건 '4대 요구'의 하나인 스크린쿼터 축소를 수용한 바 있다. 이는 통계적으로 한국영화가 '경쟁력이 확보'된 상황에서, 뿐만 아니라 또다시 할리우드가 한국영화시장을 지배한다 해도 한국의 거시경제의 관점에서 봤을 때 영화시장의 손실이 그렇게 큰 희생이 아니라는 경제적 판단에서 내린 결정이기도 하다.[8] 이렇게 보면, 할리우드

공간의 정치라는 주제를 접근하는 데 보다 적절한 예라고 판단했기 때문이다.

의 초국가적 전략은 한국의 문화 공간을 글로벌-로컬의 관계로 구축하고 있는 셈이다.

이런 지구화 과정은, 많은 학자들이 주장하고 있듯이, 또 다른 측면에서 로컬 문화의 활성화와 뗄 수 없는 관계를 맺고 있다. 이는 새로운 글로벌-로컬 관계를 정립하는 것을 의미하며, 다양한 로컬들을 새로운 글로벌 시스템의 전체적인 그물망에 포섭하는 것이라 할 수 있다. 예컨대 한국영화가 할리우드와 경쟁하기 위해서 가장 한국적인 소재를 가장 할리우드적인 스타일로 버무린 전략을 펼친다면, 이 경우 한국이라는 로컬 문화는 절대적인 가치로서가 아니라 상대적인 가치로 평가해야 마땅할 것이다. 이전에는 국가가 준거기준이었지만, 이제 로컬 문화는 단지 글로벌의 관점에서 상대적으로 재평가되는 것이다.

그동안 누려왔던 한국영화의 성공은, 그렇다면 할리우드의 자장 내부에서 때로는 직접적으로 부딪히면서, 또 때로는 그 영향력을 거부하지 않으면서 로컬 문화의 공간을 넓혀간 결과인 셈이다. 한류의 성공은, 부분적으로 할리우드를 '얼터 에고alter ego'로 그리고 롤모델로 삼아 거둔 결과라는 사실을 부정할 수 없다. 객관적인 데이터가 이를 증명한다. 2006년 정점에 이르기까지 한국영화는 양적으로 질적으로 대대적인 성공을 거뒀다. 제작 편수가 대폭 증가한 것은 물론, 한국영화의 수출이 늘어나고, 세계 3대 국제영화제에서 주요 상을 수상하는 쾌거를 올리기도 했다.

그러나 영화를 포함한 한국 대중문화의 성공을 대체로 산업과 경제적 관점으로만 평가하고 있다는 점에서 문제가 발생한다. 영화를,

그 연장선상에서 문화를 상품경제로 취급할 경우 문화가 경제의 종속변수로, 즉 경제논리에 따를 수밖에 없게 된다. 경제에 경기 사이클이 있듯이, 영화비즈니스에도 활황 뒤 불황이 찾아올 수밖에 없는 것이다. 2006년 스크린쿼터 축소와 더불어 한국영화의 국내와 해외시장에서의 흥행부진, 영화제작비 상승과 이에 따른 위험부담의 증가 그리고 투자의 위축이라는 악순환 구조는 한국영화산업을 지속적인 위기로 내몰고 있다. 이런 복합적인 요인이 한국영화산업을 불황으로 몰아가고 있는 것이다.

그 결과 위기를 타개하기 위한 구조조정이 제작, 배급, 상영 전 분야에 걸쳐 나타나고 있다. 문제는 이런 노력들이 한국영화산업에 부정적인 결과를 초래하고 있다는 점이다. 제작의 영역에서는 '한국형 블록버스터'가 양산되고, 배급과 상영의 영역에서는 할리우드에서도 그 유래를 찾아보기 어려울 정도로 심화된 독과점의 문제를 심화시키고 있다. 결과적으로 "아이러니하게도 할리우드에 저항하기 위한 구조변화가 오히려 할리우드를 모방하는 형태로 나가는 모순"을 구조화하고 있다.'

한국형 블록버스터를 위기타개의 한 전략으로 삼고 있는 한국영화산업은 또한 할리우드와 유사하게 고비용의 위험부담을 분산하기 위한 노력의 일환으로 공동제작을 적극적으로 추진하기도 한다. 국제공동제작은 제작비를 쉽게 조달할 수 있고 부진한 국내시장의 한계를 넘어서 시장확대의 효과를 기대해볼 수 있기 때문에 위기탈출의 대안으로서 우선적으로 제안되고 실행되는 전략이다. 블록버스터를 제작하기 위해서는 높은 제작비뿐만 아니라, 예를 들어 특수

효과를 담당할 전문 인력의 확보 또한 중요하다. 한국형 블록버스터는 자본의 유입 이외에도 촬영, 편집, 특수효과 등 전문 인력의 '이동mobilities'까지도 포함한 구조변화의 산물인 것이다.

그러나 자본과 인력의 이동은 한쪽 방향으로만 나타나는 일방적인 현상이 아니다. 할리우드가 촉발한 '구심적 경향성centripetal tendencies'에 따라 조정되고 있는 동아시아의 '원심적 경향성centrifugal tendencies'은 각국의 영화산업에서 취약한 분야를 상호 보완하는 방식으로 재구조화되고 있다. 한국의 경우 제작비 상승으로 인한 시장 확대의 필요성 때문에, 일본은 풍부한 자본을 확보하고 있지만 이를 산업적으로 추진할 동력을 상실했기 때문에, 그리고 중국은 거대한 영화 시장이 존재하지만 자본과 기술이 부족하기 때문에 각자의 약점을 보충하고 장점을 활성화시키는 방식으로 공동제작을 추진하는 것이다.[10]

이 과정에서 한국은 아시아의 '미디어 수도media capital'[11]로 기능하는 것을 국가적 목표로 삼기도 한다. 김대중정부에서 이명박정부에 이르기까지 한류를 대하는 근본적인 태도는 '문화 비즈니스' 차원이며, 그 결과 한류를 한국의 문화 상품이 아시아 시장으로 확산되어 경제적 이익을 도모할 수 있는 계기로 삼고자 하는 전략이 논의되고 있다. 언론의 한류를 대하는 태도 또한 정부와 크게 다르지 않다. 정부가 원하는 것은 세계 문화산업 지형이 근본적으로 탈지역화되고 있는 상황을 기회로 삼아, 한국이 최소한 아시아 시장에서 문화 상품을 생산하고 공급하는 중심기지로 역할을 하는 것이며, 이를 위해 국가는 한류를 위한 재정적 지원을 아끼지 않고 있다.

문제는 한국의 대중문화가 아시아 시장에서 유행한다 해서 그것이 한국 상품에 대한 아시아 대중들의 소비의식을 고취하는 결과를 기대하거나 한국에 대한 호의적인 반응을 보장받을 수는 없다는 것이다. 한국의 문화정책 담당자들은 한국의 대중문화가 아시아 시장을 평정했고, 앞으로도 오랫동안 그 헤게모니를 행사할 수 있을 것처럼 전제하지만, 대중문화는 동시에 유행문화이기도 해서 언제라도 그 지배적 위치가 바뀔 수 있다. 그것이 문화의 논리이다.

또 다른 문제는 이렇게 새롭게 구축된 한류의 공간질서 속에서도 모순이 상존한다는 사실이다. 한국이 아시아 시장에서 별도의 원심력 세력으로서 지배적인 위치를 누리고 싶어 하지만, 그럴수록 아시아 각국에서는 자국의 대중문화를 보호하려는 구심적 경향이 강해지고 있다. 할리우드의 지배를 막고 자국의 영상산업을 보호 활성화시키려는 공동의 목표로 연합을 하지만, 그렇다고 할리우드를 대신해 한류가 독주하는 상황을 쉽게 인정하지는 않는 것이다.

이러한 이중적인 태도는 국제공동제작으로 만들어진 영화를 대하는 수용자의 반응에서도 확인될 수 있는 사항이다. 즉 "수용자들은 국경을 초월한 영상에 대한 욕망을 갖고 있으면서도 그러한 영상을 수용할 때에는 국가주의적, 지역적인, 민족주의적인 정서로부터 자유롭지 못한 모습"을 보이고 있다.[12] 문화가 경제적 논리로만 취급되다보니 진정한 의미의 문화교류가 가능한, 수평적 관계의 리저널리즘으로 발전시키기가 어려운 것이다.

이에 따른 정치적 함의 또한 긍정적이기 어렵다. 한국 정부가 한류를 경제적 논리로만 다루는 과정에서 정부 지원을 통한 개입의 정당성을 스스로 강조하다보니 한류의 지역성과 국적이 지나치게 강조되는 문제가 노출되기도 한다. 이는 인접한 한류 수용국가들이 자국 내에서 확산되고 있는 한류현상에 대해 부정적 반응을 보이게 끔 만드는 역효과를 내기에 이르렀다. 이런 반응이 광범위하게 확산된 대표적인 나라가 중국이며, "실제로 중국은 한류현상을 한국 정부의 문화지원정책이 결실을 맺어 나타난 성과로 인식하여 중국 내에서 한류의 확산을 견제하고 중국의 문화산업을 진흥시키기 위한 대책을 마련하는 데 고심하고 있다".[13]

자본은 이렇게 공간적 장애를 극복하고 흐름의 지속성을 유지하려는 성향이 있으나, 이런 유연한 유통을 방해하는 공간적 제약이 반드시 존재하기 마련이다. 아시아 지역에서 어느 특정한 국가의 대중문화가 유행하는 것은 일차적으로 경제적 결과를 발생시키지만, 동시에 그 텍스트를 수용하는 과정에서 의미를 생산하고 유통시키는 문화적 과정 또한 개입될 수밖에 없는 복합적인 현상이라고 할 수 있다. 새롭게 부상하는 아시아가 할리우드를 포함한 모두에게 매력적인 문화시장이 될 수 있지만, 정작 그 공간의 의미는 경제활동만으로 한정 짓기에는 훨씬 많은 층위의 삶의 방식에 스며 있다고 해야 할 것이다. 이는 동시에 생활의 공간이자 문화의 영역이다. 여기서 제기되는 것은 어떻게 이 공간을 보다 더 풍요롭게 만들 수 있을가 하는 문제이다.

디지털 기술과 아시아 문화 네트워크

김상배는 아시아 문화시장에서의 일본이나 한국 대중문화 유행은 여전히 "미국이 짜놓은 틀 안에서 이뤄졌다"고 주장한다. 한국 대중문화는 미국의 대중문화 형식에 '한국적 터치'를 가미한 수준에 불과하고, 체계적인 준비과정에 입각한 유행이 아니라 우연하게 얻은 성공이라는 것이다. 따라서 한국 정부가 글로벌 문화질서를 선도할 히트 상품으로 한류를 육성하려는 계획은 쉽게 좌절될 수밖에 없고, 1980~1990년대 홍콩과 일본의 대중문화가 아시아 시장에서 유행하다 쇠퇴했듯이 한류 또한 다른 문화세력에 의해 대체될 수 있을 것이라고 주장한다.[14]

그러나 이런 비판적 평가에도 불구하고 그는 한류 현상이 아시아 국가들 사이에서 문화적으로 차이나는 서구보다 같은 문화권의 이웃한 나라를 준거집단으로 삼아 심정적 동의를 바탕으로 한 유대감을 형성하게 만들었으며, 그 결과 일종의 네트워크를 구축해 "문화적 상호 교류와 공존을 가능케 하는 차원을 넘어서 서구 중심의 글로벌 문화질서에 대한 대항담론의 요소"를 내포한다고 주장하고 있다.[15] 여기서 문제는 이렇게 형성된 문화네트워크가 과연 할리우드가 주도하는 글로벌 문화질서에 대한 대안적 비전을 제시할 수 있을지와 그 비전이 국가문화산업 담론을 넘어서 과연 보편적 문화담론이 될 수 있을 것인가라는 의문이다.

이런 목표에 도달할 수 있는 가능성을 모색하기 위해 김상배는 여전히 서구 문화질서 속에 포용될 수밖에 없는 아날로그 문화 대신 디지털 대중문화에 주목하고 있다. 사이버 공간에서 생산되는 디지털 콘텐츠나 온라인 게임은 막대한 자본을 동원하지 않고서도 새로운 모델을 제시할 수 있으며, 여기서 유통되는 정보와 지식 또한 어느 특정한 주체가 독점적인 권한을 갖지 않으며 공유의 대상으로 제시되고 있다는 것이다. 이렇듯 인터넷 커뮤니티에서는 사용자들이 '위계적 네트워크'에서의 일방적 소비자가 아닌 수평적 네트워크를 통한 쌍방향적인 프로슈머 prosumer 의 역할을 하고 있다고 주장한다.

이런 주장은 비록 각론의 논의에 대체로 동의할 수 있지만 여전히 기술결정론의 문제를 안고 있다는 점에서 논리를 정리할 필요가 있다. 디지털 문화가 아날로그 기술에 비해 민주적으로 운용될 수 있는 가능성이 큰 것은 인정할 수 있지만, 그렇다고 해서 원천적으로 디지털 자체가 오로지 수평적 네트워크를 지향하는 본질적 속성을 지닌 기술이라고 보기는 어려울 것이다. 더욱 중요한 점은 아날로그에서 디지털 문화로 넘어오면서 표면적으로 많은 변화를 경험하고 있지만, 정작 이 기술을 움직이는 자본의 속성은 예전과 비교해서 전혀 달라진 것이 없으며, 오히려 수직과 수평통합을 통한 독점적 상황을 심화시키고 있다는 점에서 디지털로의 전환과정에서 변화하지 않은 자본의 문제는 이전보다 더 크다고 할 수 있을 것이다.[16]

따라서 아날로그 기술을 바탕으로 한 "미국이 짜놓은 틀" 속에서 하나의 부분으로 동아시아의 문화산업을 편입시키기보다 디지털 기술의 속성을 이용해 새로운 아시아 네트워크를 만들자는 주장은 그 취지에 공감하면서도 구체적인 방법론에서는 수용하기 어렵다. 현재 할리우드가 누리고 있는 문화적 헤게모니는 그 자체로 완성된 상태, 따라서 현재의 아날로그 틀이 영원히 지속되는 상태가 아니라 언제라도 변화될 수 있는 개념으로 접근해야 마땅하다. 디지털 기술을 이용해 대안적 네트워크를 구축할 수 있다는 주장 자체가 바로 그 할리우드 헤게모니가 잠정적이라는 사실을 나타내고 있다고 할 수 있다.

그렇다면 김상배가 주장하는 아시아 네트워크의 필요성에 동의하면서 동시에 어떻게 구체적으로 그 개념을 실현시킬 수 있을 것인가? 여기서 문제는 아시아적 공간을 어떤 방식으로 정의하든 그것이 '다툼의 공간contested space'일 수밖에 없고, 자칫 국민-국가the nation-state의 위계적 체제를 좀 더 넓은 단위로 확대한 것에 불과하지 않느냐는 비판이 제기될 수 있다는 점이다. 이런 비판을 수용한다면 새롭게 구축되는 '리저널 공간regional space'*은 장소place로 구획해 고정시킬 수 있는 개념이 아니라 지속적으로 구축해나가는 과정의 산물로서 매우 유연한 공간적 개념이 되어야 할 것이다.

이런 방식으로 아시아의 리저널리즘을 접근하는 이유는 김상배가 주장하는 것처럼 기술 혹은 텍스트가 우선한 입장으로 제시됐을

---

* 이와 관련해 마루카와 데쓰시는 아시아의 근대사 전체를 되짚어보며 생각하지 않으면 안 되는 복잡한 문제로 제시하고 있다. 그럼에도 불구하고 대안적인 리저널 공간을 제안하는 이유는 문화에 내재한 온갖 긍정적인 힘과 자유로움을 이용해 공간을 이미 주어진 개념이 아니라, 그 구성원이 어떻게 노력하느냐에 따라 원하는 대로 구축할 수 있다는 실낱같은 가능성 때문이다. 마루카와 데쓰시, 『리저널리즘: 동아시아의 문화지정학』, 그린비, 2008, 121쪽 참조.

경우 그 공감대의 공간이 항상 미리 결정된 것으로 취급될 수밖에 없기 때문이다. 아시아적 문화 네트워크를 형성하기 위해서는 필연적으로 아시아적 '공통인자'를 가진 문화적 산물이 유통되고 소비되어야 한다. 그러나 오히려 그 반대의 경우, 즉 리저널 공간을 문화를 소비하는 과정에서 공통적으로 느끼는 공감대의 크기에 따라 달라지는 매우 유동적인 공간적 개념으로 이해했을 때 오히려 그 개념이 살아난다고 할 수 있다.

물론 텍스트의 문제는 관객의 수용과 분리해 생각할 수 없고, 관객의 문제 또한 텍스트와 무관한 현상이 아니라는 점에서 두 변수는 항상 변증법적인 관계를 유지하고 있다. 따라서 우리가 문화를 과정으로 이해해야 한다면, 문화를 오로지 생산적 관점에서 접근하는 것은 문제가 있다. 그것은 항상 자본과 권력의 문제로 수렴되는 경제환원론에 빠져들 수 있고, 할리우드와 같은 문화제국의 지배를 전제할 수밖에 없는 결론으로 도달하기 쉽기 때문이다. 뿐만 아니라, 각국의 정치·사회·문화적 배경이 각기 다른 상황에서 "동아시아 스탠다드를 수립"하는 것과 "동아시아를 함께 묶어낼 공통의 문화적 인자를 발굴"하는 과제에 대해 합의를 도출하는 것도 문제로 남아 있다.[17]

한 나라의 문화상품이 국경을 건너 다른 나라로 수출된다는 사실은 단순히 경제적 활동으로 볼 수 없으며, 수입한 문화 텍스트를 관객이 소비하는 과정에서 생산되는 문화적 일체감을 통해 범아시아적 정체성의 구축을 기대해볼 수 있다. 따라서 아시아 네트워크 혹은 대안적인 아시아 리저널 공간은 대중문화의 생산과 소비를 아우르는 전 과정에서 형성되는 개념으로 접근하는 것이 보다 현실적인 방법이라고 할 수 있다. 김상배도 글에서 한류 텍스트의 내용이 중요하다는 사실을 강조하면서 소비과정에서 형성되는 범아시아 정체성의 형성과정을 구체적으로 제시하고 있다.

> 동아시아 지역의 시청자들은 유사한 산업화의 경로를 밟아가고 있는 여타 동아시아 지역의 영화나 TV 드라마를 보면서 일종의 연대의식을 갖게 되었다고 볼 수 있다. 나름대로 '즐길만한 시차'로 산업화를 경험한 동아시아 국가들 사이에서 문화적으로 이질적인 서구국가들보다는 이웃의 동아시아 국가들을 준거집단으로 삼고자 하는 막연한 유대감이 형성된 것이다. 따라서 한류의 성공은 한국인의 손을 거친 서구문화에 대한 동아시아인들의 심정적 동의에서 비롯된 것이라고 해석할 수 있다.[18]*

그러나 이렇게 누구나 공감할 수 있는 내용의 텍스트를 소비했다고 해서 범아시아적 정체성이 자동적으로 형성되리라고 기대하는

---

* 추아 벵후아는 좀 더 구체적으로 동아시아에서 유통되는 영상텍스트에서 몇 가지 공통점을 발견하고, 이런 공통점을 중심으로 아시아 관객들의 동일시와 이에 따른 아시아 문화정체성의 형성이 가능한지를 비판적으로 분석하고 있다. 추아에 따르면 아시아 영상문화에서 찾아볼 수 있는 공통점은 우선 전통적인 것이 화면에서 사라지고 그러면서도 모순적으로 유교적 가치가 담긴 텍스트가 더 많은 관객을 사로잡기 위해 기획되고 있으며, 또 다른 한 편으로 젊고, 도회적이며 중산층 소비자의 라이프스타일을 영위하는 캐릭터를 아시아 문화권에서 생산되는 인기 있는 대표적인 드라마에서 자주 찾아볼 수 있다는 것이다. 추아 벵후아, 「동아시아 대중문화의 개념화」, 『트랜스: 아시아 영상문화』, 김소영 편저, 현실문화연구, 2006 참조.

것은 무리다. 관객들의 반응은 각자 처해 있는 사회적 맥락에 따라 다를 것이기 때문이다. 그럼에도 불구하고 정체성의 문제는 문화교류를 이해하는 데 필수적인 개념이라고 할 수 있다. 만약 우리가 할리우드의 대안적 공간을 상상한다면 그것은 의식과 정체성이 바탕이 된 실천의 결과로 가능하기 때문이다. 문제는 정체성의 개념이 매우 복잡하다는 데 있다.

문화교류와 문화정체성

이미 살펴본 대로 한 나라의 문화 산물을 다른 나라와 교환하는 것은 긍정과 부정적 요소를 동시에 내포한 매우 복잡한 과정이라고 할 수 있다. 이런 문제는 문화 정체성의 경우에도 동일하게 적용될 수 있다. 즉 문화교류가 문화발전과 정체성 형성에 기여할 수도 있지만, 반대로 이를 불가능하게 만드는 요인이 되기도 하는 양면적 기능을 내포하고 있다는 의미다. 따라서 문화교류는 집단적 정체성을 정립하는 기제의 일부이지만, 동시에 이를 해체하는 역과정 또한 가능하다. 바로 이런 이유에서 문화교류는 문화와 정체성을 고정되고 지속적인 불변의 것으로가 아니라, 잠정적인 과정으로 만들고 있다.

만약 정체성을 완벽히 문화적으로 독립된, 하나의 절대적이고 이상적인 개념으로 설정한다면, 타 문화의 유입은 이런 문화적 순수성을 훼손할 수밖에 없을 것이다. 그러나 우리가 문화적 정체성을 다른 문화와의 상대적 관계에서만 성립되고 결과적으로 '잡종'적 속성이 내재할 수밖에 없는 개념으로 바라본다면, 문화교류를 나 자신과 국가 그리고 문화와 관련된 모든 정체성을 오히려 풍부하게 만들어 주는 과정으로 이해할 수 있을 것이다. 이 맥락에서 에드워드 사이드Edward Said는 하나의 문화가 발전하고 유지되기 위해서는 '경쟁적인 타자'가 전제되어야 한다고 설명한다.[19]

그러나 문화교류가 정체성의 형성에 항상 긍정적으로 작용하는 것만은 아니다. 할리우드영화에서 모든 아랍인들을 테러리스트로 묘사하거나, 같은 맥락에서 한국 텔레비전과 영화에서 이주 노동자들을 무식하고 가난한 타자로 재현한다면, 이는 '나'를 드러내기 위해 타자를 비하하는 것으로, 결코 정치적으로 합당한 문화교류의 모습이라고 할 수 없을 것이다. 또 다른 맥락에서, 예컨대 중국 관객들이 한국 전통문화를 한국의 순수한 독창적 산물로 묘사한 한국 사극을 본다면, 중국문화가 아시아와 세계의 중심으로 알고 있는 중국인들로서는 선뜻 받아들이기 어려울 것이며, 결과적으로 문화적 갈등의 여지를 줄 수 있을 것이다.

이런 설정은 매우 현실적인 문제로서 실제 상황에서 발생하는 일상적인 문제이기도 하다. 이 경우가 흥미로운 것은 문화 생산자의 의식 속에서 한국 전통문화는 역사적으로 한국이 약소국이라는 한계 내에서도 찬란하게 꽃피운 것이고 따라서 이는 완벽히 숭배의 대상이 되는 문화적 산물인 데 반해, 중국의 수용자들에게는 그것이 중국 '속국'의 '아류'에 불과한 것으로 비쳐진 결과 나타난 갈등이기 쉽기 때문이다. 물론 문화적 자부심에서 비롯된 문제가 국가주의로 폭발할 것인지, 아니면 단순한 픽션으로 수용될 것인지는 "대중문화물이 유통되는 과정에서 국가나 민족의 문제가 건드려지지 않은 한"이라는 두 나라의 현실 외교적 조건에 달려 있다고 할 수 있다.[20]

이렇게 보면, 문화교류는 상황에 따라 언제라도 부정적인 결과를 초래할 수 있는 위험한 과정임을 알 수 있다. 실제로 문화의 지구화는, 이미 언급했듯이, 우리가 세상을 이해하는 방식에 일대 변혁을 가져오고 있다. 이로 인해 우리는 현재 방향감각을 잃고 있으며 변화에 대한 새로운 적응을 일상적으로 경험하고 있다. 글로벌과 로컬의 관계는 이렇듯 공간과 장소, 고정성과 유동성, 중심과 주변, 사실과 가상의 공간, 내부와 외부, 그리고 국경과 영토의 관계를 새롭게 정립하고 있는 중이다. 이는 당연히 집단과 개인의 정체성, 의미, 그리고 지역사회의 응집력에 영향을 미칠 수 있는 밀접한 관계이다.

바로 이 상황에서 아시아적 정체성이란 무엇을 의미하는 것인지 본질적인 문제제기가 가능하다. 바로 그 정체성이 국가·지역·민족 등으로 분할되어 있을 뿐만 아니라, 할리우드 문화를 비롯한 다양한 수입문화로 이미 굴절되어 있는 이 아시아적 정체성이란 과연 무엇이냐는 질문이다. 더 나아가 아시아적 정체성이란 개념 자체에 대한 문제제기도 가능하다. 즉 오늘날 같은 글로벌 시대에 전통사회처럼 통일성과 온전함을 갖춘 그런 정체성을 기대할 수 있을 것인가의 문제이기도 하다. 정체성의 개념에서 전제하고 있는 지속성과 역사성은 모두가 지구화된 문화를 언제라도 접할 수 있는 상황에서 도전받을 수밖에 없다는 사실을 부정하기 어렵기 때문이다.

이는 전통이 우리에게 가져다주는 평온함을 더 이상 기대하기 어렵다는 걸 의미한다. 우리는 현재 누군가 '문화번역'*의 책임을 안고 새로운 자기해석을 해야 하는 상황적 조건에 처해 있다. 그러나 문화기업이나 국가주도의 전통문화에 이런 문화번역의 책임을 결코 맡길 수 없다. 두 입장 모두 정체성의 재해석을 시도하기보다 오로지 정체성의 보존만을 외치면서 할리우드 혹은 외국문화 세력에 대응하는 보호전략을 채택하거나 '우수한' 자국의 문화상품을 수출하는 일에 전념하고 있는 실정이기 때문이다. 이런 움직임이 전제하는 것은 장소가 초월된 시대placeless times에, 국한된 장소의placed 중앙중심적이고centered 영역 내부로 한정지을 수 있으며bounded, 일사불란한 통일성을 담보한coherent 문화적 정체성을 보존해야 한다는 원론적 관점이다.[21]

크게 두 가지로 이 주장이 구체화되고 있다. 그 하나는 각 나라에서 조금씩 유형을 달리해 나타나고 있는 애국심을 유발하는 강경 전통문화 수호운동이며, 이와는 반대되는 예로 지역의 정체성을 형성하려는 노력을 들 수 있다. 그러나 두 방법 모두 보호적 환상을 계속 유지하겠다는 입장이며 역사적 지속성을 내세우며 문화의 완전함과 통일성을 보존하기 위한 노력과 갈등과 관계돼 있다. 이런 방어 전략이 기대하는 것은 '타자' 또는 '그들'과의 관계에서 '우리'를 혈통적으로 순수하고, 따라서 문화적으로 정화된 존재로 바라보

---

* 문화번역'은 호미 바바Homi Bhabha의 '번역tranlation'의 개념에서 차용한 것으로 다른 국가·역사·경험·전통·인종 등 타자 혹은 타 문화와 접합할 때 생기는 혼란스러운 일련의 질문들로 이해할 수 있다. Bhabha, Homi, "DissemiNation," *Nation and Narration*, Ed. Homi Bhabha, London: Routledge, 1990 참조.

려는 욕망의 창조이다.

순수한 정체성은 공간의 정화를 통해서 구축되는 것이며, 국경과 영토적 경계를 유지함으로써 가능한 개념이다. 정화된 정체성은 또한 '제국'이 내세우는 중심개념이기도 하다. 정화는 외부의 타자로부터의 보호이자 그들보다 우월하다는 입장을 취하는 것이다. 불안과 권력은 상호적 관계에 놓여 있어 서로를 필요로 하는 개념이다. 것은 그렇다면 제국을 의심한다는 정체성의 논리를 캐묻는 일이기도 하다. 이런 맥락에서 보면 한국을 비롯해 현재 많은 나라에서 전개중인 전통적인 문화 정체성을 강화하려는 노력, 불안하고 방어적인 제국적 노력을 우리는 쉽게 이해할 수 있다.

비판적 리저널리즘

그렇다면 이런 정체성의 논리에서 벗어날 수 있는 가능성은 없는가? 이는 우리가 어떻게 지구화 시대에 제기되는 지리와 공간의 문제를 해결할 수 있으며 이에 따른 '문화번역'이라는 시급한 문제를 접근할 수 있느냐는 질문이다. 모든 나라가 지구화에 대처하는 방식으로 '고향'과 '고국'의 이상을 재발견하는 노력을 기울여 전통에 빠져든다면 문화교류는 점점 더 어려워질 것이다. 문제는 문화를 온전하게 보존할 수 없는 시대적 상황에서 이를 하나의 개념으로만 정의하고 묶어내려는 데 있다. 이는 결국 다수를 위한 것이 아니라 소수의 이익을 보호하기 위한 이데올로기적 산물로 문화를 보는 것이다.

바로 이 지점에서 '디아스포라'*의 경험이 문화를 내부적으로 방어만 하려는 경향성에서 벗어나 문제에 접근할 수 있게 해주는 하나의 실마리를 제공하고 있다. 즉 이주의 경험을 통해 차이가 드러나고 경계를 건너면서 문화가 섞이게 되며, 그 결과 정체성은 일사불란하고 완전한 것에서 벗어나 얼룩이 묻고 흐려지게 된다. 이렇게 디아스포라의 경험은 우리로 하여금 새로운 방식으로 문화들 사이의 상호관계를 이해할 수 있게 만들어주고 있다. 경계선을 건너는 행위는 다양한 시각을 가질 수 있게 하고, 그로 말미암아 문화란 영구적이지 않으며 침투되고 겹쳐지는 잠정적인 개념임을 깨우칠 수도 있다.[22]

뿐만 아니라 디아스포라의 경험은 타자를 존재론적으로 주어진 개념이 아니라 역사적으로 구축된 문화적 산물로 바라볼 수 있게 하며, 그 결과 문화가 유일무이한 독자적 산물이라는 주장을 근거 없는 국수주의적 망상으로 무화시킬 수 있다. 물론 이런 이주의 경험은 하나의 극단적 예이긴 하지만 이미 문화가 지구화된 상황에서, 그 의미는 미래의 징후를 예측하는 하나의 준거기준이 될 수 있을 것이다. 이는 문화를 독특하고 분리된 오리지널의 개념으로 접근하는 것에 문제가 있다는 사실을 폭로하는 중요한 잣대이다.

문화는 일련의 과정으로 보는 것이 옳다. 그 과정 속에서 문화가

---

* 여기서 '디아스포라diaspora' 개념은 폴 길로이Paul Gilroy가 제시한 것으로 자신의 뿌리로 회귀하는 것이 아니라, 디아스포라의 차이 나는 조건에서 창조적 잡종성과 변화로 지속적인 정체성의 재생과정을 생산하는 것을 의미한다. Gilroy, Paul. *The Black Atlantic*. London: Verso, 1993 참조.

구축됐다가 재구축되기도 하고, 다시 해체되기도 한다. 문화가 고정되고 단일의 범주에서 작동된다는 생각은 이제 더 이상 유효한 개념이 아니라는 얘기다. 문화는, 그 반대로 유연한 것이며 교차 과정에서 침투되는 조합의 산물이다. 바로 이 맥락에서 새로운 형태의 글로벌 문화, 즉 코스모폴리타니즘이 등장한다. 이는 근대화를 경험하면서 자유·평등·민주의 개념을 보편적 개념으로 수용했듯, 오늘날 거의 모든 사람들이 일상적으로 경험하면서 느끼는 보편적 개념이라 할 수 있다.

따라서 우리가 지배와 종속의 공간으로서가 아니라 문화교류의 장으로 새로운 아시아 리저널 공간을 상상한다면, 그것은 바로 이 코스모폴리타니즘의 원칙에 입각해 작동되는 공간이어야 할 것이다. 우리가 할리우드 문화와 한류의 유행을 여전히 경계하고 그 대안적 공간을 제시하는 이유는 이들이 생산하는 문화가 대체로 반여성적이고 인종차별주의적이며, 계급적 정서로 물들어 있기 때문이다. 이는 거꾸로 얘기하면 우리가 현재 할리우드를 대신한 대안적 공간을 상상하고 있지만, 할리우드를 포함한 누구라도 코스모폴리탄적 가치로 구축된 문화적 산물로 이 공간에 침투하겠다면 얼마든지 수용할 수 있음을 의미한다. 아시아라는 지역은 열려 있는 공간이기 때문이다.

물론 열려 있는 아시아 공간이 코스모폴리탄적 가치로 구축되기 위해서는 한국영화가 이 기준에 부합하는 보편성을 우선적으로 확보하는 일이 중요하다. 국제무대에서 평론가들이 한국영화를 평가할 때 공통적으로 제시하는 비판은 한국영화가 필요 이상으로 폭력적이라는 점이다. 특히 〈서편제〉에서 〈하녀〉에 이르기까지 여성의 몸에 가해지는 폭력이 한국영화의 특수성으로 평가되는 상황은 문제로 남아 있다. 여기서 더 큰 문제는 폭력의 사용이 서구를 비롯한 대부분의 문화권에서 정의를 수호하기 위한 마지막 수단으로 정당화되고 있는 데 비해서, 한국영화에서는 폭력성이 일상적으로 내재해 있다는 점이다.

한국영화가 코스모폴리탄적 가치가 담긴 보편성을 확보하기 위해서는 현실과 재현의 장에서, 일상적 폭력성을 배제하는 지속적인 노력이 필요하며, 이런 노력이 결실을 맺을 때 한국영화는 비로소 아시아 문화공간에서 진정한 문화적 파트너십을 기대해볼 수 있는 것이다. 이렇게 재구축된 공간이 이제 단순한 아시아 권역이 아니라 '비판적 리저널리즘 critical regionalism '으로 기능하도록 전략을 바꿔야 할 것이다. 비판적 리저널리즘은 "특정한 단계의 특수성에서 비롯된 요소로 구성된 보편적 문화의 영향을 중재"하기 위해 필요한 일종의 전략적 개념이다.[23] 이는 지역문화나 비판적 권역의 문화 모두 글로벌 문화와 필연적으로 대화해야만 하는 절대적 상황을 묘사한 것으로 글로벌화된 현대문화의 불가피성을 지칭한다.

그러나 우리가 처한 문화가 지구화로 포위됐다고 해서, 그리고 글로벌 문화에 노출될 수밖에 없는 운명에 놓여 있다고 해서, 연대의 정신을 소홀히 할 수는 없다. 국수주의적 관점을 포기하고 연대를 가능하게 만들기 위해서는 문화의 구심점 선상에 놓여 있는 '다중적 문화(특별한 지역 문화 정치)'[24]가 초국적 공간에 위치한 문화적 소수와 결합할 수 있도록 노력해야 할 것이다. 예컨대 한류를 통해 전파되는 한국문화가 이주민 문화의 차이를 거부하고 억압한다면 이는 비판적 리저널리즘을 실현하는 것이 아니다. 이럴 경우 한국문화는 문화제국주의를 지향하는 제국의 언어로 전락할 것이다. 연대는 초국가화된 문화공간에서도 여전히 유효한 개념이다.

물론 이런 실천들이 오늘날 불확실성의 시대에 코스모폴리탄적인 연대를 보장할 수는 없을 것이다. 그러나 그 가능성은 미처 예기치 못한 일상적인 문화적 차원에서 찾아볼 수 있다. 우리가 일상적으로 경험하는 탈영토화 과정, 예컨대 뉴스·광고·영화 그리고 텔레비전에서 제시된 이미지의 글로벌화나 여행을 통한 타문화의 경험 그리고 직업을 찾아 움직이는 인구의 이동은 우리로 하여금 세상에 더 많은 관심을 가지도록 만들고 있으며, 우리가 자기실현을 성취하기 위해 추구하는 라이프스타일은 더 많은 상호교류를 확대시키고 있다. 따라서 지구화로 야기된 탈영토화를 인간의 도덕 조건과 무관하거나 적대적인 관계로 볼 것이 아니라 함께 발전하는 개념으로 접근해야 할 것이다. 이런 코스모폴리타니즘은 비록 거창하지 않을지 모르지만 이를 바탕으로 구체적인 실천을 계획해보는 발판은 될 수 있을 것이다.

새롭게 구축할 아시아의 대안적인 공간은 일방적인 산업적 산물의 흐름으로 채워진 곳이 아니라 상호 이해를 도모할 문화교류의 장으로 거듭나야 할 것이다. 이런 필요성을 우선적으로 강조하는 이유는, 이 제안이 매우 나이브하고 선언적이며 실천을 담보하지 못한 규범적 normative 인 구호에 그치기 쉽다는 비판을 예상할 수 있기 때문이다. 그러나 현실 세계에서 갈등과 경쟁이 치열할수록, 또한 미래가 불확실할수록 우리가 이상적 목표를 좀 더 높게 설정할 필요가 있다. 그런 이상을 실제로 실현할 수 있다는 보장이 있어서가 아니라, 목표를 향해 끊임없이 노력하는 과정 속에서 작은 변화라도 기대해볼 수 있기 때문이다.

마지막으로 이런 인식의 전환은 영상물을 다루는 문화정책에도 교훈적 함의를 제시한다. 여기서 핵심적인 사항은 영상정책 또한 문화적 산물로 이해할 필요가 있다는 점이다. 이는 정책을 상황의 변화와 재평가에 따라 언제라도 수정 가능한 것으로 접근하기 위해서다. 이 논의의 연장선상에서 정책을 법으로 강제 집행하는 일은 문화 창조과정에 필요한 담론의 채널을 원천적으로 차단하는 결과를 초래하기 때문에 신중할 필요가 있다. 정책과 실천과 비판 또한 열려 있는 개념이고 열린 만큼의 참여와 공감대를 형성할 수 있기 때문이다.

3부

문화정치의 역사적 변화

시선의 법칙: 남성성의 재현과 '자아의 기술'

변화하는 남성성

최근 한국에서 영화뿐만 아니라 광고와 음악을 포함한 모든 대중 문화 영역에서 남성성의 변화가 두드러지게 나타나고 있다. 그 변화는 대체로 대중문화에서 나타나는 남성적 이미지가 기존의 전통적인 남성상을 이어받기보다는 전혀 새로운 성적 정체성을 재현하고 있다는 점이다. 중성적 이미지나 양성적인 모습으로 대표되는 새로운 남성상은 천천히 그러나 꾸준하게 일상적인 기표signifier로 우리 주변에 다가오고 있다. 아직까지 그 기의signified가 파악되지 않은 상황에서 '남성성의 변화'가 담겨 있는 기호를 읽는 것은 흥미로운 작업이 될 수 있다.

실제로 몇 년 전부터 영화 속에 등장하는 남성 주인공들의 모습은 한결같이 '부드러운' 속성을 지니고 있다. 〈봄날은 간다〉의 유지태, 〈8월의 크리스마스〉의 한석규, 그리고 〈편지〉의 박신양이 제시하는 이미지가 바로 그 '새로운 남성성'을 대표한다고 말할 수 있을 것이다. 한석규와 박신양의 경우, 그들이 마냥 소프트한 남성성만 재현하는 것은 물론 아니다. 그들은 또 다른 영화, 예를 들면 〈쉬리〉와 〈약속〉에서 전형적인 '마초'로 아주 쉽게 탈바꿈하기도 한다. 그럼에도 불구하고 관객들이 그들의 전체적인 이미지를 전통적인 남성상을 대변하는 캐릭터로 기억하지 않은 것은 주목할 만하다.

한국영화의 전성기 이래 등장한 남자 배우들은 거의 모두 마초적 이미지를 가지고 있었다고 해도 과언이 아니다. 박노식, 신영균, 남궁원, 신성일을 거쳐 최불암과 최민수로 이어지는 전통은 바로 '남성다움'이라는 공통분모를 지니고 있기 때문에 유지될 수 있었다. 여기서 '마초'라는 단어와 '남성다움'이라는 말은 동의어임에 틀림없다. 절대 다수가 남성다움을 마초 이외의 의미로 이해하거나 해석하지 않았고, 그런 이유에서 마초적 남성성은 지극히 자연스러운 상식의 일부가 되어버렸다. '마초'와 '남성다움'이라는 두 개의 개별적 단어가 동일한 의미로 통용되는 데 아무런 문제가 없었다는 말이다.

그러나 그렇게 변하지 않을 것 같던 남성성에 관한 인식론적 체계도 영원히 지속될 수는 없었다. 이는 남성성에 관한 지배적 의미에 도전하는 세력이 등장했기 때문이다. 결과적으로 남성다움의 정의가 달라진 것이다. 이런 맥락에서 『문화일보』의 양성희 기자는 배우 최민수를 논평하면서 다음과 같이 적고 있다.

사실 똑같은 터프 가이지만 최민수와 정우성은 다른데, 거기에 바로 추락하는 남성성의 핵심이 있다. 정우성이 여전히 팬들(특히 여성팬들)의 지지를 받는 반면 최민수는 유머시리즈의 주인공으로 희화화될 수밖에 없는 것에는 최민수에게는 '남성성에 대한 과도한 집착과 자의식'이 있기 때문이다. 양성의 조화로운 결합과 성적 경계를 뛰어넘는 중성성이 새로운 성적 역할로 추앙받는 시대에 남성성을 과장해 드러내는 최민수의 지나친 '성적 제스처'는 시대 착오적인 것으로 '조롱'받을 수밖에 없는 것이다.[1]

한 시대를 대표하던 배우 최민수는, 이 비판에 따르면, 더 이상 바람직한 남성상을 제시하지 못하고 있는 셈이다. 이 지점에서 한 가지 흥미로운 질문이 가능해진다. 왜 최민수가 현재의 남성성 기준에 부합되는 인물이 되지 못하는 걸까? 이렇게 연구문제를 설정하는 것은 성적 정체성의 본질에 관한 근본적인 의문을 제기하는 것이기도 하다. 이는 우리들의 상식체계 속에 불변의 진리처럼 자리잡고 있던 남성성의 정체성이 시대적 상황에 따라 지극히 유동적일 수 있다는 사실을 인정할 때 비로소 가능한 질문이기 때문이다.

만약 남성성의 지배적 의미가 변했다면, 그 원인은 또 무엇인가? 뿐만 아니라, 변화 그 자체가 무엇을 의미하는 것인가? 영화를 비롯한 한국 대중문화 전반에 걸쳐 나타나고 있는 양성적 이미지의 등장은 분명 사회적 변화와 밀접한 관계가 있어 보인다. 따라서 현재 유행하고 있는 대표적 이미지는 이런 변화된 시대를 재현한 것이라고 볼 수 있을 것이다. 세상이 달라진 만큼 기존의 남성성과 여성성에 관한 의미가 변할 수밖에 없고, 대중문화는 아주 자연스럽게 이 변화를 반영한다고 생각할 수 있을 것이다.

그러나 이런 해석은 지극히 단선적인 설명이기 쉽다. 그렇게 이해하는 것 자체가 틀렸다는 말이 아니라, 그것은 고작해야 전체 중 일부에 해당하는 관계를 지적한 것에 불과하기 때문이다. 다시 말해, 영화가 단순히 시대를 반영하는 것만이 아닐 수 있다는 말이다. 이런 직선적 설명을 회피하고 대안이론으로 이 문제를 접근했을 때 가능한 잠정적인 가설은 영화 속에서 재현되고 있는 새로운 남성성이 '중층'으로 결정되고 있다는 것이다.

그것은 전통적인 남녀관계의 변화, 즉 달라진 남녀의 사회적 역할과 위치에 따른 사적 관계의 변화에서부터 정치경제적 상황의 변화를 포괄하는 문제이며, 보다 구체적으로는 이런 변화의 의미를 산업적으로 이용하고 있는 영화 재현의 문제이기도 하다. 그러나 이 글에서는 새롭게 등장하는 남성 이미지가 성차적 관계의 변화와 구체적으로 어떻게 연관되었는지를 살펴보기 위해 영화 〈해피엔드〉에서 제시된 전통적인 가부장적 남성상을 다른 영화에서 재현되고 있는 남성 캐릭터들과 비교하고 있다. 이 문제를 논의하는 과정에서 궁극적으로 '시선의 법칙'을 정리하는 것이 이 글의 목적이라고 할 수 있다.

〈해피엔드〉와 가부장 헤게모니의 위기

영화 〈해피엔드〉는 남성성의 변화를 읽어내는 데 일종의 준거 기준을 제시한 아주 흥미로운 텍스트다. 이 영화는 고전적 남성성이 담겨 있는 텍스트로서, 그 주인공이 '시대착오'적인 가부장적 마초 남성성으로 조롱'받을 수 있기 때문이다. 그러나 일부에서는 이 영화가 시대적 산물이라는 주장도 제기되고 있다. 감독의 표현대로라면 〈해피엔드〉는 "IMF와 세기말을 동시에 직면한 우리 시대의 '가족일기' 혹은 '부부일기'"이다. 다시 말해, "단란한 가정이 꿈이었던 중산층 젊은 가장은 예상치 못했던 실직과 아내의 불륜으로 고통과 혼란"에 빠져들고 "사회경제적 성취와 자신의 욕구에 당당한 아내는 남편과 애인으로부터 얻는 서로 다른 행복 중 어느 쪽도 버리지 못해 역시 혼란에 빠진다"는 것이다.[2]

그러니까 세기말과 즈믄 해의 끝자락에서 한국 남성들이 처한 위기는 국가부도 사태로 인한 실직이라는 사회적 요인과 아내의 외도라는 가정적 요인이 합쳐진 이중고를 의미하는 셈이다. 〈해피엔드〉는 한국 남성들이 경험하고 있는 바로 그 이중고를 사실적으로 반영한 영화다. 제작사에서 밝힌 시놉시스는 다음과 같다.

6년 동안 은행에서 일하다 실직한 서민기(최민식)는 실직의 불안정함과 오랜만에 맛보는 일상의 여유 사이를 오간다. 어린이 영어학원 원장인 서민기의 아내 최보라(전도연)는 대학 시절 연인이었던 김일범(주진모)과 은밀한 만남을 이어간다. 젖먹이 아기와 남편을 소중하게 여기지만 김일범의 한결같은 사랑에도 행복해한다. 서민기가 아내와 김일범의 밀회를 눈치 채고, 세 사람의 욕망은 팽팽한 긴장을 불러온다. 사랑과 집착으로 뒤엉킨 삼각관계, 배신감, 상실감에서 비

롯된 삶의 속에 세 사람은 서로 다른 "해피엔딩"을 꿈꾸며 영화는 파국으로 치닫는다.[3]

감독은 감독대로 또 영화사는 영화사대로 이 영화 속에 무엇인가 사회적 의미가 담겨 있다는 사실을 인터뷰와 홍보 전단에서 그렇게 강조하는 것을 보면, 이 영화는 분명 통속적인 멜로드라마의 범주를 벗어난 멜로 이상의 텍스트를 시도했다고 볼 수 있다. 감독도 주장했듯이 결코 가부장적 영화가 될 수 없는 것이다. 그럼에도 불구하고 평론가, 특히 일부 여성 평론가들은 이를 극구 부인한다. 이 영화야말로 "발가벗고 재미 보는 최보라의 모습과 애 보고 쓰레기 분류하면서 열심히 사는 서민기의 모습을 교차편집"하면서까지 여성을 일방적으로 매도하는 "속 보이는 가부장적 영화"라는 것이다.[4]

실제로, 유부녀와 그녀의 옛날 애인 사이의 열정적인 사랑 뒤에 이어지는 남편의 잔인한 복수는 모두 지극히 매력적인, 그러나 동시에 불길한 여자의 몸을 중심으로 일어나고 있다. 그녀의 몸이야말로 도덕과 사회질서를 위협하는 실체인 것이다. 젖먹이 아이와 남편을 저버리고 때와 장소를 가리지 않고 애인과 벌이는 외도는 가족관계를 파괴한 범죄행위라고 이 영화는 분명히 규정하고 있다. 바람난 아내를 살인하는 서사적 동기가 이미 충분히 보장된 셈이다. 남편이 아내를 살인하는 것이 서사적으로 정당화되었다는 말이다.

그렇다면 남편의 살인행위는 아내의 성적 욕망이 초래한 폭력행위의 결과라고 할 수 있다. 문제는 폭력을 행사하는 주체가 남편이고 그 폭력에 희생되는 쪽은 항상 여성이라는 사실이다. 결혼은 성적 관계로만 이루어지는 것이 아니기 때문에 때로는 지극히 무덤덤한 부부관계를 영위할 수도 있다. 그런 상황에서 남편이 외도를 통해 욕망을 충족시키는 것은 '있을 수 있는' 자연스러운 일인 데 반해 아내의 불륜은 죽음으로 그 죄값을 치러야 한다면, 이는 가부장제도가 여성에게 일방적으로 행사하는 폭력일 수밖에 없다는 것이 여성 평론가들이 항의하는 대목이다.

결국 아내의 몸을 통제하는 것은 남편이다. 그녀의 성적 모험뿐만 아니라 먹고 입고 행동하는 일을 포함한 모든 일상의 일거수일투족이 몸을 통해 이루어지고 있고, 또 그 몸은 도덕과 법의 이름으로 통제의 대상이 되고 있다. 아내의 자연적인 욕구, 즉 그녀의 섹슈얼리티는 오로지 사회적으로 통제되는 도덕적 규범 혹은 문화적 한계 내에서만 정의될 수 있다는 말이다. 최보라의 몸은 이렇게 자연과 문화가 만나는 지점이다. 그 둘 사이의 원만한 협상을 기대할 수 없을 때는 사회문화적 특권을 누리고 있는 남편이 가차 없이 아내의 몸을 난자할 수 있다. 이런 불평등한 남녀관계가 나타나고 있는 것이다.

여기서 주목해야 할 점은 '통제'라는 단어다. 자연과 문화를 구분하기 위해서는 반드시 누가 통제할 것인지의 문제가 개입되어 있다. 자연적인 몸이란 항상 통제가 불가능한 몸을 의미하기 때문이다. 따라서 자연적인 육체의 욕망을 주체할 수 없었던 최보라는 남편에 의해 통제를 받는 것이 당연한 일이었다. 사회는 광범위한 통제에 의해서만 살아남을 수 있기 때문에 그 구성원의 몸을 통제하지 않고 자연적인 상태로 방관할 수가 없다. 따라서 감시가 필요하다. 서민기 또한 아내의 행동을 감시하고 그 감시의 시선에서 아내를 통제할 수 있는 권력을 부여받는다. 통제할 수 있는 남편과 통제받는 그녀의 관계가 지배와 복종의 가부장적 사회관계로 정립된다. 이것이 바로 이 영화가 제시하는 문화법칙인 것이다.

그러나 이 영화는 전통적인 남녀의 성차적 관계에서 한참 벗어나 있는 모순을 동시에 담고 있다. 대부분의 한국 여성들이 갖는 사회적 위치는 가정의 울타리를 넘어서지 못한다. 따라서 여성적이라는 말이 가정적이라는 말과 동격으로 사용되는 데 별 무리가 따르지 않는다. 가정은 여성이 맡아서 관리하고, 남성은 가정을 떠나 직장에 나가 가정을 유지할 돈을 벌어오는 것으로 제 임무를 다한다. 남성들은 여성화된 가정에서 그들의 남성성에 아무런 위협을 느끼지 않고 지낼 수 있다. 일과 정치 그리고 사회생활이 그들만의 것으로 존재하고 있어서 집을 떠나면 곧바로 남성성을 회복할 수 있기 때문이다.

서민기는, 그러나 자신의 남성성을 회복할 수 있는 직장을 잃은 지 오래된 인물이다. 반면에 그의 아내 최보라는 영어학원을 운영하는 성공한 사업가며, 그녀가 위치한 공간은 당연히 가정이 아니라 그녀의 직장인 학원이다. 가부장제도가 더 이상 그녀를 가정에만 묶어둘 수 없는 상황이 됐고, 그 결과 그녀의 몸은 자유를 얻었다. 이렇게 주어진 자유를 최보라는 많은 남성들이 그랬듯이 자신의 육체적 쾌락을 향상시키기 위해 사용한다. 남편이 아닌 옛날 애인과 함께. 여성이 자신의 몸을 자유롭게 사용하는 일은, 그러나 가부장의 권위를 거스르는 일이며, 그만큼 불안감을 고조시키는 결과를 초래할 뿐이다.

가부장적 자본주의에서 직업은 남성성의 정체성을 생산하는 데 결정적인 역할을 한다. 대부분의 남성들은 자신의 직장에서 무기력한 존재로 전락해 있기가 쉽다. 그러나 남성들이 가정을 경제적으로 책임진다는 사실 때문에 자신의 남성성과 권력을 보장받을 수 있다. 직장에서 받는 억압적 환경을 참아내는 것도 그들은 오로지 가정이 있기 때문이라고 자위한다. 바로 이런 이유에서 사회적 지위와 수입이 낮은 많은 남성들은 자신의 아내가 직장에서 일하는 것을 반대하는 경우가 많다. 그가 가진 유일한 권력의 원천이 상실되기 때문이다. 〈해피엔드〉에 등장하는 서민기의 경우 이런 상황을 살인이라는 극단적인 방법으로 대처하고 있는 것이 다를 뿐이다.

이런 맥락에서 보면 최보라의 흐트러진 몸뚱이는 한국의 전통적인 가부장제도에 도전하는 도발적인 텍스트라고 할 수 있다. 새로운 여성성의 의식이, 상징과 과장을 섞어서 얘기해보면, 그녀의 외도에서 싹트기 시작한 것이다. 그녀의 관능적인 몸과 성적인 에너지가 무엇인가 새로운 성차적 의식을 잉태했고, 이를 목격한 남편은 공포와 통제 불능의 상실감을 느낀 것이다. 실업자로 전락한 남편의 처지가 더 이상 아내의 자발적 '동의'를 바탕으로 한 가부장제도의 헤게모니를 유지할 수 없도록 만들었다. 이제 헤게모니를 지속하기 위해 선택할 수 있는 유일한 방법은 '폭력'이다. 이 영화는 결국 가부장적 헤게모니의 위기를 재현하고 있는 셈이다.

영화와 남성성의 재정의

멜로 장르에서 섹슈얼리티는 대개 유혹과 감정의 문제이지, 남성의 섹슈얼리티처럼 성취감이나 클라이맥스를 다루는 것이 아니다. 만약 가부장제도가 여성에게 혀용할 수 있는 것이 몸과 섹슈얼리티가 전부라면, 멜로영화는 어김없이 여성이 그녀에게 주어진 무기를 어떻게 남성에게 사용하고 있는지를 보여준다. 여성의 섹슈얼리티를 보여주고 또 찬양하는 것이 멜로 장르의 텍스트가 가지고 있는 특징 중 하나다. 그렇게 영화는 여성들이 억압으로 느끼는 바를 제시하면서 문화 전반에 걸쳐 있는 문제를 사회적 안건으로 제기하기도 한다.

〈해피엔드〉는 감독의 말대로 IMF를 경험한 한국 남성들의 좌절과 상실감을 묘사했는지도 모른다. 그러나 전통적인 남녀 성차적 관계를 묘사한 입장과는 다르게 이 영화에서는 경제적 능력과 외도라는 성적 특권을 여성에게 부여함으로써 새로운 여성성을 제시했다고도 볼 수 있을 것이다. 이미 언급한 대로 가부장제도에서 경제적 그리고 성적 권력은 전적으로 남성성의 영역이다. 우리는 부를 축적한 남성들이 어떻게 여자도 함께 소유할 수 있는지 그동안 수없이 보아왔다. 그러나 그것이 여성의 속성으로 귀속되었을 때는 더 이상 권력을 소유하는 문제가 아니라 통제의 문제로 전환된다.

그러나 통제는 끊임없이 노력해야 제대로 행사할 수 있는 과정이다. 그 과정은 지속적이고 결코 최종 심급으로 이룩할 수 없어서, 경제력과 성적 특권의 연결이 남편만이 아니라 아내에게도 가능할 수 있는 개념으로 전환된 것이 지극히 당연하다는 말이다. 실제로 〈해피엔드〉에 등장하는 최보라와 서민기 모두는 결코 완성된 상태의 권력을 성취하지는 못한다. 오로지 상대를 통제하려는 지속적인 갈등 과정만 있을 뿐, 죽음을 맞는 아내나 살인을 한 남편은 누구도 권력의 헤게모니를 달성하지 못한다.

결국 남성성에 관한 의미는 절대적일 수가 없다. 그럼에도 불구하고 〈해피엔드〉에서는 남성성의 절대적 의미에 충실하고 있다. 이 영화에서 보여주는 최민식의 이미지는 기존의 가부장적 남성상과 부합된다. 그렇다면 여기서 많은 사람들에게 '상식'으로 통용됐던 고전적인 남성성은 무엇이었는지 한번 살펴볼 필요가 있다. 남성성은 그동안 공격적이고, 경쟁적이며, 감성적으로는 지극히 불안할 뿐만 아니라, 냉혹함과 비정한 속성을 동시에 지닌 것으로 평가됐다. 이에 덧붙여, 남성은 오로지 삽입 섹스에만 관심을 가지고 있으며, 그러면서도 동시에 성행위에 대한 불안감, 감정적 소외감, 그리고 아버지와의 소원한 관계로 항상 불안한 모습을 보이는 것으로 알려졌다.[5]

따라서 남성은 한편으로는 여성에 대해 군림하는 존재이면서, 또 다른 한편으로는 무거운 짐을 지고 있는 존재로 묘사된 것이 보통이었다. 그러나 이런 남성성에 관한 정리된 입장은 즉각 도전을 받게 된다. 남성성은 다른 사회적 요인과 복합적인 교류를 통해 다양하게 형성된다고 볼 수 있기 때문이다. 다시 말해, 하나의 일반적인 남성성이 초월적으로 존재하는 것이 아니라, 시대와 상황에 따라 다양한 남성성이 존재할 수 있다는 말이다. 남성성은 역사적 관점에

서 보면 지극히 가변적인 개념인 것이다.[6]

그러나 이렇게 남성성에 대한 다양한 정의가 가능하다는 주장 그 자체만으로 남성성에 관한 개념을 정립했다고 말할 수는 없다. 남성성을 정의하기 위해서는 분명 또 다른 기준이 필요하다. 그 기준은 단순히 남성성과 여성성의 차이를 비교하는 성차적 관계 내에서 남성성을 판단하는 것뿐만 아니라, 더욱 중요하게는 새로운 남성성의 정의가 다른 전통적인 의미와 어떻게 차이 나는지를 살펴보는 비교적 개념이 되어야 할 것이다.

문제는 남성성의 의미를 오로지 남녀의 차이에서 도출하는 경향이 여전히 강하다는 점이다. 물론, 〈해피엔드〉를 여성주의적 관점에서 비판하는 과정에서 이미 증명되었듯이, 성차적 관계는 결코 힘이 개입되지 않은 진공상태에서 나타나는 것이 아니다. 따라서 전형적인 중산층의 남성성을 언급하려면, 그것이 중산층의 여성성과 어떻게 다른지뿐만 아니라, 남성성이 어떻게 여성성을 압도하고 있는지, 그 힘의 관계에도 주목해야 하는 것은 당연하다. 그러나 이 남녀의 힘의 관계의 차이에 천착해서 남성성과 여성성의 관계를 가부장제도의 개념으로만 접근하는 것은 문제가 있다.

그렇다면 새로운 남성성의 등장과 관련해서 가부장적 개념이 어떤 논리적 모순을 담고 있는지 한번 세밀하게 살펴볼 필요가 있다. 우선 당장 드러나는 문제로 성차에 관한 힘의 관계가 하나의 보편적인 모델로 제시되고 있다는 사실을 지적할 수 있을 것이다. 이런 접근방법은 성차의 역사적 특수성과 시대적 상황에 따라 성차적 관계가 달라질 수 있다는 사실을 이론적으로 고려할 수 없는 초월적

문화정치와 감성이론

인 방법론이라는 점에서 문제가 있다. 〈해피엔드〉에서 제시된 가해자/남성성, 희생자/여성성이라는 이분법적 구조를 영원히 탈출할 수 없는 함정에 빠지게 되는 것이다.

또 다른 문제를 제기해보면, 가부장제도라는 개념은 각기 다른 남성성 사이의 권력관계를 설명하기에도 역부족이다. 성차적 관계를 제대로 이해하기 위해서는 남성성과 여성성의 관계를 분석함과 동시에 각기 다른 남성성의 구성체들 사이에 작동하고 있는 지배와 종속적 관계 또한 살펴보아야 한다. 따라서 가부장제도라는 개념을 모든 경우에 동일하게 사용하는 것은 부적절하다고 볼 수 있다. 남성성의 지배 그리고 여성성의 복종이라는 공식이 모든 경우에 해당되지는 않기 때문이다.

그렇다면 가부장제도라는 개념 대신에 권력관계의 다원적 모델이 필요하다는 주장이 성립될 수 있을 것이다. 즉 각기 다른 시점에서 서로 다른 남성성과 여성성을 구성하는 다양한 권력 관계를 밝혀주는 그런 이론이 필요하다. 이 방법이 보편적 개념의 가부장제도에 비해 훨씬 유용한 이유는 이제 비로소 지배적, 종속적 그리고 저항적 형태의 남성성을 논할 수 있는 개념이 되기 때문이다. 그로써 남성이 여성을 위한 성 정치에 참여하거나 지배적 남성성에 저항하는 행위를 아무런 이론적 갈등이나 모순 없이 설명할 수 있기 때문이다.

이렇게 남성성을 재정의하는 것은 물론 남성성이 고정된 개념이나 단선적 범주가 아니라는 것을 전제로 한 결과다. 한마디로 남성성이 태어날 때부터 자연적으로 결정된다는 신화에 쐐기를 박는 접근방법이다. 남성성은 모든 문화적 정체성과 마찬가지로 '창조된 범주'에 불과하다는 말이다. 남성성은 어느 특정한 시점에 특정한 속성과 자격 그리고 기질과 행동양식이 드러나는 문화적 의미의 산물이라 할 수 있다.

물론, 남성성이 사회적으로 창조된 개념으로 정의됐다고 해서 그 창조적 지위가 힘을 발휘하지 못하는 것은 아니다. 현실은 오히려 그 반대다. 남성성을 생물학적 근거에 입각한 자연적인 속성이라고 주장하지만, 그것이 기실 인위적 산물에 불과한 것이라는 이야기가 결코 그 위력을 약화시키는 건 아니다. 남성성, 혹은 더 넓은 의미의 정체성은 필요한 구성물이요 필요한 허구라는 말이다. 정체성은 우리를 다른 사람과 관계할 수 있도록 연결시켜주고 우리 자신이 누군지에 관한 의식을 형성해주는 역할을 하기 때문이다. 그럼에도 불구하고 남성 정체성이 구성의 산물이라고 굳이 강조하는 것은 정체성 자체가 가공의 과정에서 비롯된다는 사실에 주목하기 위해서다.

이렇게 해서 얻는 이점은 작지 않다. 이제 이런 인위적 과정에 관여된 모든 문화적 혹은 상징적 작업을 추적할 수 있게 된다. 역사적으로 남성성과 관련된 의미가 생산되는 상징적 작업의 대부분은 어느 특정한 문화적 언어 내에서 이뤄졌다고 볼 수 있다. 즉, 남성성을 형성하는 데 재현의 역할이 크다는 말이다. 이런 재현과정을 통해 남자들이 실제로 그들의 정체성을 성차적인 것으로 경험하게 되기가 쉽다.

문화적 언어 또는 재현 체계는, 그렇다면 재현의 세계와는 동떨어진 공간에서 고정된 의미로 주어진 남성성을 단순히 반영하는 것이 아니다. 오히려 재현 과정을 통해 남성성에 관한 문화적 의미를 적극적으로 만들어내고 있다고 해야 더 맞을 것이다. 영화 속에서 남성성이 어떻게 예전과 다르게 재현되고 있는지는, 따라서 새로운 남성성의 등장과 밀접한 관계가 있다고 보아야 한다. 영화가 단순히 변화하고 있는 남성성을 있는 그대로 반영하기보다는 보다 적극적으로 새로운 남성성을 창조하는 데 직접적인 역할을 하고 있기 때문이다.

중성적 이미지의 등장과 동일시

〈해피엔드〉가 전통적인 남성성적 의미를 지극히 가부장적인 방법으로 재현하고 있지만, 이는 여성 관객들로부터 별로 호응을 받지 못하고 있다. 특히 남편이 아내를 잔인하게 살해하는 장면에 대해서는 부정적인 반응이 지배적이다. 그들은 "꼭 저런 결말로 끝나야 할까?" 내지는 "둘이 싸우다가 이혼을 할 것이지 아내를 죽일 것까지 없잖아" 식의 감상문을 인터넷에 올려놓고 있다.* 한 가지 흥미로운 사실은 영화가 제시하는 가부장적 지배 이데올로기를 일부 수용하는 입장에서 남편을 동정하는 여성 관객들도 많지만, 그렇다고 그들이 전통적인 남성성을 완전히 포용하는 것이 아니라는 점이다.

* 물론 예외가 있기는 하지만, 대부분의 남성 관객들이 남편의 살인행위에 대해 동정적인 반면, 여성들은 남편의 입장을 이해는 하지만 아내를 죽일 필요까지는 없었다는 반응을 나타내고 있다.

이렇게 대부분의 여성 관객들은 남성들과 다른 방법으로 남성성을 바라보고 있다. 그들의 판단으로는, 멜로 영화 속에 등장하는 '좋은' 남성 캐릭터는 여자를 진정으로 아껴주고, 보살펴주며, 계속해서 달콤한 말로 속삭여주는 그런 주인공이다. 그 주인공은, 다시 말해 남편과 다른 모습의 남성을 의미한다. 〈해피엔드〉에서 전도연의 애인 역을 맡았던 주진모와 같은 남성인 것이다. 실제로 한 여성 관객은 최민식을 '성격파'로 정의함으로써 가부장적 남성성을 제대로 드러낸 배우로 칭찬하는 데 그치지만, 주진모는 동경의 대상이 되고 있음을 고백하고 있다.

전도연의 애인으로 나오는 주진모의 몸매가 잘 빠졌더군요. 히~~ 쫌만 더 다듬으면 누드 모델해도 손색이 없을 것 같았음…(요것만 유심히 본 것은 아님—호호) 전도연 남편으로 나오는 최민식은 이젠 성격파로 변신하더군요. 개인적으로 쉬리에서는 별로 큰 감동을 받지 못했는데 이 영화에서는 호소력이 더 진해진 것 같습니다.'

물론 영화 속에 등장하는 주진모 또한 최민식 못지않게 남성성적 힘을 과시하고 있다. 그러나 그 힘은 남편과는 다른, 여성성적 변화를 가미한 것이라고 할 수 있다. 여기서 아내와 애인과의 관계는 남편과의 관계와 비교해서 전혀 다른 성차적 역할과 관계를 재현한다는 걸 알 수 있다. 이는 또 멜로 영화의 장르적 법칙이기도 하다. 멜로 영화에서 여자와 남자의 관계는 현실세계보다 훨씬 더 평등한 것으로 묘사된다. 남성이 여성을 지배하는 모습을 약화시켜 제시함

문화정치와 감성이론

으로서 성차적 관계에서 상호 만족을 기대할 수 있게 만든다는 말이다.[8]

따라서 영화 속에서 보여주는 전도연과 주진모의 관계는 그녀와 최민식의 관계와 달리 수직적 남녀관계가 아니라, 사랑을 주고받는 친밀한 수평적 관계를 형성하고 있다. 이와는 반대로 목표 지향적이고, 단정적이며 도덕적 가치까지도 체화시킨 마초적 특성을 제대로 연기한 최민식이 이 영화에서 범죄자로 등장하는 것은 당연한 일이다. 적어도 멜로 영화에서는 과도한 남성성이 부정적인 것으로 받아들여지고 있기 때문이다. 그가 제시하는 남성성은 일부 여성 관객들에게 동정의 대상이 될지언정 진정한 사랑을 나눌 상대로는 부족함이 많은 것이다.

만약 〈해피엔드〉가 가부장적 남성성의 위기 상황을 묘사한 것이라면, 최근 한국영화에 등장하는 일련의 남성 캐릭터들은 바로 이런 가부장적 남성성의 헤게모니에 위기가 도래했음을 확인시켜주고 있는 셈이다. 그 캐릭터들이 전통적인 남성상과는 다른 모습의 남성성을 분명하게 보여주고 있기 때문이다. 예를 들어, 영화 〈봄날은 간다〉에서 남자 주인공 상우는 이제까지와는 다른 방식의 사랑을 보여주고 있다. 그 다름이 남성성과 깊이 관련된 문제임을 관객들은 쉽게 파악할 수 있다.

우선 이야기의 전개 자체가 기존의 멜로 영화를 뒤집어놓은 것이라고 말할 수 있을 정도로 남성 캐릭터의 성격은 수동적이다. 그가 좋아하는 여자 은수는 사랑에 대한 환상에 빠져들지 않는, 지극히 현실적인 감각을 지닌 인물로 묘사된다. 따라서 사랑을 리드하는 것도 여성 캐릭터고, 동시에 사랑을 정리하는 것도 그녀다. 여기서 남자 주인공 상우는 〈해피엔드〉의 남편처럼 자신이 사랑하는 여자를 압도하거나 억압할 수 있는 존재가 아니다. 오히려 예전에는 여자 주인공이 맡았을 법한 그런 역할을 하고 있다.

그러나 이 영화가 기존의 남성성을 재현한 것과 다른 이유가 단순히 이 텍스트의 내용에서 비롯된 것만은 아니다. 남자 주인공으로 분한 유지태라는 인물 그 자체가 전혀 새로운 남성적 이미지를 제시하고 있다는 사실 또한 중요하다. 이 영화는 남자 주인공의 몸을 전혀 새롭게 구성하고 있다. 근육질의 남성성을 강조한 강단 있는 인물상 대신 다분히 나약하고 수동적인 성적 특성을 지닌 새로운 남성성으로 관객들에게 제시되고 있다.

유지태는 소년처럼 부드럽고 달콤한 모습으로 나오지만, 그러나 그는 강성 이미지도 동시에 지니고 있다. 그가 〈주유소 습격사건〉에서 보여준 건달의 모습은 한석규나 박신양과 마찬가지로 부드러움과 강인한 남성성을 동시에 제시할 수 있음을 보여준다. 부드러운 섹슈얼리티와 강성 이미지가 담겨 있는 두 가지 남성성 모두를 재현하고 있는 셈이다. 이 세 남성 배우는 예외 없이 멜로와 액션 영화에 출연한 경험이 있지만, 어떤 모순이나 거부감을 찾아볼 수 없을 정도로 두 장르에 잘 어울린다.

한 가지 흥미로운 사실은 이들의 공통점이 단순히 로맨틱한 섹슈얼리티와 강한 몸을 지닌 데서 끝나지 않는다는 점이다. 한석규, 박신양, 유지태 세 배우는 말할 것도 없고 정우성과 이정재, 이병헌까지 포함해서 공통적으로 찾아볼 수 있는 또 다른 특징 중 하나는 이들의 모습에서 자기 자신에 도취되어 있는, 일종의 나르시시즘에 빠져 있는 이미지를 쉽게 발견할 수 있다는 점이다. 이들은 특히 텔레비전 광고에서 포즈를 취하면서, 대부분 무엇인가 골똘히 생각하는 듯한 지극히 우수적인 분위기를 자주 재현하고 있다.

물론 이정재의 〈시월애〉, 정우성의 〈비트〉, 유지태의 〈봄날은 간다〉, 박신양의 〈편지〉, 한석규의 〈8월의 크리스마스〉, 이병헌의 〈번지 점프를 하다〉와 같은 영화에서도 남자 주인공들이 제시하는 일차적인 이미지는 바로 그런 멜랑꼴리한 분위기다. 이런 우울한 모습을 담고 있는 남자 주인공들의 시선은 〈해피엔드〉에서 최민식이 아내를 감시하는 시선과는 질적으로 다르다. 예를 들어, 이병헌이 〈번지 점프를 하다〉에서 제시하는 시선은 단순히 여성을 향해 설정되어 있지 않고, 그에게 타인이라고 할 수 있는 또 다른 남성을 초대하고 있다. 그가 교실 창밖을 내다볼 때도 시선은 외부의 대상에 고정되어 있는데, 그 대상은 여성이 아니라 제3의 인물, 즉 변방의 인물이다.

이병헌뿐만 아니라 다른 남자 주연배우들도 마찬가지인데, 그들이 전통적인 마초상의 인물과 다른 점은 단순히 근육질의 몸매를 가지고 있다는 것이 아니라, 그 몸을 통해 공개적으로 자신의 관능성을 과시한다는 것이다. 따라서 그들이 가지고 있는 자기애적 이미지의 토대가 되는 것, 또 관객들이 그들에게 관심을 표명하는 것은 모두 그들의 강하고 육감적인 몸에 집중되어 있다고 볼 수 있다. 영화 속에서 재현되는 그들의 몸짓, 즉 행동이나 표현 또는 모습은 이를 목격하는 관객들로 하여금 동일시를 부추기고 있다는 말이다.

이 과정에서 한 가지 중요한 사실은, 이미 언급한 대로, 남자 주인공들이 주는 시각적 쾌락의 대상이 반드시 여성 관객만을 고려한 것이 아니라는 점이다. 다시 말해, 근육질과 관능적인 몸이 제시하는 그들의 이미지는 여성을 대상으로 설정한 것일 수 있지만, 남성의 동일시 또한 동시에 겨냥한다고 볼 수 있다는 말이다. 이는 남성과 남성 간의 노골적인 게이 코드를 의미하지 않는다. 단지 그들이 제시하는 이미지가 동성애자적 악센트를 띠고 있다는 말이다. 동성애자를 흑백논리로 판단하기보다 그들의 문화적 특징을 부분적으로 차용한 산업적 이미지 전략의 산물이라고 말할 수 있을 것이다.

여기서 굳이 시선의 성차적 차이에 주목하는 이유는 영화의 재현 과정에서 나타나는 시각적 쾌락이 보다 광범위한 성차적 정체성과 관련이 있기 때문이다. 따라서 누가 누구를 바라보며 또 어떤 방법으로 시선이 설정되어 있느냐는 아주 중요한 문제다. 영화가 남성 관객들로 하여금 남성 주인공과 동일시하도록 초대하는 것이 틀림없다면, 남성과 남성의 관계를 담고 있는 이미지에 나타난 시선법칙이 그 이미지의 시각적 쾌락을 구성한다고 볼 수도 있을 것이다. 이 시선을 통해 어떤 일체화 과정이 나타나느냐의 문제는 이론적으로 중요한 논쟁거리다. 그 과정을 설명하는 이론은 크게 두 가지로 나눠볼 수 있는데, 각각의 입장을 우선 살펴보도록 한다.

시각적 쾌락과 정체성

이제는 고전이 되어버린 「시각적 쾌락과 서사적 시네마」라는 논문에서 멀비Laura Mulvey는 정신분석학에 근거한 영화이론이 얼마나 재현의 권력관계를 잘 설명해줄 수 있는지 보여주고 있다.' 프로이트의 관음증 이론에서 따온 그녀의 주장은 시각적 쾌락과 시선의 힘에 초점을 맞춘 이론이라고 할 수 있다. 멀비가 주장하는 핵심은 할리우드영화를 관람하다보면 관객들이 프로이트의 관음증 환자와 동일한 위치로 자리매김된다는 것이다. 다시 말해, 영화가 상영되는 스크린은 불 켜진 방의 창문과 같고, 관객이 영화를 보는 건 그 창문을 통해 남의 눈에 띄지 않는 엿보기 환자가 바라보는 것과 다를 바가 없다는 말이다.

타인의 사생활을 몰래 엿볼 수 있는 능력을 가진 자는 자연히 그들을 압도할 수 있는 힘을 가진다. 보는 자와 보여지는 자 사이의 권력관계가 성립될 수 있다는 말이다. 문제는 이 권력관계가 남성과 여성 사이에서 일방적이라는 점이다. 엿보기를 통해 쾌락을 느낄 수 있는 주체는 남성이고 그 엿보기의 대상이 되는 것이 여성이라는 데 문제가 있는 것이다. 이런 공식에 입각해서 할리우드영화의 서사는 남자 주인공이 액션을 취하면서 플롯을 진행시키는 도중에 그가 적절한 시점에 여자 주인공의 몸을 소유하거나 바라보는 형태로 구성돼 있다.

따라서 남자 주인공은 남성성을 지닌 관객을 체화한 셈이고 남성성의 시선을 가진 카메라는 영화적 사건을 남성의 관점으로 몰고 갈 수밖에 없다. 여자 주인공을 바라보는 시각적 쾌락과 그녀를 소유하는 기쁨은 그 바로 직전까지 전개된 이야기에서 남자 주인공이 성공적인 액션을 감행한 것에 대한 일종의 보상으로 주어지는 셈이다. 이런 과정이 인물을 남성성적으로 읽어내게 만들고 있다고 멀비는 주장한다. 영화 관객은 남성과 여성 모두로 이뤄져 있음에도 불구하고 말이다.

멀비가 프로이트의 정신분석학적 개념을 발전시킨 이 이론은 개인과 재현의 형태 사이에서 나타나는 접합 순간을 개념화하는 한 방법을 제시했다고 볼 수 있다. 어느 특정한 재현에 의해 정립된 주체위치 속에서 개인을 위치시키는 일은 당시증적 충동과 무의식적 동일시를 통해 완성될 수 있다는 것이다.* 이는 또한 성적 차이 또는 성차적 위치를 재생산할 수 있는 과정이 되기도 한다는 걸 의미하기도 한다. 이런 멀비의 이론은 스티브 닐의 「스펙터클로서의 남성성」이라는 글에 지대한 영향을 미친다.[10] 닐의 주장은 이 글의 주제인 '새로운 남성성'을 논하는 데 직접적으로 관계가 있다. 그가 멀비의 주장을 발전시켜 영화에서 남성성을 재현하는 관습과 이에 따른 남성 관객의 위치를 동시에 제시하고 있기 때문이다.

스티브 닐은 서부영화 같은 남성적 장르에 초점을 맞추고 있다.

---

* 프로이트는 『성욕에 관한 세 편의 에세이』(박영사, 1996)에서 인간 섹슈얼리티의 한 구성요소로 시각적 쾌락을 제시하고 있다. 그가 주목하는 것은 시선에 담겨 있는 성적 요소다. 바라보는 행위는 간혹 이룰 수 없는 욕망과 금지된 쾌락을 무의식적으로 추구하는 과정에서 발생된다는 것이다. 시각적 자극이 성적 충동을 부추기는 가장 흔한 방법인 것을 보더라도, 시선과 쾌락은 분명 관계가 있음을 알 수 있다. 이렇게 프로이트는 바라보는 시선을 통해 나타나는 쾌락을 당시증 scopophilia 이라고 정의한다. 당시증은, 그러나 시선을 어디로 돌리느냐에 따라 엿보기 voyeurism 처럼 강박적이고 도착적인 힘으로 나타날 수도 있고, 자기도취증처럼 인간 행태에 관한 매혹의 형태로 발전되기도 한다. 여기서 한 가지 중요한 사실은 나르시시즘이 일체화 또는 동일시의 중요한 심리과정이라는 점이다. 그 자기 도취에서 비롯된 동일시는, 그러나 개인의 의식 밖에서 일어나는 무의식적 과정이라는 것이다.

여기서 그는 남성성이 어떻게 시각적 주목을 받고, 또 어떻게 스펙터클의 대상으로 취급되는지 살펴보고 있다. 그런데 닐은 남성적 장르에서는 서사구조나 쇼트 구성이 남성 주인공들은 성적 시선의 대상이 되지 않게끔 이뤄지고 있다고 주장한다. 그렇게 해서 극장에서 감상하는 관객들이 영화 속의 등장인물을 그런 성적 시선의 대상으로 바라볼 수 없게끔 유도하고 있다는 것이다. 이는 남자 주인공의 몸에 사디즘적 공격을 가하지 않는다는, 즉 그의 몸에 상처를 내거나 부상을 입힘으로써 성적으로 자극하지 않는다는 의미다.

뿐만 아니라, 서부영화에서 남성성의 코드를 살펴보면 남성을 불굴의 투지를 지닌 투사로, 또 매사를 완전히 통제하고 있는 전능한 인물로 묘사하고 있다는 것이다. 이런 코드는 그에게서 어떤 모호함이나 불확실성 그리고 약점을 허용치 않으며, 따라서 남성 관중들은 영화 속 주인공이 가진 통제력과 권력에 대한 환상을 갖게 된다. 다시 말해, 남자 주인공에 대한 자기도취적인 동일시의 가능성을 제시한다는 것이다.

물론, 남자 주인공이 성적 대상으로 제시되는 경우가 전혀 없는 것은 아니다. 닐은 록 허드슨을 예로 들면서 그가 성적 시선을 소유한 대상으로 관중들에게 제시되기도 하지만, 그때 허드슨의 시선은 여성적인 것이고 또 그의 몸은 여성화된 것이라고 주장한다. 이는 재현 법칙에 따른 결과로서 여자만이 노골적인 성적 응시의 대상이 된다는 의미를 함축하고 있다. 따라서 여성성은 여성에게만 존재한다는 논리적 모순을 범하고 있는 셈이다." 이 주장이 성립하기 위해서는 영원히 변할 수 없는 성차적 정체성을 전제해야 할 것이다.

스티브 닐의 주장은 영화의 재현 법칙과 이에 따른 관중들의 시선이 성차적 차이나 남녀 간의 힘의 관계를 재생산한다는 멀비의 이론을 지지하고 있다. 그러나 남성의 권력과 여성의 무력함이라는 이런 이분법적 구분은 오늘날 남성성이 다양하게 경험되고 있는 현실에서 더 이상 설득력이 부족하다. 둘은 특별히 남성성과 여성성의 차이에 초점을 맞추고 있기 때문에 남성성이나 여성성 각각의 범주에서 나타날 수 있는 차이를 소홀히 한다는 비판을 받기도 한다. 따라서 멀비와 닐의 이론으로 '새로운 남성성'의 등장을 분석하는 것은 별로 도움이 되지 않는다.

두 사람의 이론에서는 할리우드 시네마라고 하는 사회역사적 현상을 심리적 구조와 접합시키는 과정에서, 성차적 정체성을 제공하는 근본적인 변수로 심리적 차원이 더욱 중요하게 강조되고 있다. 결과적으로 시선을 분석하는 데 있어서 항상 영상 텍스트가 제시하는 시선의 위치를 성차적 관점에서만 바라보면서 능동적/수동적, 남성성/여성성, 엄마/아들, 아버지/딸이라는 대립구도에만 관심을 두고 있을 뿐이다. 이 과정에서 성차적 정체성을 결정하는 역사적 사회적 요소가 결국 심리적 성적 구조로 환원될 뿐이다. 모든 것이 성차적인 것으로 축소되는 오류를 범하게 된다는 말이다.

좀 더 넓은 의미에서 봤을 때, 정신분석학은 개인과 재현의 과정을 연결시켜 설명할 수 있고, 또 무의식과 욕망 그리고 시선에 관한 중요한 문제를 제기할 수 있지만, 결국 정체성에 관한 일차적인 과정에만 집중하고 있다는 점이 문제다. 다시 말해 문화 속에서 인간을 형성하는 과정에 몰두해 있는 것이다. 정신분석학에서는 이런 과정이 모두 보편적인 현상으로 여겨진다. 만인에게 해당되며, 역사를 초월하는 만고불변의 진리로 말이다. 성장과정에서 모두에게 나타나는, 그러나 그들도 알지 못하는 사이 예정된 오이디푸스적 질서에 의해 고정되어버린 인간의 본질인 셈이다.

물론 주체성을 개념화하는 하나의 방법으로 멀비와 닐이 주목한 시선의 구성은 중요한 심리 과정이다. 정체성, 시각적 쾌락 그리고 나르시시즘의 개념을 통해 이미지 소비자들에게 시각적 재현이 어떻게 영향을 미치는지 살펴볼 수 있다. 또한 시선의 법칙에 따라 결정된 이미지에 대한 관객의 위치를 파악하는 데도 중요한 개념들이다. 그러나 그 시선이 정신분석학적 관점에서 이해한 시선은 분명 아니다. 시선에 관한 이론을 수정하고 주체성의 문제를 재정립해야 할 필요가 있다. 그런 가능성을 푸코의 이론이 제기하고 있다.

사회적 행위자로서의 이미지 소비자

푸코는 그가 말기에 쓴 논문에서 자신이 오랫동안 주장했던 담론에 관한 이론을 수정하고 있다. 즉 역사적 정체성은 담론의 한계 내에서만 결정된다는 자신의 이론을 다시 쓰고 있다. 이 새로운 주장은 근대 사회에서 개인을 어떻게 통제하고 훈육하는지의 문제틀에서 벗어나 어느 정도 능동적 주체의 입장을 제시했다고 볼 수 있다. 이것은 주체가 상징적 체계에서 결정된다는 그의 초기 주장에서 사라졌던 주체의 행위를 보완한 이론적 입장이다. 푸코는 이를 '자아의 기술'이라고 불렀다. 다시 말해, 주체는 상징의 놀이에 의해서만

이 아니라, 실제 행위를 통해서 형성된다는 말이다.[12]

여기서 푸코는 생산·기호체제·권력 그리고 자기 자신에 관한 기술에 대해 서술하고 있는데, 그중에서 그가 특히 주목한 대목이 바로 자아의 기술, 즉 행위이다. 그에 의하면, 이 기술이 개인으로 하여금 행복을 추구할 수 있게끔 자신의 몸과 마음을 개조시키도록 만든다는 것이다. 기술은, 다시 말해 특정한 테크닉이나 행위를 일컫는 것으로, 이를 통해 개인이 주체 위치를 차지할 수 있다. 이에 관한 좋은 예는 자신에 관해 서술해놓은 일기라고 할 수 있다. 그 이유는 일기 쓰기가 자기 자신의 사고나 행동을 회고하는 과정에서 보다 나은 내일을 약속하는 지혜를 얻을 수 있는 일종의 '기술'이기 때문이다.

이는 분명 이제까지의 담론 이론과는 다른 주장이다. 전적으로 역사적 정체성이 담론의 효과로 형성된다는 푸코 초기의 이론적 입장과는 판이하다. 그러나 여기서 한 가지 중요한 사실은 이런 기술도 여전히 힘·지식의 복합체와 다양한 담론의 범위 안에서 행해지고 있다는 점이다. 그럼에도 불구하고 푸코는 담론적 주체 위치를 직접 실천하는 과정이 담론 이론보다 훨씬 역동적인 것으로 제시하고 있다. 더욱 중요한 것은 우리들의 신체적·정신적 역량은 행위의 결과이지, 의식적 또는 무의식적인 자기 재현의 형태로 나타나지 않는다는 것이다.

결과적으로 푸코가 새롭게 제안한 '자아의 실천'이라는 개념을 통해서, 이제 개인을 실천이 포함된 특정한 재현 현상과 접합할 수 있게 되었다. 다시 말해 행위 없는 개인을 생각해볼 수 없다는 이야기

문화정치와 감성이론

다. 그러나 이 실천은 여전히 담론의 영향에서 완전히 자유로울 수 없으며, 동시에 이 실행에서는 주체성의 형식적 위치가 특정한 행위나 기술을 통해 자리 잡고 있다는 사실이 중요하다. 주체성을 이렇게 설정해야만, 그것이 '역사적' 산물이라는 사실을 설명할 수 있고, 또 오로지 정신분석학적 차원에서 주체가 형성된다는 오류를 피할 수 있다.

그렇다면 이 글의 관심사였던 새로운 남성성의 등장과 그 이미지의 소비행위를 개념화하는 데도 이런 푸코의 이론을 응용할 수 있을 것이다. 우리가 관객이 새로운 남성성의 이미지를 소비하는 행위를 이해하기 위해서는 그들이 행하고 있는 특정한 행위, 즉 자아의 기술에 눈을 돌려야 할 것이다. 예들 들면 남자들만을 위한 미용 관리, 소비와 레저 테크닉과 같이 이미지 소비자로서의 관객이 일상적으로 행하는 구체적인 행위에 관심을 가져볼 필요가 있다. 남자들이 어떻게 몸을 꾸미고, 어떻게 옷을 입고, 또 어떻게 쇼핑을 하는지 살펴볼 필요가 있는 것이다. 그 행위들이 새로운 남성성적 이미지와 관련된 역사적 정체성을 재현하는 행동이라고 볼 수 있기 때문이다.

여기서 우리가 특별히 주목해야 할 사실은 이런 개인의 구체적인 행위들을 살펴보면, 그것이 항상 특정한 시선의 기술을 담고 있다는 점이다. 이미지 소비자들의 행위는 그들이 영화관에서 직접 만나는 배우들의 모습뿐만 아니라, 매일 접하는 광고에서 자신들이 좋아하는 배우가 선전하는 광고 이미지나, 백화점 남성복 판매장에 걸려 있는 새로운 남성성을 구현하는 패션, 그리고 신문과 잡지에서 만나는 새로운 형태의 남성 이미지들을 반복한 것이기 쉽다. 따라서 남자들이 가지고 있는 이미지 연출에 관한 기술은 타고난 것이 아니라, 이런 이미지들을 통해 후천적으로 습득한 시선 행위라고 말할 수 있다. 그렇다면 그 시선의 법칙과 기술이 무엇인지 구체적으로 규명되어야 할 것이다.

이제까지 논의를 정리해보면, 프로이트와 라캉의 동일시·당시증·자기 도취증과 같은 개념들을 바탕으로 멀비와 닐이 시선의 법칙을 제시하고 있지만, 이런 정신분석학적 접근방법에는 한계가 있다는 사실을 지적했다. 이에 대한 대안으로 푸코의 '자아의 기술'과 '역사적' 행위라는 개념으로 관객과 시각적 재현의 관계를 살펴봤다. 그러나 푸코의 이론이 유용하기는 하지만, 이미지 소비 행위를 제대로 이해하기 위해서는 여전히 '시선의 법칙'에 주목하지 않을 수 없다. 프로이트와 라캉 혹은 멀비와 닐은 적절치 못하고, 푸코의 이론으로는 충분하게 설명할 수 없다는 말이다.

따라서 시선에 관한 새로운 이론은 다양한 이미지에 노출되어 있는 관객들에게 적용될 시선의 법칙이 역사적으로 어떻게 형성되었는지에 관한 논의가 담겨 있어야 할 것이다. 다시 말해, 일상의 주변에서 접할 수 있는 극장·쇼핑몰·신문·잡지·텔레비전광고 등에서 나타난 새로운 남성적 이미지와 이것이 타깃으로 삼는 남성 이미지 소비자 사이에서 정립된 '시선의 형태'를 이해할 필요가 있는 것이다. 새로운 이미지들이 소비자들을 어떻게 '호명'하고 있는지, 또 소비자들은 어떤 '기술'로 그 이미지를 수용하는지, 즉 시선의 법칙이 어떻게 구성되었는지 간단히 종합해보기로 한다.

시선의 법칙

근대에 접어들면서 변화된 시선에 관한 논의 중에서 발터 벤야민의 '산책자flaneur' 이론을 빼놓을 수 없다.[13] 이는 예전과 다른 특별한 방법의 시선을 말하는 것으로, 런던이나 파리 등 대도시의 밀집된 상업지구나 유흥지역에서 보여준 소비자 상품의 전시 기술에 의해 형성된 것이라 할 수 있다. 새로운 시선은, 그러나 인쇄문화와도 밀접한 관계가 있음을 벤야민은 보여주고 있다. 다시 말해, 신문과 잡지와 같은 정기 간행물에서 도시와 소비 그 자체를 어떻게 시각적 관점에서 재현했는지가 새로운 시선을 탄생시키는 데 큰 역할을 했다는 것이다.

벤야민이 주장하는 핵심은 새로운 소비자가 바라보는 시선이다. 그는 산책자를 묘사하면서 이 구경꾼의 주체성을 우화적으로 묘사했다. 벤야민에 의하면 새로운 시선의 가장 큰 특징은 고정되어 응시하는 것이 아니라 끊임없이 방해받고 중단된다는 것이었다. 이런 새로운 시선 체계 내에서, 소비자들이 자신을 비춰보는 시각적 행위의 형태가 중요해졌다고 벤야민은 주장한다. 다시 말해, 보는 행위에 나르시시즘적 차원이 개입할 수 있는 가능성을 열어놓기 시작했다는 말이다.

같은 맥락에서 볼비Rachel Bowlby는 여성 소비자들의 시선을 사로잡기 위해서 19세기 백화점이 구체적으로 어떤 노력을 기울였는지 살펴보고 있다. 볼비가 분석한 19세기 말 당시의 소비문화에서, 우리는 크게 두 가지 변화를 감지할 수 있다. 첫째로 오늘날 우리가 알고 있는 판매 행위의 합리화와 체계적인 조직이 초기 백화점 경영에서 비롯된 것이고, 둘째로는 백화점이 등장한 이후, 판매 그 자체가 중요한 것이 아니라 쇼룸의 설치와 매장의 실내 내부를 어떻게 진열하고 정리할 것인지가 훨씬 중요한 문제로 대두되기 시작했다는 것이다.[14]

백화점은 전통적인 시장 상거래에서 찾아볼 수 없었던 과학적인 판매 방법을 도입한 대표적인 근대 경영의 사례라고 할 수 있다. 거대한 '판매 공장'을 방불케 하는 백화점의 체계적인 조직과 운영 방식은 새로운 판매 테크닉을 필요로 했고, 소비자들에게는 이런 변화가 지극히 합리적인 판매 방법으로 받아들여졌다. 이는 정찰제를 실행하는 것을 비롯해서 판매원의 조직에 이르기까지 전혀 새로운 테크닉이었다. 소비자를 '왕'으로 모시고 그들의 행복을 책임져주는 것이야말로 자본가의 이익을 보장하는 지름길이라는 새로운 경영과 자본의 논리가 도입된 것이다.

백화점은 동시에 문화와 환상, 오락의 장소로 등장해 고객들이 필요에 의해 방문하는 것이 아니라, 쾌락을 위해 방문하는 장소로 바뀌었다. 여기서 고객들의 쾌락을 위해 가장 중요하게 고려한 점은 그들이 편안하게 눈요기를 할 수 있도록 배려하는 일이었다. 백화점 점원이 '무엇을 도와 드릴까요' 하고 물었을 때, '그냥 구경왔어요'라는 대답이 고객들로부터 나올 수 있도록, 백화점은 시각적 쾌락을 극대화하기 위해 전력을 다했다. 다시 말해 진열된 상품을 통해 소비자들의 눈을 즐겁게 만들어줄 수 있도록 시각적 스펙터클을 연출하는 것이 중요한 판매 전략이었다는 이야기다.

새로운 시선을 소비자들에게 제공한 역사는, 그렇다면 19세기 백화점의 판매 전략으로까지 거슬러 올라갈 수 있을 것이다. 여기서 제공된 형태의 시선은 새로운 소비 주체들의 시선이었다. 이는 한 가지 상품을 뚫어지게 쳐다보는 '응시'가 아니라, 화려하게 전시된 상품에 매혹되어 이곳저곳을 배회하는 구경꾼의 시선이었다. 벤야민이 말하는 '산책자'의 시선인 것이다. 이 시선은 소비자들을 환상의 세계로 초대한다. 상점에 전시된 모든 것을 상상으로 소유할 수 있게 만드는 시선, 그래서 쾌락이 극대화되는 자기도취증의 시선인 것이다.

한 가지 흥미로운 사실은 오늘날 백화점이나 쇼핑센터에 대부분 극장이 자리 잡고 있다는 점이다. 그것보다 더욱 경이로운 일은 백화점을 배회하면서 경험하는 그 어떤 스펙터클도 영화 한 편을 감상하면서 느끼는 시각적 쾌락보다 강도가 훨씬 덜 하다는 사실이다. 백화점에서의 '윈도우 쇼핑'이 점차 영화감상의 경험으로 대체되기 시작한 것이다. 백화점에서 느꼈던 환상적인 경험은 이제 극장에서 그리고 안방에서 그대로 재현될 수 있게 됐다. 멀티플렉스 시네마, 비디오테이프, 그리고 케이블 텔레비전으로 인해 현대인들은 다시 한 번 산책자적 시선을 갖게 되었다.[15]

그렇다면 이런 논의가 새로운 남성성의 등장을 이해하는 데 어떤 관계가 있을까? 오늘날 극장에서 경험하는 시각적 쾌락은 백화점에서 경험한 것과 크게 다르지 않다. 새로운 남성적 이미지와 관련된 시선의 형태는 근대적 소비형태와 관련된 시선 방법을 재생산한 것이라고 볼 수 있다. 현대의 이미지 소비자들이 갖는 시선의 형태는 오랜 역사적 구성의 관점에서 이해되어야 할 것이다. 그렇다면 시선 체제는 단순히 영화를 관람하는 순간뿐만 아니라, 소비와 관계된 모든 문화적 형태, 즉 잡지·광고·팸플릿·포스터 등에 의해 구성된다고 볼 수 있다.

이렇게 논의를 진행시킬 수 있는 것은 전적으로 푸코의 '담론 체제'라는 개념에서 비롯된 것이다. 이는 특정한 사회 기구가 만들어낸 언어가 어떤 등급의 '진리'를 형성하는지, 또는 사회에서 무엇이 '현실'로 받아들여지는지를 나타내는 푸코의 핵심 이론 중 하나다.[16] 푸코에 따르면, 이 주어진 담론 체제가 어느 특정한 역사적 시점에서의 '에피스테메', 즉 인식 체계의 바탕이 된다. 마찬가지 논리로, 새로운 남성 이미지도 영화적 재현뿐만 아니라, 잡지·광고·카탈로그·포스터와 같은 다양한 형태로 생산된 이미지 재현 체제의 결과라고 할 수 있을 것이다. 이것이 바로 시선 체계인 것이다.

지금까지의 논의를 정리해보면, 새로운 남성적 이미지가 유행하는 것은 이렇게 시선 체계의 형식적 법칙과 연관된 다각적인 시선의 테크닉과 밀접한 관계가 있다고 할 수 있다. 그것은 이성애자와 동성애자의 구분이 모호한 새로운 남성성적 이미지가 시선의 법칙을 통해 전통적인 가부장적 남성성을 재정립하고 있음을 의미한다. 따라서 이제까지의 '능동적-남성성' / '수동적-여성성' 또는 '강인함-남성성' / '연약함-여성성'이라는 이분법적 구분이 무의미해지고, 대신 다양한 남성성이 유행하는 것이다. 이런 과정에서 영화로 재현되는 남성 이미지는 다른 담론체제와 함께 단순히 현실을 투명하게 반영한다기보다 오히려 새로운 남성성을 정립하는 데 적극적인 역할을 한다고 할 수 있다.

그러나 이 지점에서 한 가지 상기해야 할 사실은, 관객 또는 이미지 소비자들이 이런 시선의 테크닉에 완전히 함몰되어 수동적으로만 반응하지는 않는다는 것이다. 그들은 일상적인 소비행위에서 '자아의 기술'을 동원해 능동적 행위자로 행동한다는 점을 기억할 필요가 있다. 물론 소비자의 행동이 재현과정이라는 담론 체계의 범위 내에서 이루어진다는 한계를 안고 있지만, 그런 제한된 상황에서도 이미지의 소비가 자신에게 이익이 될 수 있도록 노력을 게을리하지 않는다는 말이다. 바로 그런 이유에서 남성 정체성은 하나의 고정된 의미가 아니라, 언제라도 변할 수 있는 다양한 가변적인 개념으로 남아 있는 것이다.

1960년대 대중문화의 형성과 시민사회로서의 영화

대중문화와 구성주의적 접근방법

한국이 불과 수십 년 만에 압축 성장을 성공적으로 수행할 수 있었던 중요한 요건 중 하나는 조직화 대신 원자화된 노동조건이라는 것이 일반적인 견해다. 실제로 구해근은 그의 저서 『한국 노동계급의 형성』에서 한국이 세계에서 가장 빠른 "프로레타리아트화"를 경험하게 된 이유로 양질의 풍부한 노동력 공급과 조직노동의 취약함을 들고 있다. 그는 해방 후 노동운동이 활발하게 일어났으나 공산주의운동과 밀접한 관계를 맺으면서 미군정에 의해 불법화되었고, 이 과정에서 노조운동의 첫 시도는 실패로 돌아갔다고 주장한다. 이후 장면정권 하에서 노동쟁의와 운동이 부활하지만 이런 시도 또한 1961년 5월 군사정부의 등장으로 말미암아 좌절된 것으로 기술하고 있다.[1]

따라서 한국이 수출지향적 산업화를 본격적으로 시도한 1960년대는 한국경제의 태동기였으며, 노동운동 또한 새롭게 등장한 강력한 국가와 경제적 조건에서 처음부터 다시 시작해야만 했다. 구해근은 그 조건의 변화를 대규모의 이농과 이에 따른 농업의 희생과 특정한 도시와 도시지역으로의 인구집중 가속화, 결과적으로 산업노동력의 동질성 확보로 요약하고 있다.[2] 이는 급속한 경제발전을 가능케 한 조건임과 동시에 노동자들 사이에 집단적 정체성과 '계급의식'을 잉태시킨 중요한 구조적 기반이 되기도 했다는 것이다. 그러나 그는 계급적 정체성이 구조적 산물이긴 하지만, 그렇다고 구조적 조건에 의해 자동적으로 보장되고 완성된 상태를 의미하는 것은 아니라고 주장한다.

구해근은 계급형성을 "사회구조 내에서 자신의 위치를 스스로 의식하고, 사회적 영향력을 행사하기 위한 의지와 능력을 갖고 있는, 비교적 응집력 있는 노동계급의 등장"[3]으로 이해하는 것이 마땅하며, 이런 관점에서 봤을 때 지속적인 '과정'이라는 것이다. 다시 말해, 형성과 소멸의 과정을 포함한 개념인 것이다. 같은 맥락에서 E. P. 톰슨은 환원적 계급결정론을 부정하면서 대신 역사주의적이며 구성주의적 관점의 계급형성을 제시하고 있다. 그는 계급이 역사적 현상으로 파악되어야 하며 구조나 범주로 접근하는 것에 반대한다. 톰슨은 계급을 사회적 관계로 이해하고 있으며, 따라서 계급이 수동적 산물이기보다 인간 행위자의 역할이 더 중요하다고 보고 있다. 즉 "계급이란 사람들이 자신의 역사를 살아가는 과정에서 사람들에 의해 규정되"며 "결국은 이것이 그 유일한 규정인 것이다."[4]

1960년대가 한국에서 계급 정체성을 새롭게 형성하는 출발점이었다고 한다면 한국 대중문화형성 또한 이런 역사적 변화와 불가분의 관계에 있다는 것은 분명한 사실이다. 대중문화의 주된 소비자가 임금노동자들이었다는 사실에 비추어 보면 대중문화의 등장과 계급형성의 문제가 별개의 현상이 아님을 알 수 있다. 따라서 대중문화에 접근하는 방법도 계급을 다루는 문제와 마찬가지로 구조적이며 환원주의적인 결정론적 관점에서 그 해법을 찾는 것이 아니라, 역사적 과정으로서의 형성과정과 이 과정에 참여한 행위자들의 생생한 경험을 우선해야 할 것이다. 물론 대중문화를 경험하는 일 자체가 체제의 산물이라는 점에서 사회제도가 문화소비자들에게 끼치는 영향력이 지배적이지만, 그렇다고 둘 사이를 일방적인 관계로 몰아가는 것은 문화현상의 일부만을 강조하는 결과를 초래하기 쉽다.

문제를 이렇게 설정하는 것은 한국영화사를 비롯한 대중문화사 연구에서 어느 특정한 시기의 역사적 해석을 하나의 모범답안으로 해결하려는 경향이 우세하기 때문이다. 예컨대 1980년대 대중문화사를 논의할 때 군사정부의 '3S정책'과 문화통제는 거의 모든 연구에서 등장하는 핵심적인 해석의 프레임이라고 할 수 있다. 1960~1970년대 역사를 이해하는 방식도 이와 크게 다르지 않은 것이 사실이다. 여기서 이론적 쟁점은 톰슨이 지적한 대로 계급 혹은 같은 논리의 맥락에서 대중문화의 개념을 단순히 구조적 위치에서 결정되는 것으로 볼 수 있느냐의 문제다. 이에 대한 이 글의 해답은 단연코 '아니다'이며 그 대안적 방법으로 역사적이고 구성주의적인 방법을 제안하고 있다.

대중문화를 역사적이고 구성주의적으로 접근하는 방식은 군사정부의 막강한 구조적 힘에도 불구하고 그 체제의 한계 내에서 행위자들이 어떻게 자신들의 물질적 조건을 인식하고 해석했는지 그리고 그들이 이런 억압적인 조건에 어떻게 대처했는지를 체제의 영향력과 동일한 비중으로 접근하는 방식이라고 할 수 있다. 이 과정에서 영화 혹은 대중문화는 군사정부에 의해 사회통제의 수단으로 동원되지만, 동시에 이제 막 형성되기 시작한 노동계급을 포함한 다양한 사회그룹에 의해 자신들의 정체성을 인지하게끔 하는 문화적 자원으로 이용되기도 한다. 이런 관점에서 보면 대중문화는 이데올로기적임과 동시에 해방을 지향하는 '유토피아'를 꿈꾸는 지극히 모순적인 현상이라고 할 수 있을 것이다.

이는 대중문화가 사회통제의 수단인 것만은 아니며, 오로지 계급적 표현으로 접근하기도 어려운 '갈등의 장'임을 의미한다. 이 글은 대중문화형성 과정을 연구할 때 바로 이런 접근논리의 변화가 필요함을 강조하면서, 동시에 패러다임의 변화가 초래하는 함의가 무엇인지를 살펴보고 있다. 이를 위해 먼저 프레드릭 제임슨과 스튜어트 홀의 대중문화에 대한 초창기 논의를 살펴보고, 이들이 문화연구라는 학문을 정립하는 과정에서 고민했던 바가 한국의 대중문화 재편과 부흥의 시발점으로 삼는 1960년대의 문화를 분석하는 데 구체적으로 어떤 교훈을 줄 수 있는지 성찰적 평가의 계기로 삼고자 한다. 이 글은 1960년대의 대중문화 형성과정을 구조적 조건의 한계 내에서 작동된 대중의 실천적 관점에서 접근하고 있으며, 이 과정에서 나타난 문화현상을 문화정치의 범주에서 조망하고 있다.

이데올로기, 유토피아 그리고 대중문화

대중문화가 정치적임은 모든 문화연구가들이 기본전제로 삼고 있을 만큼 이제 거의 보편화된 개념이라고 할 수 있다. 그러나 문화연구가 막 자리를 잡아가던 태동기에는 문화와 정치의 상관관계를 정립하는 것이 매우 중요한 이론적 과제였다. 예를 들어, 초기 프레드릭 제임슨과 스튜어트 홀은 이 문제를 문화 텍스트 해석의 관점과 문화변동의 주기적periodizing 시각에서 각각 풀어내고 있다.[5] 이들이 이 논의에서 공통적으로 도달한 결론은 무엇보다 문화의 정치적 측면이라고 할 수 있을 것이다. 즉 현대사회에서 문화가 어떻게 복잡하게 정치와 결합되어 있는지를 정리한 이론인 것이다.

두 이론가의 핵심적인 관점은 현대사회에서 문화를 오락과 레저 그리고 현실도피의 개념으로 이해하는 것은 전혀 현실적이지 못하다는 것이었다. 제임슨은 문화를 현대사회의 통제와 조작의 기제로 여기는 것은 오늘날 문화가 모든 영역에 매개되어 있다는 사실을 간과한 입장이라고 봤다. 스튜어트 홀 또한 대중문화를 단순히 사람들이 하는 '것'이 아니라, 강자의 문화에 대항하는 '갈등의 장 site of struggle'으로 규정하고 있다. 홀은 사회주의 정치이론가로서 문화를 정치적 목표를 구현하는 최전선으로 다루고 있으며, 대중문화를 정치적으로 매우 중요한 개념으로 본다.

이와 더불어 두 이론가가 공통적으로 제기한 또 다른 관점은 사회통제와 계급적 표현, 억압과 저항, 통합과 자율, 조작과 전복이라는 이분법적 개념으로 대중문화를 접근하는 기존의 방식을 초월하자는 것이었다. 이는 두 개념의 대립을 외면하는 것이 아니라, 재배치함으로써 가능하다고 주장한다. 따라서 대중문화가 전적으로 대중을 조작하기 위한 산업적 산물이라거나 반대로 진정한 문화적 창조물이라는 입장에 반대할 뿐만 아니라, 진보적 대중문화와 반동적 대중문화로 구분하는 이론에도 반기를 들고 있다. 이는 어느 쪽이든 하나의 극단적 개념이 존재하는 것이 아니기 때문에 성립하는 주장이라고 할 수 있다.

자본사회에서 존재하는 모든 문화적 산물은 스스로에 반反하면서 대립하고 있다는 사실이 대중문화가 가지고 있는 양면적 속성 중 하나만을 선택하기 어렵게 만든다. 거대한 자본이 동원되어 생산된 대중문화 텍스트가 자본의 논리에 정면 도전하는 내용을 담고 있는 경우나, 가장 보수적인 텍스트를 문화소비자들이 텍스트의 의도와 어긋나게 읽어내는 것 또한 대중문화가 하나의 주어진 현상으로 정의하기에는 너무 다양한 역학이 복잡하게 얽혀 있음을 증명하는 예라고 할 수 있을 것이다. 대중문화는 한마디로 모순 덩어리인 셈이다. 홀의 주장대로, 상업 대중문화의 형식이 그렇게 조작적이지만은 않게 보인다면, 이는 분명 거기에 허위의식과 복잡한 이야기를 환원적으로 혹은 하찮게 만드는 기법이 있기 때문이기도 하겠지만, 동시에 대중들이 수긍할 수 있고 동일시가 가능한 경험과 태도가 재현되고 있기 때문일 것이다.[6]

제임슨도 이런 입장에 동조한다. 그는 대중문화 텍스트가 결코 '유토피아'적임을 암시하지 않으면서 동시에 이데올로기적일 수는 없다고 주장한다. 대중문화는 이데올로기적이지만 동시에 해방구의 의미가 내재한 것으로 이해해야 한다는 말이다. 이유는 간단하다. 대중문화가 대중조작을 성공적으로 수행하기 위해서는 그 조작의 대상인 대중에게 판타지라는 일종의 심리적 뇌물을 텍스트의 내용물로 채워 넣어야 하기 때문이다. 대중문화는 대중에게 최소한의 기본적인 표현을 제공해서 그들의 목소리를 회생시키지 않고서는 사회질서에 대해 대중들이 가지고 있는 불안감을 해소하거나 통제하기가 어렵기 때문이다.[7] 따라서 대중문화는 이데올로기의 산물로만 볼 수 없을 뿐만 아니라, 현실도피의 수단으로 접근해서도 안 되는 복잡한 현상인 것이다.

바로 이 복잡한 대중문화의 본질을 외면한 채 그동안 한국의 대중문화사는 비교적 단순한 결론을 반복하고 있다는 인상을 지우기 어렵다. 이는 1960년대 대중문화 현상을 논하면서 두드러지게 나타나는 일종의 경향이라고 할 수 있다. 군부독재의 등장과 억압적 근대화로 인해 특정한 장르의 텍스트가 양산, 선호됐고 그 내용과 의미 또한 권력이 행사하는 검열의 산물로서 해석되는 것이 일반적인 견해였다. 그러나 당대의 일상생활 자체가 군사독재체제라는 구조적 자장에서 한 치도 벗어날 수 없는 정치사회적 상황이었음을 인정한다고 해도, 대중문화 텍스트를 해석하는 데 동원된 이 거시적 맥락은 항상 모든 미시적 맥락을 초월하고 최종적인 의미마저 보장하는 유일한 준거기준으로 취급되고 있다는 점에서 문제를 제기할 수 있을 것이다.

1960년대부터 시작한 군부독재 시대의 문화는 고도의 정치적 함수와 맞물려 있는 현상이라고 할 수 있다. 따라서 문화와 정치의 관계를 상정하지 않은 이론은 당대를 분석하는 데 별로 유용하지 못하거나 부분적인 해석에 그치기가 쉽다. 이런 문제제기가 기대고 있는 논리적 근거는 물론 헤게모니 이론이다. 포스트구조주의 이론이 지배하는 이즈음 그람시를 언급하는 것이 '시대착오'로 평가될 수 있으나 헤게모니 개념 자체가 구조주의와 포스트구조주의를 넘나들 수 있는 유동적 개념이라는 사실을 감안하면, 문화 분석을 위한 가장 기본적인 헤게모니 이론을 동원하는 것은 여전히 유효한 방법이라고 할 수 있다.[8] 뿐만 아니라, 군사독재정권 시절 국가폭력과 함께 대중문화 영역에서 시민들의 자발적 동의를 동시에 추구했던 지배블록의 노력들이 헤게모니 개념과 맞아 떨어진다고 할 수 있으며, 따라서 이 시대의 역사를 이해하는 데 헤게모니를 적용하는 것이야말로 가장 적절한 접근방법일 수 있는 것이다.

문제는 1960년대에서부터 1980년대에 이르기까지 대중문화를 분석하면서 헤게모니의 부분적 적용이나 오용이 자주 목격된다는 점이다. 이런 오류는 크게 두 가지로 대별될 수 있다. 첫째, 헤게모니를 상품화와 등가로 보면서, 다시 말해 소비사회의 일반론으로 취급하면서 통제된 소비와 조작된 욕망을 통해 대중을 지배하는 환원적 개념으로 이해하는 것이다. 이 과정에서 대중문화의 역할은 결정적인 것으로 제시된다. 그런 만큼 대중문화에 쏟아지는 비판 또한 비례하기 마련이다. 둘째로 헤게모니를 총화일치와 동격으로 제시하고 있는 것도 잘못된 설정이다. 사회적 혼란과 소요가 약화된 것은 허위의식의 산물이며, 이는 또 대중문화의 헤게모니가 작용한 결과라고 해석하는 것이 그 전형적인 예라 할 수 있다. 이런 접근방법은 결과적으로 대중들에게 허위의식의 문제가 중요해지는 논리로 발전되기 쉽다.

그러나 그람시가 제시한 헤게모니 구성체와 역사적 블록의 개념은 어떻게 문화가 기존의 사회구조를 강화 혹은 약화시키는지를 묻는 것으로 시작하지 않는다. 대신 어떻게 사회운동이 조직됐고 또한 어떻게 사회구성체가 이끌어졌는지를 심문하는 개념인 것이다. 여기서 운동과 구성체는 지배와 종속그룹 모두가 자기 이익을 위해 조직할 수 있음을 전제로 한다. 이는 헤게모니 구성체의 개념이 실천과 구조를 동시에 아우르는 이론이라는 사실을 상기하면 쉽게 이해되는 대목이다. 구조는 의미가 떠받들어줘야 유지되는 개념이며, 따라서 그 지배적 또는 저항적 의미는 헤게모니를 위해 지속적으로 생산되고 또 성공적으로 유통시켜야 한다. 그렇다면 대중의 생각과 문화가 어떤 과정을 통해 생성되고 재생성되는지, 또는 갈등을 야기하는지의 관점에서 대중문화의 문제에 접근하는 게 헤게모니의 원래 뜻에 충실한 방법일 것이다.

바로 이 맥락에서 홀은 헤게모니를 추구하는 것이 어려운 작업이라고 설파하고 있다. 헤게모니 구성체를 정립하는 것은 대중들의 가슴과 마음을 동시에 얻어내는 '생각'의 문제일 뿐만 아니라, 그들이 문화영역에 직접 참여하느냐의 문제이기도 하기 때문이다.' 그 영역은 광범위하다. 1960년대 한국의 경험을 풀어서 열거해보자면, 학교에 가는 일부터 라디오·텔레비전 그리고 영화를 통한 오락문화의 향유, 본격적으로 등장하기 시작한 매력적인 상업광고에 익숙해지는 일, 스포츠와 연예오락을 전문적으로 다룬 신문과 잡지의 구독, 그리고 우후죽순처럼 들어서는 다방과 술집에서 유흥을 즐기는 '일상적'인 일에 이르기까지 문화영역에서의 모든 실천이 포함된다. 물론 장기적인 역사적 프로젝트라 할 수 있는 도로와 도시의 정비사업, 경제개발 5개년계획, 그리고 반공국가로 거듭나는 정책에 참여하는 일도 빼놓을 수 없을 것이다.

그람시의 헤게모니를 결코 대중조작이나 프로파간다로 볼 수 없으며 대중의 자발적 참여로 이해해야 한다면, 이는 우리가 1960년대 대중문화를 어떻게 접근해야 할 것인지에 관해 일종의 가이드라인을 설정한 셈이다. 즉 이제 막 다양한 형태의 대중문화가 재편되어 새로 태동하기 시작한 일련의 문화현상을 어떻게 이해해야 할지 그 실마리를 풀어나갈 수 있게 됐다는 말이다. 여기서 군사정부의 이익과 대중의 이익이 결코 완전히 동일할 수 없기 때문에 생겨나는 갈등과, 바로 그런 이유에서 대중의 가슴과 마음을 사로잡기 위해 어떤 문화적 리더십을 국가가 행사했는지를 추적하는 것도 중요하지만, 더욱 중요하게 취급되어야 할 문제는 변화된 대중문화에 대중이 구체적으로 어떤 과정을 통해 참여했는지 살펴보는 것이라고 할 수 있다.

대중문화형성과 시민사회

1960년대 새로운 대중문화 형성을 역사적 과정의 산물로 접근하는 것은 기존의 전통문화를 포기하고 문화를 산업화하는 역사를 추적하는 작업이라고 할 수 있다. 군사정부가 폭력수단의 독점을 통해 국가기구와 정치체제를 지배할 수 있게 되자 안정적인 '사회총화'를 기획하기 위한 '갈등'이 곧바로 시작된다. 이 상황에서 국가가 처한 가장 큰 과제는 어떻게 지지기반을 넓혀 국민들로부터 군사정부의 정통성을 인정받을 수 있을 것인지였다. 군부가 국가로 기능하기에는 헤게모니가 약하다는 사실을 인정한 것이다. 따라서 군부의 국가장악이 정당한 권력의 행사며 자연스런 현상으로 보이게끔 만들어줄 수 있는 문화작업이 필요했다. 1960년대 대중문화의 재편과 부흥을 이해하는 작업은 바로 이런 정치적 맥락에서 출발해야 할 것이다.

군사정권의 정통성 회복은 시민사회의 문제와 직결된 것이기도 하다. 군사 쿠데타가 성공하자 전통적인 국가와 시민사회의 밀접한 상호관계는 찾아볼 수 없고, 모순적이게도 시민사회에서 멀어진 국가의 모습을 나타나게 된다. 쿠데타를 찬양할 수밖에 없게끔 언론은 검열되고, 야당의 목소리가 거센 국회는 해산되거나 억압되었으며, 정치적 영향력이 점차 커지는 노조는 해체되고 대신 친정부적인 한국노동조합총연맹이 탄생하게 된다.[10] 이렇게 국가와 시민사회는 점점 분리되었다. 국가는 이전에 활성화됐던 대중영역을 폭력적 수단을 통해 제거함으로써 사회의 탈정치화를 기획했던 것이다. 그러나 군사정권이 국가로 기능하기 위해서는 최소한의 시민사회가 작동되도록, 즉 문화적 활동을 허용하지 않을 수 없다. 그것이 통치원리이기 때문이다.

텔레비전의 등장은 시민사회 재편의 일환으로 시도된 군사정부 최초의 문화전략이었다고 할 수 있을 것이다. 1960년대 대중문화 재구축의 시발점이 됐던 KBS TV의 개국은 분명 "언론을 '혁명'을 위한 도구로 간주한 군사정권이 TV의 도구적 효용에 눈을 돌"린 결과 탄생한 것으로, 박정희의 평가대로 "혁명정부의 문화시책에 있어서의 빛나는 실적"을 거두게 된다.[11] 쿠데타 직후 불과 3개월 만에 텔레비전 방송국 설립을 계획했던 한 담당자 또한 텔레비전이 헤게모니를 위한 도구였음을 숨기지 않는다. "여론을 만드는 서울 시민의 병든 마음을 성하게 고치기 위해서 나는 TV국 세우기를 원했다. 또한 새로워지는 나라와 겨레의 모습을 구체적인 것으로 만들어서 이것을 눈으로 보고 그들의 생활로 삼게 하기 위해서였다."[12]

그러나 텔레비전이 정부의 홍보수단뿐만 아니라 본격적인 오락 프로그램을 담당하는 미디어로 대두되는 데는 별로 오랜 시간이 걸리지 않았다. 이는 물론 정치적인 목표와 얽혀 있는 문제였지만, 주로 KBS를 운영하는 예산을 시청료로 조달하는 것이 여의치 않게 되자 광고를 허용하게 되면서 비롯된 결과라고 할 수 있다. 1963년 3월 1일 첫 텔레비전 광고방송이 시작되고 몇 개월 후 민영 상업라디오인 동아방송도 개국하게 된다. 이어서 이듬해 1964년에는 최초의 민간 상업 방송사인 TBC가 설립되면서 KBS의 강력한 경쟁자로 등장한다. 본격적인 텔레비전 시대는 1969년 MBC가 개국되면서 완성되고 이제 박정희 정권이 원하는 것은 "정치는 자신들에게만 맡겨주고 일반 국민은 열심히 생업과 개인적인 오락생활에만 종사해달라는 것이었다."[13]

1960년대가 상업 라디오와 텔레비전이 맹활약을 하는 전파 미디어의 시대라고 할 수 있지만, 인쇄미디어의 재편과 부활 또한 중요한 문화적 사건이라고 할 수 있다. 전통적인 신문의 활성화를 대신해 이 시대 가장 주목할 만한 변화 중 하나가 생활주변의 신변잡기를 보도하는 주간지의 창간이었다. 1960년대 초 정권이 목표로 한 문화정책이 오락영역의 활성화를 통한 탈정치화였다는 사실을 이해한다면 이런 변화는 당연한 결과라고도 할 수 있다. 실제로 이 문화전략은 대대적인 성공을 거둔다. 예를 들어 1964년에 창간된 『주간한국』은 당시 최고 부수의 일간지가 20만부에 불과한 것에 비해 40만부가 넘는 판매기록을 세우게 된다.[14] 『주간한국』의 성공에 자극받아 노골적인 성의 상품화로 승부한 『선데이서울』은 더 큰 성공을 거두게 된다. 『여성동아』를 비롯한 여성지의 유행도 바로 이 시대의 산물이었다.

여기서 강조할 대목은 이렇게 새롭게 형성된 일련의 대중문화가 대중의 의식변화에 큰 기여를 한 것이 사실이지만, 그것이 독재정권의 일방적 강요에 의해서만 정립된 결과가 아니라는 점이다. 정부의 정치적 전략은 정권의 안정적 유지에 도움이 되고 새로 출발한 소비사회에 필요한 새로운 인간형, 즉 소비주체를 창조하기 위해 대중문화를 재구성하는 것이었음이 분명하다.[15] 그러나 그렇게 대중문화를 시장에 소개한 것만으로는 문화 그 자체가 형성, 유지되지 않는다. 대중문화는 대중의 참여 없이 존재할 수 없기 때문이다. 뿐만 아니라 더욱 중요한 점은 권력의 요구대로 대중문화가 작동되는 것이 아니라는 것이다. 여기서 문화정치의 복잡함을 생각해볼 수 있다. 문화는 양날의 칼인 셈이다.

대중문화가 지배그룹에게 이용가치가 높은 선전도구가 될 수 있지만, 동시에 대중이 자신들의 일상적 삶을 위해 이용할 수 있는 문화적 자원이라는 점에서 문화정치는 복잡하고 모순된 양상으로 전개된다. 새롭게 구축한 소비사회에서 대중들이 대중문화에 열광하면서 소비주체로 변해가는 모습은 분명 지배그룹이 환영할 만한 일이지만, 궁극적으로 그들의 통제 범위를 넘어서는 방향으로 발전되기가 쉽다. 그것이 문화의 원리이며, 대중문화는 때로는 지배그룹에 정면 도전을 초래할 위험을 내포하고 있다. 이는 군사독재정권이 정치구조로서 내부 모순에 취약하고 동시에 그런 모순적 구조가 자율과 자유의 가치를 지향하는 대중문화와 직접적으로 충돌할 수 있기 때문이다. 대중문화의 구축과 확산이 독재정부에 반드시 이롭게 작용하는 것만이 아니라는 것이다.

텔레비전의 오락 프로그램이 좋은 예다. 이미 살펴본 대로 상업 텔레비전은 독재정부의 산물이다. 그런 만큼 정치영역의 취재는 자유롭지 못했을 뿐만 아니라 오로지 정권의 홍보에 도움이 되는 긍정적인 뉴스만이 가능한 시대였다. 이는 경쟁 텔레비전 방송사와 거의 동일한 정치뉴스를 보도하는 것이 일종의 내부 규범으로 정착됐던 시절이었음을 의미한다. 결과적으로 텔레비전에 주어진 유일한 경쟁 부분은 연예오락 프로그램이었다. 흥미롭게도 오락의 영역은 정치영역과 비교했을 때 상대적으로 허용의 폭이 넓었고, 그런 틈새는 문화정치적으로 매우 의미 있는 메시지를 생산·소비하는 데 이용되기도 했다. 전통적인 가부장적 가치를 심문하는 연속극의 내용에서부터 정치적 현실과 다르게 자유를 만끽하는 젊은이들의 코카콜라 광고에 이르기까지 '하찮은' 오락문화에서 펼쳐지는 민주

적 가치가 텔레비전과 대중문화를 통해 지속적으로 생산되고 소비
됐던 것이다.[16]

그렇다면 허가된 연예오락의 영역에서 벌어진 매체 간의 치열한
경쟁이 역설적이고 모순적으로 정권의 안위를 위협한 결과를 초래
한 셈이다. 대중이 새로운 문화에 적극적으로 참여한 것은 필시 정
치구조의 억압적 상황과 다르게 검열의 한계에서나마 문화적으로
해방의 순간을 즐길 수 있었기 때문일 것이다. 대중은 사랑 혹은 사
회적 모순을 직설적으로 또는 은유적으로 묘사한 팝송과 대중가요
를 듣기 위해 라디오에 열광했고, 화려한 무대에서 펼쳐지는 텔레비
전의 쇼를 감상하면서 답답한 정치현실을 잊을 수 있었으며, 연예인
과 권력자의 신변잡기를 보도한 대중잡지를 읽으면서 그들의 삶이
자신들의 것과 크게 다르지 않다는 사실에 놀라기도 했다. 정치적
으로 억압적인 상황에서 문화적 향유는 대중의 정치의식을 훈련시
킨 계기가 된 것이다.

마이로위츠Joshua Meyrowitz는 이렇게 모두가 함께 나눌 수 있는 관점
의 확산이야말로 사회적으로 소외됐던 그룹으로 하여금 '평등'을 요
구하는 토대가 된다고 주장하고 있다.[17] 만약 1970년대와 1980년대
로까지 이어지는 민주화 투쟁이 1960년대의 대중문화 수용에서 축
적되고 리허설된 민주적 원칙과 무관하지 않다면, 1960년대의 한
국역사는 1980년대를 거쳐 1990년대 초까지 연속체적 관계를 맺고
있다고 할 수 있을 것이다. 이런 접근방법에 따라 1960년대 문화를
해석해본다면, 당대에 잠재돼 있던 또는 간헐적으로 표출됐던 문화
적 이상과 원칙이 1970~1980년대에 본격적으로 폭발했다고 이해

할 수 있다.

대중문화 현상을 단면적으로 분석하는 것이 아니라 역사적 과정으로 접근하려고 한다면 이처럼 하나의 헤게모니 주기 hegemonic period 를 설정하는 것과 그 국면에서 벌어지는 갈등양상을 포착하는 것이 중요하다. 이는 역사연구에서 관습적으로 10년을 단위로 분리해서 접근하고 있는 연구방법을 거스른 주장이기도 하다. 하나의 헤게모니 주기가 10년 단위로 규칙적으로 반복되는 것이 아니기 때문에 제기될 수 있는 주장이다.

정리해보면, 정권의 정통성을 회복하고 권위를 확보하기 위해 허용된 대중문화는 시민사회의 일부로 기능하면서 정권의 의도에 한편으로 부합한다. 하지만 정작 문화의 작동과정을 살펴보면 지배그룹의 목표가 일방적인 성공으로 수행된 것은 아니라고 할 수 있다. 오히려 허가된 문화의 틈새, 즉 시민사회의 확대는 대대적인 대중의 참여를 불러오고 이는 또한 더 큰 문화적 자유를 요구하는 밑거름으로 기능하게 된다. 따라서 1960년대의 대중문화를 분석하면서 군사정권이 독점한 폭력수단으로 완전한 억압이 가능한 것으로 전제한 것은 헤게모니 개념을 오독한 결과라고 할 수 있을 것이다. 헤게모니를 성취된 상태가 아니라 지배와 대중블록 사이에 나타난 갈등의 장으로 이해해야 하는 가장 큰 이유는 한국의 대중문화형성과정에서 실제로 두 세력의 이해관계가 달랐다는 경험적 증거가 다양한 형태로 드러나기 때문이다.

영화와 문화정치

1960년대 존재했던 다양한 대중문화 장르 중에서 지배블록과 가장 직접적으로 불화를 겪은 매체가 있다면 그것은 단연코 영화라고 할 수 있다. 영화가 다른 미디어와 비교했을 때 가장 파급효과가 큰 대중매체라는 걸 생각해보면 쉽게 수긍이 가는 대목이다. 다시 말해 새롭게 소개된 텔레비전이나 전통적인 라디오는 아직 정착기에 머물러 있었던 데 비해 영화가 다루는 주제는 일상적 삶을 대표하는 것으로 수용될 확률이 높아 '당국'이 염려하지 않을 수 없을 만큼 그 영향력이 지대했다는 말이다. 이는 영화가 가진 본질적인 문제이기도 하다. 영화는 "현실이 혹시 이런 것 아닌가?" 하는 문제를 "현실은 이런 것이다"라고 정의할 수 있는 힘이 다른 매체에 비해 훨씬 강하다는 점에서 항상 감시와 검열의 대상이 될 수밖에 없었던 것이다.

실제로 〈오발탄〉의 경우, 암울한 시대적 사회현실을 비판적으로 다룬 대표적인 작품이었다. 평론가들과 관객들로부터 호평과 흥행을 동시에 획득한 몇 편 안 되는 작품 중 하나라고 할 수 있다. 그러나 군사쿠데타 직후 군사정권의 재검열을 통해 상영이 금지되기도 한다. 영화가 어두운 현실을 다뤄서이기도 했지만, 유현목에 따르면 정신착란증을 앓고 있는 노모가 "가자, 가자"라고 외치는 것을 검열 당국이 북한을 암시하는 것으로 해석했기 때문이기도 하다.[18] 당시의 군사정권은 〈노란 샤쓰 입은 사나이〉라는 노래만큼이나 밝고 경쾌한 사회분위기를 조성하기 위해 노력했는데 아무래도 〈오발탄〉

은 그런 시대적 조류에 역행하는 내용을 담고 있었다. 이렇게 대중문화에 사회비판적 메시지가 담겨 있는 것을 군사정권은 전혀 허락하지 않았으며, 그 결과는 이 후 30여 년을 지배할 정도로 유래가 없는 문화통제로 이어진다.

이즈음 영화가 감시의 대상으로 취급되었다는 사실을 여실히 보여주는 한 예로 이중검열제도를 살펴볼 필요가 있다. 이는 1962년 군사정권 초기 영화법을 개정해 영화가 국가발전에 기여할 수 있어야 한다는 논리에서 제정된 조항으로 1984년까지 지속된 반反문화적 악법이다.[19] 영화의 이런 이중검열제도가 일제강점기의 문화정책과 유사하다는 사실을 상기해보면, 한국영화사는 검열의 역사라고 해도 좋을 정도로 창작과정이 억압적이었던 것이 틀림없다. 한마디로 반공죄와 외설죄 그리고 문예, 계몽, 반공영화라는 몇 가지 키워드로 시대를 압축할 수 있을 만큼 영화가 경직된 체제의 산물이었다는 말이다.

그러나 독재정권의 딜레마는 정통성을 강화하기 위해서 시종일관 검열을 바탕으로 한 강요에만 통치방법을 의존할 수 없다는 데 있다. 지배담론은 억압적으로 강요되기보다 간접적으로 '매개'됐을 때 정치적으로 훨씬 더 효과적이라는 통치원리를 외면하기 어려웠던 것이다. "여론을 만드는 서울 시민의 병든 마음을 성하게 고치기 위해서" 텔레비전 방송을 계획했는데, 이미 존재하는 영화매체를 선전도구로 이용하지 않을 리 없었다. 따라서 "북한보다는 남한이 모든 면에서 앞서고 살기 좋은 곳이며 그 같은 사회를 만드는 정치 지도자는 위대하다는 것을 강조"[20]하는 내용의 영화가 만들어지고 사회가 발전하는 긍정적인 모습을 담은 영화를 통해 군사정부의 업적을 간접적으로 드러내는 방식이 선호되기도 했다.

문제는 정치적으로 '옳은' 지배담론을 생산하기 위해서는 항상 바람직하지 못한 현실을 대비시켜야 한다는 데 있다. 뿐만 아니라, 이미 언급한 대로, 일단 최소한의 이견이 정권의 필요에 의해 용인되면 영화가 추구하는 좁은 의미의 경제적 이익과 지배그룹의 정치적 이해관계가 일치할 필요가 없어진다. 다시 말해 영화는 이런 상황을 이용해 제한된 '표현의 자유'를 누리면서 때로는 독재정권이 아니라 소극적으로나마 대중의 목소리를 대변하는 역할을 담당하게 된다. 그런 제스처가 더 큰 경제적 이익을 가져다주기 때문이다. 따라서 군사정부 출범 이래 정권의 정당성을 정당화했던 영화가 종종 반지배적 담론을 생산하기 위한 공간을 창출하기도 한다는 사실은 아이러니다. 국가가 시민사회의 작동을 허가한 것처럼 보이기 위한 조치에서 비롯된 모순이다.

이런 예는 다양한 장르의 영화에서 추적해볼 수 있지만 가장 대표적인 경우가 〈7인의 여포로〉일 것이다. 이 영화는 한국전쟁에서 포로가 된 간호장교를 중공군이 강간하려는 순간 인민군이 그들을 사살하고 국군으로 귀순하는 내용을 담은 내용이다. 반공 이데올로기를 영화에서 재현하고 있지만 "여자라면 누구나 사랑을 안 하고는 못 배길" 매력적인 대상으로 인민군을 묘사한 것이 문제가 됐다. 특히 국군장교가 북한군에게 경례하는 장면을 문제 삼아 반공법 위반으로 감독이 구속된다. 중공군의 난폭함을 고발하는 영화지만 관객이 북한 인민군을 긍정적인 동일시의 대상으로 수용할 가능성을 우려했을 정도로 반공영화의 원래 취지에 벗어나는 결과를 낳은 것이다.

영화는 이렇듯 텍스트 생산과정을 일종의 상징자본의 형태로 전환시키고, 그것을 다시 경제적 자본으로 전용하는 전략을 취하게 된다. 이는 물론 반공영화라는 형식과 검열의 한계 내에서 이뤄진 것이지만 당국의 제작 지침이 준수되기보다 관객의 재미를 우선적으로 생각하는 새로운 틈새와 공간이 창출된 것이라고 해석할 수도 있다. 실제로 일상의 모든 것이 통제된 상황에서 그 통제의 규칙과 관례에서 벗어났다는 사실 자체가 관객에게 커다란 즐거움을 가져다 줄 수 있다. 이 영화는 결국 검열을 통과하지 못하고 새롭게 촬영해 〈돌아온 여군〉이라는 제목으로 재상영된다. 이를 두고 텍스트의 저항적 의미가 관객에게 최종적으로 전달되지 못했으므로 결국 검열의 승리라고 해석할 수도 있겠지만, 영화가 군사정권이 허락한 틈새를 이용해 결과적으로 지배 이데올로기의 이익에 반하는 의미를 제시했다는 사실 자체가 당대 문화의 역사적 해석에 또 다른 가능성의 여지를 남겨놓은 실증적 예라고 할 수 있을 것이다.

지배 이데올로기에 대처하는 또 다른 방법은 텍스트가 제공하는 고조된 감정에 젖어드는 것이다. 대중문화에 열광하는 과정에서 느낄 수 있는 격정이야말로 사회적 통제에서 벗어나는 주이상스, 즉 해방의 순간이기 때문이다. 1969년 영국 가수 클리프 리처드가 이화여대에서 공연을 했을 때 젊은 여성들은 그야말로 광란의 도가니에 빠져들었다. 기절하는 관객이 있는가 하면 손수건과 속옷을 무대로 던지는 행위까지 서슴지 않았다.[21] 그녀들의 '히스테리'는 몸이 느끼는 쾌락의 산물로서, 사회적 규범이 얽매놓은 기율질서를 파괴시킨 반지배적 정서였다. 로큰롤 음악이 주는 몸의 떨림을 통해 가부장체제의 군사정권에서 정해준 성적 역할에서 잠시나마 벗어나는 해방의 시간을 얻은 것이다.

감정의 강도에서 로큰롤 공연장의 열기에 견주기는 어렵지만, 1964년 최고의 흥행을 거둔 〈맨발의 청춘〉 또한 같은 맥락에서 이해할 수 있을 것이다. 이 영화는 상류층 가정의 딸과 건달의 비극적 사랑을 그린 영화로 젊은이들이 느끼는 좌절감을 대변한 것으로 해석되곤 한다. 그러나 관객들이 남자 주인공 배우의 패션을 따라하고 영화주제가 최고의 히트곡으로 애창된 사실에 비춰보면 영화가 가진 대중성의 근거는 먼저 스타일의 정치성에서 찾아야 할 것이다. 다시 말해 기성문화와 구별되는 새로운 스타일의 의상과 노래는 그 자체로 아무런 의미를 지니지 못하지만 청춘세대만이 가질 수 있는 그들만의 스타일은 사회적으로 더 가지고 누리는 자들을 불쾌하게 만듦으로써 상징적 힘을 누릴 수 있다는 말이다.[22] 정치사회적으로 좌절감에 빠진 청춘남녀가 누릴 수 있는 드문 '권능'인 셈이다. 비록 상징적이고 기호적 힘에 불과한 것일지라도 말이다.

이 영화에서 특히 주목할 만한 부분은 상류층 가정의 딸과 건달의 사랑을 통해 계급적 차이를 당시의 시대적 상황에서는 위험하리만큼 직설적으로 폭로하고 있다는 점이다. 이 영화의 끝부분에서 죽은 남자 주인공의 시체가 눈 덮인 길을 따라 리어카에 실려 가는 장면이 나온다. 그 정경 자체가 빈부격차를 상징적으로 보여주었는

데, 주검을 덮은 거적 사이로 드러난 양말이 벗겨진 한쪽 발과 이를 두고 "올라가지 못할 나무는 쳐다보지 말아야지"라고 내뱉는 트위스트 김의 독백이 그런 효과를 만들었다. 이는 국가가 조국근대화를 통해 국민 모두를 잘살게 만들고 있다는 국가이데올로기를 위반한 반국가적 내용으로, 명백한 검열의 대상이다. 그럼에도 불구하고 그 장면이 살아남을 수 있었던 것은 이 영화가 사랑을 다룬 흔해빠진 연애 스토리, 따라서 정치적으로 위협이 될 수 없는 청춘영화에 불과하다고 판단했기 때문이다.

그러나 좌절감에 빠져 불만에 가득 찬 청춘남녀들도 그렇게 받아들였을지는 의문이다. 이 영화가 1964년 최고의 히트작이었다는 사실은 그만큼 관객들로부터 공감대가 높았다는 것을 말해준다. 관객들이 '조국근대화'가 초래한 빈부격차와 온갖 사회적 불평등에서 느낄 수 있는 감성구조를 부잣집 딸과 깡패의 사랑 이야기에서 확인할 수 있었기 때문이 아니었겠느냐는 것이다. 이 시대적 감성은 같은 해 〈맨발의 청춘〉만큼이나 인기가 있었던 〈회전의자〉의 노랫말에서 쉽게 확인할 수 있다. 그것은 한마디로 "억울하면 출세하라"는 것이었다. 사회적 불평등이 불만이라면 출세하면 해결될 문제라는 것이다. 그렇게 출세하려고 노력하다 보면 언젠가는 '쥐구멍에도 볕들 날 있다'는 유행가요 가사도, 매우 단순하고 잔혹하게 당대의 감성구조를 드러낸 이데올로기라고 할 수 있다.

계급갈등과 가부장제의 억압성을 전면에 부각시킨 주제는 1960년대 말 신파영화의 부활과 함께 다시 한 번 유행한다. 그 대표적인 영화가 〈미워도 다시 한 번〉이다. 여기서도 사장님으로 대표되는 가부장이 있고 그를 보필하는 현모양처와 그의 아이를 낳은 여인 사이의 갈등이 제시된다. 영화는 미혼모가 아이를 생부에게 돌려주는 신파적 결말을 통해 가부장의 위치가 회복되는 선에서 봉합된다. 이렇듯 드라마적 갈등이 지배 이데올로기로 포섭된 것처럼 보이지만, 그럼에도 불구하고 체제가 완승했다고 보장할 수 없다. 신파영화에서 나타나는 감상주의에 입각한 '과장'이 주변부적 가치와 계급적 차이를 더욱 드러나게 함으로써 가부장체제를 심문하는 기능을 하기 때문이다. 따라서 이 영화는 지배 이데올로기를 직접적으로 훼손하기보다는 그 구성요소를 재배치시킴으로서 관객의 호응을 유도한 텍스트 전략을 취한 셈이다.

유사한 맥락에서 지배 이데올로기의 모순을 잘 드러낸 영화가 1960년대 후반기에 유행했던 코미디 장르라고 할 수 있다. 당시 이 장르의 도드라진 경향은 남녀의 성 역할에 대한 전도현상이었다. 〈여자가 더 좋아〉〈남자는 절개 여자는 배짱〉〈남자와 기생〉그리고 〈남자 이용사〉와 같이 일련의 '남자' 시리즈 코미디는 남자가 여성의 직업을 대신하면서 벌어지는 에피소드를 다루고 있다. 여기서 주목할 점은 성 역할의 전도가 갖는 반지배 이데올로기적 상황에도 불구하고 결국 '정상적'인 남성성적 정체성을 회복하는 이야기로 영화가 끝난다는 것이다.[23] 이 또한 문화적 통제의 한계 내에서 텍스트가 보여줄 수 있는 일탈적 의미생산의 한 전술이라고 할 수 있다. 영화의 결말 부분에서 남성성의 회복을 통해 정상성을 담보함으로써 지배 이데올로기를 위반하지 않으면서도, 그 해결에 다다를 때까지 다양한 전복적 의미를 제시하면서 지배 이데올로기를 뒤집고 있는 것이다.

이렇게 보면 1960년대 영화는 다른 어떤 대중문화보다 정치적이었음을 알 수 있다. 여기서 정치적이라 함은 국가가 산업노동자들을 포함한 대중의 정체성을, 국가의 영광을 위해 희생하고 '경제전쟁'에 참여하는 '산업전사'로 정의할 목적으로 대중문화를 동원하는 것에 맞서, 대중들이 그 안에 담긴 동원 이데올로기를 선별적으로 수용하는 과정에서 나타난 문화영역에서의 정치라고 할 수 있다. 즉 대중문화가 일상에 존재하는 다양한 불평등한 사회적 관계를 재현할 때, 문화수용자들이 이를 비판하고 조롱하며 때로는 노골적으로 전복시키는 방식으로 지배 이데올로기를 심문하는 '기호적 실천'을 하며 이것이 정치적이라는 의미다. 이는 1960년대 억압적인 군사독재라는 정치적 환경에서 대중에게 허가된 발화의 한계치라고 할 수 있으며, 그 문화정치적 함의가 차후에 거시적 층위의 정치와 어떤 관계를 맺을 수 있는지는 매우 흥미로운 연구과제라고 할 수 있다.

대중문화와 사회변동: 결론을 대신하여

그렇다면 이 지점에서 제기되는 문제는 1960년대를 살았던 대중이 군사정권의 근대화 프로젝트에 대해 어떤 생각을 가졌느냐이다. 대중문화가 지배 이데올로기를 일방적으로 대중들에게 전파한 것이 아니라 그들이 처한 사회적 상황에서 느낄 법한 대중의 정서를 반헤게모니적인 방식으로 생산하고 이를 또 대중이 '즐겁게' 소비했다는 주장은 얼핏 대중과 군사정권의 관계를 정면충돌하는 대립적 관계로만 해석하게 할 위험이 있다. 그러나 이는 대중이 지배그룹의 힘과 대치하는 방식을 이분법적으로 접근한 것이며, 현실세계에서 대중이 실제로 지배구조에 대처하는 다양한 방식을 환원적으로 이해한 결과다. 대중문화 자체가 '억압'과 '해방'의 산물이듯, 이를 수용하는 관객의 의식 또한 매우 모순적이며 다양한 방법으로 실천될 수 있기 때문이다.

이런 관점에서 보면 대중이 사회통제의 힘에 대처하는 방법은 다양하다고 할 수 있다. 가장 소극적인 방법으로 지배 이데올로기에 부응하는 방식에서부터 보다 노골적인 반체제적 의미생산에 이르기까지 그 경우 수는 다양하다. 군사독재체제가 소비사회를 계획대로 정착시키고 대중을 완벽하게 통제한 것처럼 보이지만, 대중들이 처해 있는 물질적 조건의 다양함만큼이나 그들이 지배 이데올로기의 힘과 맞서는 방식도 각양각색인 것이다. 그럼에도 불구하고 대중이 1960년대 대중문화를 소비하면서 얻는 즐거움은 대체로 지배 이데올로기의 한계 내에서 이뤄졌다고 봐야 할 것이다. 다시 말해 대중문화가 지배 이데올로기에 정면 대처하기보다 그 의미를 재배치·전복·훼손·회피하는 등의 간접적인 방식으로 대중의 관심을 부르고 대중은 자신이 처해 있는 상황에 부합되는 의미를 생산한 것으로 해석이 가능하다는 얘기다.

이 잠정적 결론은 대중이 가지고 있는 군사정권에 대한 '이중의식'과도 밀접한 관계가 있다. 이는 독재정권이 제시한 국가 근대화라는 헤게모니 프로젝트, 즉 새롭게 형성된 소비사회와 대중문화에 자발적 참여를 통해 일정 부분 동의하면서도, 이로 인해 초래된 불평등한 사회적 관계와 비민주적 정치현실에 대해서는 불만을 표출한 이중성을 의미한다. 1960년대 한국 사회는 대중이 경험한 일상생활의 현실보다 헤게모니 프로젝트의 담론이 훨씬 강력한 힘을 발휘하던 시대였으며, 결과적으로 이 시기 대중문화에서 지배 이데올로기와 전복적 메시지가 매우 모호하게 혼재된 특징을 보이고 있는 것은 어쩌면 당연한 결과일 수 있다. 그러나 이렇게 모순적일 수밖에 없었던 대중문화는 국가와 대중 어느 한 쪽의 승리를 보장하는 의미로 기능하지는 않았다. 그 판단은 최종심급에서 대중문화를 지배그룹과 마찬가지로 문화적 자원으로 이용하는 수용자의 몫이기 때문이다.

바로 여기서 대중문화와 문화정치 그리고 거시정치의 관계에 대한 의문이 제기된다. 1960년대는 한국의 노동계급이 형성되는 시발점이면서 동시에 현대적 의미의 대중문화가 형성되는 시기였다. 1960년대 역사를 전적으로 정치조작의 산물로 해석하는 비평가들에게는 당시의 대중문화 또한 지배체제를 구축하기 위해 동원된 이데올로기 기제로만 평가될 것이다. 1960년대는 노동자들의 격렬한 투쟁이나 대중문화의 노골적인 진보성을 쉽게 추적하기 어렵다는 사실 자체가 이런 판단의 증거로 동원되기도 한다. 뿐만 아니라 대중문화가 소비주체를 형성하는 데 결정적 기여를 했다는 것도 부정하기 어려운 사실이다. 대중문화의 텍스트 층위에서 판단해도 정치적으로는 현상유지를 추구하고 문화사회적으로는 근대적 소비사회의 주체를 형성할 목적으로 과도한 감성을 자극하는 메시지가 주종을 이루고 있는 것도 사실이다.

그러나 이런 주장은 의미생산 과정에서 사회적 행위자의 역할을 고려하지 않고 있다. 만약 우리가 대중문화의 산업적 현실을 인정한다면, 즉 대중문화가 산업으로 재생산되기 위해서는 대중의 호응이 절대적으로 필요하며, 따라서 전적으로 지배그룹만을 옹호할 수는 없다는 사실을 수용한다면 1960년대의 대중문화도 열린 텍스트로 기능했을 가능성을 배제할 수 없다. 여기서 또다시 그 가능성은 근대화 이데올로기와 긴장관계를 유지하는 한계 내에서만 성립된다. 대중문화 속에서 제시하고 있는 국가재건의 이데올로기와 다양한 텍스트의 형식이 주는 즐거움을 문화수용자들은 배제하지 않았다. 그러나 동시에 반헤게모니적 담론이 내재한 대중문화 텍스트를 대중들이 더 열광적으로 지지하면서 자신들의 사회적 정체성을 확인하는 데 이용한 측면을 대중문화연구에서 간과할 수 없는 것이다.

그렇다면 1960년대의 대중문화는 독재체제를 해체하는 데 어떤 기여를 한 것인가? 이 질문은 사회변동의 의미를 '혁명'으로 정의하는 대신 사회적 가치변화의 산물로 이해한다면 쉽게 풀어낼 수 있다. 1960년대 대중문화가 제시한 사회변동에 대한 의미는 군사정권의 국가발전에 관한 담론과 접합되어 그 한계 내에서 변화를 추구했다고 정리할 수 있을 것이다. 이는 국지화된 일상생활의 영역에 갇혀 있는 대중들이 현실적인 삶에서 억압적 사회질서와 일상적으로 부딪치며 생산해낸 의미인 것이다. 이는 너무도 하찮은 주변부적 가치를 내재하고 있기 때문에 거시적 관점에서 봤을 때 비정치적인 영역에서의 '저항'으로 폄훼될 수 있는 개념이다.

그러나 대중문화를 통해 수용자들이 자신의 정체성을 확인하고 사회적 불평등에 대해 정치적으로 의식화가 가능했다면 이는 궁극적으로 1970년대 이후 활발하게 전개됐던 다양한 사회운동과 무관하다고 보기 어렵다. 의식과 정체성 그리고 실천은 동일한 연속체적 개념일 수밖에 없기 때문이다. 어느 하나의 변수가 또 다른 조건을 보장하지는 못하지만 하나의 개념이 성립하기 위해서는 나머지 모두가 필요한 보완적 관계에 있는 개념이다. 따라서 이런 잠정적인 결론이 가능해진다. 대중의 잠재된 정치의식은 일정 부분 1960년대 대중문화의 산물이라고 할 수 있을 것이다. 그 의식은 동시에 산업화로 촉발된 다양한 사회적 차이와 이에 따른 정체성을 확인하고 유지하는 데 필요한 조건이었으며, 더욱 중요하게는 1970년대 이후 본격적으로 나타난 민주화와 관련된 다양한 정치투쟁의 밑거름이 된 것으로 이해해야 마땅하다.

포스트헤게모니 문화이론을 위한 '감정구조'와 '감성경제'의 비판적 분석

1) 언어/문화 패러다임으로의 전환에 관한 자세한 글은 Stuart Hall, "Cultural Studies: Two Paradigms," Richard Collins et al. eds., *Media Culture & Society: A Critical Reader*, Sage, 1986을 참조.

2) 이렇게 주장하는 대표적 이론가는 Scott Lash로 그의 저서 *Critique of Information*, Sage, 2002를 참조.

3) M. Horkheimer and T. Adorno, *The Dialectic of Enlightenment*. *Continuum*, 1984, pp.120-67.

4) 포스트헤게모니 이론에 관한 또 다른 자세한 이론적 배경에 관한 설명은 니콜래스 쏘번, 『들뢰즈 맑스주의: 민중이 없는 시대의 소수정치』, 갈무리, 2006을 참조.

5) 임범, 〈[인터뷰] 〈라디오 스타〉의 이준익 감독〉, 《씨네 21》, 2008년 9월 21일. http://www.cine21.com/index/magazine.php?mag_id=41638

6) R. Williams, *The Long Revolution*, Greenwood, 1975, p.47.

7) ibid, pp.65-7.

8) 황진미, 「무려, 여신이라니! 숭고하다 못해 인간이기를 포기한 그녀들: 박찬욱, 임상수, 이준익 감독의 최근작 속의 여성의 이미지」, 『작가세계』, 2008년 겨울호 (통권 제79호), 2008년 11월, 314쪽.

9) 임범, 위의 인터뷰.

10) J. Harding, and E. P. Pribram, "Losing Our Cool?: Following Williams and Grossberg on Emotion," *Cultural Studies*, Vol. 18, No. 6. 2004, pp.867-872.

11) L. Grossberg, "Mapping Popular Culture," *We Gotta Get Out of This Place*: *Popular Conservatism and Postmodern Culture*, Routledge, 1992, pp.69-87.

12) ibid, p.79.

13) ibid, pp.79-87.

14) L. Grossberg, *Bring It All Back Home*: *Essays on Cultural Studies*, Duke Univ. Press, 1997, p.241.

15) L. Grossberg, "Mapping Popular Culture." p.81-2.

16) J. Harding and E. D. Pribram, p.875.

17) 변성찬, 〈역사의 전복적 독해, 〈황산벌〉〉, 《씨네 21》, 2003년 10월 30일. http://www.cine21.com/index/magazine.php?mag_id=21645

18) 같은 글.

19) 이준익 감독 인터뷰, 2008년 11월 9일. 이 인터뷰는 학부 〈영상산업론〉 수업을 수강한 김태용과 임보현 두 학생이 진행한 것이며, 이 글을 작성하는 데 많은 도움이 됐음을 밝힌다.

20) 임범, 〈[인터뷰] 〈라디오 스타〉의 이준익 감독〉, 《씨네 21》, 2008년 9월 21일. http://www.cine21.com/index/magazine.php?mag_id=41638

21) 같은 글.

22) L. Grossberg, "Is Anybody Listening? Does Anybody Care? On "The State of Rock"," *Dancing in Spite of Myself*, Duke University Press, 1997, p.114.

23) ibid, p.261.

24) 임범, 〈[인터뷰] 〈라디오 스타〉의 이준익 감독〉, 《씨네 21》, 2008년 9월 21일. http://www.cine21.com/index/magazine.php?mag_id=41638

25) Grossberg, *Dancing*, p.139.

26) Harding and Pribram, op. cit., p.876.

27) ibid, p.877.

28) 황진미, p.318.

29) 같은 글.

〈감시자들〉과 통제시대의 문화정치

1) 이 글은 대한토목학회 『자연과 문명의 조화』(2013년 11월)에 실린 〈감시자들〉에 관한 짧은 영화평을 논문으로 확대, 발전시킨 것임.

2) 이 글에서 사용한 현장묘사 및 감독과 스태프의 증언은 인터넷 《씨네 21》에 실린 다음 네 기사를 종합한 것이다. 윤혜지, 〈즉각적인 움직임을 잡아라: 〈감시자들〉 촬영부 김용성〉, 『씨네21』, 2013년 7월 16일: http://www.cine21.com/news/view/mag_id/73885; 정한석, 〈이 영화에서 가장 중요한 건 리듬이다: 〈감시자들〉 의 조의석, 김병서 공동감독〉, 《씨네 21》, 2013년 7월 11일: http://www.cine21.com/news/view/mag_id/73818; 정한석, 〈동선과 시선의 액션 쾌감: 순수한 취향에서 출발한 〈감시자들〉 은 어떻게 유능한 오락물이 되었나〉, 『씨네21』, 2013년 7월 11일: http://www.cine21.com/news/view/mag_id/73817; 이화정, 〈서울 점거 촬영, 다시는 못한다는 각오로 찍었다: 〈감시자들〉 송대찬 프로듀서〉, 《씨네 21》, 2013년 7월 12일: http://www.cine21.com/news/view/mag_id/73856

3) 윤혜지, 위의 글.

4) 이화정, 앞의 인터뷰.

5) David Hesmondhalgh, *The Cultural Industries*, London: Sage Publications, 2002, p.22.

6) Steven Shaviro, *Post-Cinematic Affect*, Winchester: Zero Books, 2010, pp.2-3.

7) 감성과 감정 그리고 느낌과 정서에 대한 개념적 정의와 구분은 조흡, 「포스트헤게모니 문화이론을 위한 '감정구조'와 '감성경제'의 비판적 분

석」,『영상예술연구』Vol. 14. 영상예술학회, 2009. 97-126쪽을 참조.

8) Shaviro, op. cit., pp.118-21.

9) 이 인터뷰는 동국대 '영상산업실습' 과목을 수강한 학생들이 수업 프로젝트 일환으로 시행한 결과물이다. 박수정·황성원·이종덕,「김병서, 조의석 감독 인터뷰」, 2013년 10월 26일.

10) Stephen Neale, *Genre*. London: BFI, 1980. p.37.

11) Andre Bazin, *What is Cinema? Vol. 1.* Berkeley: Univ. of California Press, 2004, p. 24.

12) ibid, p.21.

13) Shaviro, op. cit., p.64.

14) Marshall McLuhan, *Understanding Media: The Extensions of Man*, Cambridge: MIT Press, 1994, p.31.

15) 여기서 제시된 통계는 영화진흥위원회 영화관입장권 통합전산망을 참조한 것이다: http://www.kobis.or.kr/kobis/business/main/main.do

16) Manuel Castells, *The Rise of the Network Society, 2nd ed. Vol. 1., The Information Age: Economy, Society, and Culture*, Cambridge: Blackwell, 2000, pp.407-59.

17) Fredric Jameson, *Postmodernism, Or, The Cultural Logic of Late Capitalism*, Durham: Duke Univ. Press, 1991. p.6.

18) McLuhan, op. cit., p.45.

19) Marshall McLuhan and Eric McLuhan, *Laws of Media: The New Science.* Toronto: Univ. of Toronto Press, 1988, p.35.

20) Gilles Deleuze and Felix Guattari, *A Thousand Plateaus: Capitalism and Schizophrenia*, Trans. Brian Massumi, Minneapolis: Univ. of Minnesota Press, 1987, p.328.

21) Gilles Deleuze, *Cinema 1: The Movement-Image*, Trans. Hugh Tomlinson and Barbara Habberjam, Minneapolis: Univ. of Minnesota Press, 1986, pp.108-9.

22) Michel Foucault, *Discipline and Punish: The Birth of the Prison*, New

York: Vintage, 1979.

23) Gilles Deleuze, "Postscript on Control Societies," *Negotiations*, Trans. Martin Joughin, New York: Columbia Univ. Press, 1995, pp.177-82.

24) Michael Hardt, "The Withering of Civil Society," Eleanor Kaufman and K. J. Heller eds., *Deleuze and Guattari: New Mappings in Politics, Philosophy, and Culture*, Minneapolis: Univ. of Minnesota Press, 1998, pp.32-3.

25) 폴 비릴리오, 『속도와 정치』. 이재원 역, 그린비, 2004, 274쪽.

26) 조흡, 「포스트헤게모니 문화이론을 위한 '감정구조'와 '감성경제'의 비판적 분석」, 『영상예술연구』 Vol. 14., 영상예술학회, 2009, 107-11쪽.

27) Johathan Beller, *The Cinematic Mode of Production: Attention Economy and the Society of the Spectacle*, Hanover: Dartmouth Univ. Press, 2006, p.10.

28) ibid, p.2.

29) David Savat, *Uncoding the Digital: Technology, Subjectivity and Action in the Control Society*, New York: Palgrave MacMillan, 2013, pp.38-60.

30) G. Deleuze, Postscript, p.178.

31) ibid.

32) William Bogard, *The Simulation and Surveillance: Hypercontrol in Telematic Societies*, Cambridge: Cambridge Univ. Press, 1996, p.27.

33) Manuel Castells, *The Rise of the Network Society. 2nd ed. Vol. 1. The Information Age: Economy, Society, and Culture*, Cambridge: Blackwell, 2000. p.295.

34) G. Deleuze, Postscript, p.182.

35) Shaviro, op. cit., p.3.

36) Nikolas Rose, *Powers of Freedom: Reframing Political Thought*, New York: Cambridge Univ. Press, 1999, pp.234-5.

37) Wendy Hui Kyong Chun, *Control and Freedom: Power and Paranoia in the Age of Fiber Optics*, Cambridge: MIT Press, 2006, p.76.

38) Walter Benjamin, *Illuminations*, New York: Schocken Books, 1969, p.225.

39) ibid, p.238.

40) G. Deleuze, Postcript, p.178.

디지털 기술과 감성패러다임 시대의 영화산업

1) 이 글에서 제시한 통계는 영화진흥위원회에서 발표한 것을 종합한 것이다.

2) 〈기대 이상의 한국형 아포칼립토 원티드 영화〉, http://timecook.tistory.com/608

3) 지구화 시대의 문화적 동질성과 차이에 대해서는 아르준 아파두라이, 『고삐 풀린 현대성』, 현실문화연구, 2004, 51-87쪽을 참조.

4) J. Rutherford, "A Place Called Home: Identity and the Cultural Politics of Difference," *Identity: Community, Culture, Difference.* London: Lawrence and Wishhart, 1990, pp.9-27.

5) Fredric Jameson, *Postmodernism, Or, The Cultural Logic of Late Capitalism*, Durham: Duke Univ. Press, 1991, pp.53-4.

6) Steven Shaviro, *Post Cinematic Affect*, Winchester: Zero Books, 2010, pp.2-3.

7) Jonathan Beller, *The Cinematic Mode of Production: Attention Economy and the Society of the Spectacle*, Hanover: Dartmouth Univ. Press, 2006, pp.1-13.

8) Lev. Manovich, *The Language of New Media*, Cambridge: MIT Press, 2002.

9) Jameson, op. cit., p.44.

10) ibid, p.10-12.

11) 인식의 지도와 감성지도 두 개념에 관한 비교분석은 Giuliana Bruno, "Traveling Domestic: The Movie "House"," *Atlas of Emotion: Journeys*

in Art, Architecture, and Film, New York: Verso, 2002, pp.247-79를 참조.

12) Brian Massumi, *Parables for the Virtual: Movement, Affect, Sensation*, Durham: Duke Univ. Press, 2002, pp.22-45.

13) Patricia Ticineto Clough, "Introduction," *The Affective Turn: Theorizing the Social*, Durham: Duke Univ. Press, 2007, pp.1-33.

14) 벤야민의 시각적 촉각성에 관해서는 정용환, 「새로운 매체와 예술의 변화」, 『브레히트와 현대연극』 22, 2010, 331-44쪽을 참조.

15) 콘텐츠진흥원, 『미국 문화코드 연구』, 한국콘텐츠진흥원, 2010, 3쪽.

16) 이 내용은 차승재 제작자와 2012년 9월 4일 가진 개인 인터뷰를 통한 결과임.

17) David Bordwell, "Intensified Continuity: Visual Style in Contemporary American Film," *Film Quarterly* 55(3), 2002, pp.16-28.

18) ibid, p.25.

19) 이에 관한 자세한 논의는 김지훈, 「우발성의 테크놀로지들: "마음-게임 영화"에서의 디지털 미디어 인터페이스 효과들」, 『문학과영상』 10(1), 2011, 47-85쪽 참조.

20) DVD Review: http://michaelbay.com/articles/armageddon-dvd-review/

21) Bruce Reid, "Defending the Indefensible: The Abstract, Annoying Action of Michael Bay," http://www.thestranger.com/seattle/defending-the-indefensible/Content?oid=4366

22) David Bordwell, "A Glance at Blows", http://www.davidbordwell.net/blog/?p=3208.

23) Shaviro, op. cit., p.118.

24) 이에 관한 자세한 논의는 J. David Slocum, "Violence and American Cinema: Notes for an Investigation," *Violence and American Cinema*. New York: Routledge, 2001, pp.1-34를 참조.

25) 볼터와 그루신은 이 맥락에서 뉴미디어가 구 매체를 모방하는 과정

을 '재매개'의 개념으로 설명하고 있다. Jay David Bolter, and Richard Grusin, *Remediation*: *Understanding New Media*, Cambridge: MIT Press, 2000.

26) Slocum, p.20-1.

27) Shaviro, op. sit., pp.6-7.

28) Marshall McLuhan, *Understanding Media*: *The Extensions of Man*, Cambridge: MIT Press, 1994.

29) 들뢰즈의 통제사회에 관한 논의는 Gilles Deleuze, *Negotiations 1972-1990*, New York: Columbia Univ. Press, 1995, p.179참조.

30) Shaviro, p.14.

31) ibid, p.136.

32) ibid, p.137.

33) ibid, pp.2-3.

34) Clough, op. sit., p.54.

35) 이 주제에 관해서는 Lawrence Grossberg, "Contextualizing Culture: Mediation, Signification, and Significance," *Cultural Studies in the Future*. Durham: Duke Univ. Press, 2010, pp.169-226참조.

36) Massumi, Brian. "Fear(The Spectrum Said)," *Positions* 13(1). 2005, p.34.

37) ibid, p.37.

38) ibid, p.44.

39) Shaviro, op. cit., pp.120-1.

40) 감성과 감정의 구분에 관한 자세한 논의는 조흡, 「포스트헤게모니 문화이론을 위한 '감정구조'와 '감성경제'의 비판적 분석」, 『영상예술연구』14, 2009, 97-126쪽 참조.

문화적 공론장으로서 〈도가니〉: 인식론적 커뮤니케이션에서 감성 커뮤니케이션으로

1) 위르겐 하버마스, 한승완 역, 『공론장의 구조변동』, 나남출판, 2001,

13-55쪽, 245-91쪽.

) Jurgen Habermas, "Civil Society and the Political Public Sphere," *Between Facts and Norms: Contributions to a Discourse Theory of Law and Democracy.* Cambridge: Polity Press, 1996, pp.329-87.

) Jurgen Habermas, "Further Reflections on the Public Sphere," Craig Calhoun. ed., *Habermas and the Public Sphere.* Cambridge: MIT Press, 1992, pp.421-61.

) 하버마스, 『공론장의 구조변동』, 118-34쪽.

) 유상규·조민중, 「분노의 '도가니'… 무관심한 사회 깨우다」, 『세계일보』, 2011. 9. 28. http://www.segye.com/Articles/NEWS/SOCIETY/Article.asp?aid=20110928005074&subctg1=&subctg

6) 제시한 관객의 영화평은 2011년 9월 7일에서 16일까지 네이버 영화리뷰 포럼인《네영카》에 게시된 글 중 일부를 발췌한 것이다.

7) 장영엽, 「영상으로 되살아난 광란의 '도가니'」, 『씨네 21』 No.786, 2011. 1. 11. http://www.cine21.com/news/view/mag_id/64436

8) 강병진, 「우리가 사는 여기가 몰상식과 야만의 도가니」, 『씨네21』 No.821, 2011. 9. 27. http://www.cine21.com/news/view/mag_id/67389

9) 양효경, 「[집중취재] 사회 전체 흔드는 '분노의 도가니'… 왜?」, MBC TV, 2011. 9. 29.

10) 장영엽, 「영상으로 되살아난 광란의 '도가니'」, 『씨네 21』 No.786, 2011. 1. 11. http://www.cine21.com/news/view/mag_id/64436

11) 갱스부르, 〈〈그것이 알고 싶다〉의 영화판〉,《네영카》영화 리뷰, 2011. 9. 8. http://cafe.naver.com/movie02

12) 오승현, 「사이코패스 영화에 내재된 정치적 무의식: 〈악마를 보았다〉와 〈김복남 살인사건의 종말〉을 중심으로」, 『문학과 영상』, 2011, 146쪽.

13) 안시환, 「너무 뜨겁지 아니한가」, 『씨네 21』 No.826, 2011. 11. 3. http://www.cine21.com/news/view/mag_id/67936

14) 류인하·박효재, 「영화 '도가니 현상' 왜!」, 『경향신문』, 2011. 9. 28. 2면.

15) 강병진,「우리가 사는 여기가 몰상식과 야만의 도가니」,『씨네 21』No. 821, 2011. 9. 27. http://www.cine21.com/news/view/mag_id/67389

16) 남수영,「문화적 순환의 원동력으로서의 이미지와 텍스트의 관계: 영화의 자기반영성 연구」,『유럽 사회 문화』, 2012, 25쪽.

17) 조흡,「일상과 대중문화에 깃든 정치성」,『영화가 정치다』, 인물과 사상사, 2008, 133쪽.

18) 사라 밀스, 임경규 역,『현재의 역사가 미셸 푸코』, 앨피, 2008, 98쪽.

19) 위의 책, 87쪽.

20) 신광영,「영화 '도가니'가 고발할 때까지 우리 기자들은 뭘 했나」,『동아일보』, 2011. 10. 3. A26면.

21) 마태오,〈도가니 검사 임은정〉, 네이버 블로그《마태오 다니엘의 백두대간 종주기》, 2011. 10. 2. http://blog.naver.com/wmc7000?Redirect= Log & logNo=30119725034 & from=postView

22) Michel de Certeau, The Practice of Everyday Life, Berkeley: Univ. of CA Press, 1984, pp.43-76.

23) 유주현,「정보해석학에서의 매체문화와 정치공론장」,『철학과 현상학 연구』, 2006, 262쪽.

24) 박영미,「영화〈그때 그 사람들〉이 '인터넷 문화공론장'의 형성과 발전에 미치는 영향」, 이화여자대학교대학원 정치외교학과 석사학위논문, 2008, 22쪽.

25) 사라 밀스, 112쪽.

26) 인화학교성폭력대책위는 사회복지법인 우석과 광주광역시·광산구청·광주광역시교육청에 대해 6가지의 요구사항을 제출했고, 이 과정에서 시민의 자발적 동참이 이루어졌다. 제시한 의견은 2011년 9월 25일에서 10월 20일까지 다음『아고라 이슈청원』게시판에 등록된 글 중에서 발췌한 것이다(인화학교).

27) Jostein Gripsrud, "The Aesthetics and Politics of of Melodrama," Peter Dahlgren. ed., Journalism and Popular Culture, London: Sage, 1992, pp.84-95.

28) Jurgen Habermas, *The Theory of Communicative Action Vol. 2: Lifeworld and System*, Boston: Beacon Press, 1981, pp.153-97.

29) Peter Dahlgren, *Television and the Public Sphere: Citizenship, Democracy and the Media*, London: Sage, 1995, p.109.

30) Jim McGuigan, "The Cultural Public Sphere," *European Journal of Cultural Studies* 8(4), 2005, p.435.

포스트헤게모니 시대의 문화정치: 쾌락, 권력관계, 그리고 대중문화

1) Stuart Hall, "Cultural Studies: Two Paradigms," Collins, Richard. et al. eds., *Media, Culture & Society*, Sage, 1986, pp.57-72.

2) Stuart Hall, "The Rediscovery of 'Ideology': Return of the Repressed in Media Studies," Michael Gurevitch et al. eds., *Culture, Society, and the Media*, London: Methuen, 1982, pp.56-90.

3) Stuart Hall, "The Problem of Ideology: Marxism without Guarantees," Betty Mathews. ed., *Marx: A Hundred Years On*, London: Lawrence & Wishart, 1983, pp.57-85.

4) S. Hall, Rediscovery of Ideology, pp.85-8.

5) Stuart Hall, "Encoding/Decoding," Stuart Hall et al. eds., *Culture, Media, Language: Working Papers in Cultural Studies, 1972-79*, London: Hutchinson, 1980, pp.128-38.

6) 김연아 선수의 게임과 이후 전개된 대중들의 반응에 관해서는 2010년 2월 26일과 27일 SBS 중계를 포함한 방송보도와 『중앙일보』, 『동아일보』, 『조선일보』 및 『경향신문』 그리고 인터넷 매체들을 종합해 제시한 것이다.

7) Roland Barthes, *The Eiffel Tower and Other Mythologies*, New York: Hill and Wang, 1979. pp.87-8.

8) Roland Barthes, *The Pleasure of the Text*, New York: Hill and Wang, 1975, pp.66-7.

9) ibid, p.66.

10) 푸코의 대부분의 저서에서 힘, 지식 그리고 담론의 관계를 다루고 있
다. 그러나 이 글에서 보다 직접적으로 이 개념을 차용한 푸코의 저서
는 *Discipline and Punish: The Birth of the Prison*, New York: Vintage
Books, 1979, *The History of Sexuality Volume I: An Introduction*, New
York: Vintage Books, 1980 그리고 *Power/Knowledge*, New York:
Pantheon, 1972이다.

11) Ernesto Laclau and Chantal Mouffe, *Hegemony & Socialist Strategy:
Towards a Radical Democratic Politics.* London: Verso, 1985, pp.65-71,
97-104.

12) ibid, p.112.

13) ibid, p.113.

14) Stuart Hall, "Notes on Deconstructing 'the Popular'," Raphael Samuel.
ed., *People's History and Socialist Theory.* London: Routledge and kegan
Paul, 1981, pp.227-40.

15) Roland Barthes, *Mythologies*, London: Paladin, 1973, p.150.

16) John Fiske, *Television Culture.* London: Methuen, 1987, pp.37-47.

17) Michel Foucault, "The Subject and Power." Dreyfus, Hubert and Paul
Rainbow, eds., *Michel Foucault: Beyond Structuralism and Hermeneutics*,
Brighton: Harvester P, 1982, p.221.

18) John Fiske, *Power Plays Power Works*, London: Verso, 1993, pp.21-2.

19) Chin-Hwa Flora Chang, "Post-Marxism or Beyon: Hall and
Foucault," *Journal of Communication Inquiry* Vol. 10, No. 3. 1986, p.71.

20) ibid, p.76.

21) Michel Foucault, *The History of Sexuality Volume I: An Introduction*,
New York: Vintage Books, 1980, p.238.

22) Michel de Certeau, *The Practice of Everyday Life*, Berkeley: U of
California P. 1984, pp.34-9.

1) Scott Lash, "Power after Hegemony: Cultural Studies in Mutation?," *Theory Culture & Society* 24:3. 2007, pp.55-78.

2) Richard Peet, "The Destruction of Regional Cultures," Richard Johnson and Peter Taylor, eds., *A World in Crisis?*: *Geographical Perspectives*. London: Blackwell, 1986, p.169.

3) Jean Baudrillard, *America*, London: Verso, 1986, pp.100-1.

4) Tony Bennett, *Differing Diversities*: *Transversal Study on the Theme of Cultural Policy and Cultural Diversity*. Cedex: Council of Europe Publishing, 2003, pp.17-21.

5) Doreen Massey, *Spatial Divisions of Labour*: *Social Structures and the Geography of Production*, New York: Macmillan, 1984, p.8.

6) 아르준 아파두라이, 차원현 외 역, 『고삐 풀린 현대성』, 현실문화연구, 2004, 308쪽.

7) Manuel Castells, "Crisis, Planning and the Quality of Life: Managing the New Historical Relationships between Space and Society," *Environment and Planning D*: *Society and Space* 1:1, 1983. p.5.

8) 조흡, 『영화가 정치다』, 인물과 사상사, 2008, 272쪽.

9) 윤선희, 「할리우드 영상 시스템의 권력과 국제공동제작의 문화연구」, 『한국방송학보』 22:4, 2008, 170쪽.

10) 염찬희, 「국경을 넘는 영상: 국경을 초월하는 수용자?: 한국의 아시아 공동제작영상물 수용양상에 대한 연구」, 『영상예술연구』 vol. 14. 2009, 71쪽.

11) Michael Curtin, "Media Capital: Toward the Study of Spatial Flows," *International Journal of Cultural Studies* 6:2, 2003, pp.202-28.

12) 염찬희, 위의 글, 86-7쪽.

13) 우평균, 「동북아공동체와 문화산업의 확산: 한류현상과 동북아 각국의 정책」, 『평화학연구』 제9권 1호. 2008, 152쪽.

14) 김상배,「한류의 매력과 동아시아 문화네트워크」,『세계정치』제28집 1
호. 2007년 봄·여름, 210쪽.

15) 같은 책, 211쪽.

16) David Hesmondhalgh, *The Cultural Industries*, London: Sage, 2002,
pp.134-72.

17) 김상배, 위의 글, 229쪽.

18) 김상배, 위의 글, 210쪽

19) Edward Said, Orientalism, New York: Penguin Books, 1995, p.332.

20) 염찬희, 위의 글, 76쪽.

21) David Morley and Kevin Robins, *Spaces of Identity: Global Media,
Electronic Landscapes and Cultural Boundaries*, London: Routledge,
1995, p.122.

22) Edward Said, "Representing the Colonized: Anthropology's
Interlocutors," Critical Inquiry 15:2, 1989, pp.205-25.

23) ibid.

24) 이와부치 고이치, 김소영 편저,「전 지구적 프리즘: 트랜스 아시아 미
디어 연구를 위해서」,『트랜스: 아시아 영상문화』. 현실문화연구, 2006,
94쪽.

시선의 법칙: 남성성의 재현과 '자아의 기술'

1) 양성희,「스타 이미지 뒤집기: 영화배우 최민수」,『문화일보』, 2000년 4
월 21일, 22쪽.

2) http://www.thehappyend.com

3) 같은 글

4) 최보은,「육아문제와 실업문제의 심각성을 새삼 일깨운 '해피엔드'」,『씨
네 21』, 2000. 1. 4.

5) A. Metcalf and M. Humphries (eds), *The Sexuality of Men*, London:
Pluto Press, 1985.

6) 이 주제에 관한 자세한 논의는 J. Weeks의 *Sex, Politics and Society*, Harlow: Longman, 1981과 *Sexuality and its Discontents*, London: Routledge, 1985를 참조.

7) www.nownuri.net 〈영화 비평-개봉(예정) 영화 (go CINE)〉, 2000년 1월 3일.

8) 이에 관한 논의는 J. Radway, *Reading the Romane: Feminism and the Representation of Women in Popular Culture*, Chapel Hill: University of North Carolina Press, 1984 참조.

9) L. Mulvey, "Visual Pleasure and Narrative Cinema", in T. Bennett et al., *Popular Television and Film*, London, BFI, 1981.

10) S. Neale, "Masculinity as Spectacle", *Screen*, 24:6, 1983.

11) 이렇게 주장하는 대표적인 학자는 J. Butler다. 이에 관한 자세한 논의는 *Gender Trouble: Feminism and the Subversion of Identity*, London: Routledge, 1990를 참조.

12) M. Foucault, "Technologies of the Self", Martin, L., Gutman, H. and Hutton, P. (eds), *Technologies of the Self: a Seminar with Michel Foucault*, Amherst: University of Massachussetts Press, 1988.

13) W. Benjamin, *Charles Baudelaire: a Lyric Poet in the Era of High Capitalism*, London: NLB, 1973.

14) R. Bowlby, *Just Looking: Consumer Culture in Dreiser, Gissing and Zola*, London: Methuen, 1985.

15) A. Friedberg, *Window Shopping: Cinema and the Postmodern*, Berkeley: University of California Press, 1993.

16) M. Foucault, *The Archeology of Knowledge and the Discourse on Language*, New York: Harper and Row, 1972.

1960년대 대중문화의 형성과 시민사회로서의 영화

1) 구해근, 『한국 노동계급의 형성』, 창비, 2002, 50-53쪽.

2) 같은 책, 77-78쪽.

3) 같은 책, 37쪽.

4) E. P. 톰슨,『영국 노동계급의 형성』 상권, 창작과비평사, 2000, 10쪽.

5) 여기서 언급된 논문은 Fredric Jameson, "Reification and Utopia in Mass Culture," *Social Text* 1, 1979와 Stuart Hall, "Notes on Deconstructing 'the Popular'," in Raphael Samuel (ed.) *People's History and Socialist Theory*, Routledge and Kegan Paul, 1981을 각각 지칭한다.

6) Hall, 위의 글, 233쪽.

7) Jameson, 위의 글, 144쪽.

8) 이 주제에 관해서는 르네이트 홀럽,『그람시의 여백: 맑스주의와 포스트모더니즘을 넘어』, 이후, 2000을 참조.

9) Hall, 위의 글, 234-9쪽.

10) 구해근, 위의 책, 54쪽.

11) 강준만,『한국 대중매체사』, 인물과사상사, 2007, 409쪽.

12) 정순일,『한국방송의 어제와 오늘: 체험적 방송 현대사』, 나남, 1991, 26-27. 강준만의 위의 책에서 재인용. 409쪽.

13) 강준만, 위의 책, 428쪽.

14) 강준만, 같은 책 425쪽.

15) 강현두·원용진·전규찬,『현대 대중문화의 형성』, 서울대학교출판부, 1998.

16) Minu Lee and Chong Heup Cho, "Women Watching Together: An Ethnographic Study of Korean Soap Opera Fans in the US." *Cultural Studies*, vol. 4. no. 1, 1990. p.34.

17) J. Meyrowitz, *No Sense of Place*: *The Impact of Electronic Media on Social Behavior*, Oxford, 1985, 132쪽.

18) 유현목,「우여곡절 많았던 '오발탄'」,『경향신문』, 1998년 1월 22일, 22면, 강준만의 위의 책에서 재인용, 412쪽.

19) 김미현,『한국 영화사: 開化期에서 開花期까지』, 커뮤니케이션북스, 2006, 172쪽.

20) 조희문, 「정치의 성역화, 영화침체 초래」, 『옵서버』, 1990년 3월호, 강준만의 위의 책에서 재인용, 413쪽. 조희문은 이어서 "북한의 실상을 묘사한다든지 체제를 미화하는 내용, 우리 사회를 비판적인 시각으로 표현하거나 정치 지도자의 권위에 손상을 주는 것이라고 판단되는 내용들은 절대로 영화에 담을 수 없었다"고 기술하고 있다.

21) 강준만, 위의 책 469쪽.

22) D. Hebdige, *Subculture: The Meaning of Style*, Methuen, 1979.

23) 서곡숙, 『1960년대 후반기 한국 변장코미디영화의 대중성 연구』, 동국대학교 박사학위논문, 2003.

포스트헤게모니 문화이론을 위한 '감정구조'와 '감성경제'의 비판적 분석

김태용·임보현, 이준익 감독 인터뷰, 2008년 11월 9일.

변성찬, 〈역사의 전복적 독해, 〈황산벌〉〉,《씨네 21》, 2003년 10월 30일.

임범, 〈[인터뷰] 〈라디오 스타〉의 이준익 감독〉,《씨네 21》, 2006년 9월 21일.

니콜래스 쏘번,『들뢰즈 맑스주의: 민중이 없는 시대의 소수정치』, 갈무리, 2006.

황진미,「무려, 여신이라니! 숭고하다 못해 인간이기를 포기한 그녀들: 박찬욱, 임상수, 이준익 감독의 최근작 속의 여성의 이미지」,『작가세계』, 2008년 겨울호 (통권 제79호), 2008년 11월.

Grossberg, Lawrence. *Bring It All Back Home*: *Essays on Cultural Studies*. Duke Univ. Press, 1997.

Grossberg, Lawrence. *Dancing In Spite of Myself*. Duke University Press, 1997.

Grossberg, Lawremce. *We Gotta Get Out of This Place*: *Popular Conservatism and Postmodern Culture*. Routledge, 1992.

Hall, Stuart. "Cultural Studies: Two Paradigms," Richard Collins et al. eds., *Media Culture & Society*: *A Critical Reader*. Sage, 1986.

Harding, Jennifer and E. Deidre Pribram. "Losing Our Cool?: Following Williams and Grossberg on Emotion," *Cultural Studies*, Vol. 18, No. 6. 2004.

Horkheimer, Max and Theodor Adorno. *The Dialectic of Enlightenment*. Continuum, 1984.

Lash, Scott. *Critique of Information*. Sage, 2002.

Lash, Scott. "Power after Hegemony: Cultural Studies in Mutation?" *Theory Culture & Society*, Vol. 24, No. 3. 2007, pp.55-77.

Lyotard, Jean-Francois. *The Postmodern Condition: A Report on Knowledge*. Univ. of Minnesota Press, 1984.

Williams, Raymond. *The Long Revolution*. Greenwood, 1975.

〈감시자들〉과 통제시대의 문화정치

박수정·황성원·이종덕, 「김병서, 조의석 감독 인터뷰」, 2013년 10월 26일.

폴 비릴리오, 이재원 역, 『속도와 정치』, 그린비, 2004.

윤혜지, 〈즉각적인 움직임을 잡아라: 〈감시자들〉 촬영부 김용성〉, 《씨네 21》, 2013년 7월 16일. http://www.cine21.com/news/view/mag_id/73885

이화정, 〈서울 점거 촬영, 다시는 못한다는 각오로 찍었다: 〈감시자들〉 송대찬 프로듀서〉, 《씨네 21》, 2013년 7월 12일. http://www.cine21.com/news/view/mag_id/73856

조흡, 「포스트헤게모니 문화이론을 위한 '감정구조'와 '감성경제'의 비판적 분석」, 『영상예술연구』 Vol. 14. 영상예술학회, 2009. 97-126.

정한석, 〈동선과 시선의 액션 쾌감: 순수한 취향에서 출발한 〈감시자들〉은 어떻게 유능한 오락물이 되었나〉, 《씨네21》, 2013년 7월 11일. http://www.cine21.com/news/view/mag_id/73817

Bazin, Andre. *What is Cinema? Vol. 1*. Berkeley: Univ. of California Press, 2004.

Beller, Johathan. *The Cinematic Mode of Production: Attention Economy and the Society of the Spectacle*. Hanover: Dartmouth Univ. Press, 2006.

Benjamin, Walter. *Illuminations*. New York: Schocken Books, 1969.

Bogard, William. *The Simulation and Surveillance: Hypercontrol in Telematic Societies*. Cambridge: Cambridge Univ. Press, 1996.

Castells, Manuel. *The Rise of the Network Society. 2nd ed. Vol. 1. The Information Age: Economy, Society, and Culture*. Cambridge: Blackwell, 2000.

Chun, Wendy Hui Kyong. *Control and Freedom: Power and Paranoia in the Age of Fiber Optics*. Cambridge: MIT Press, 2006.

Deleuze, Gilles. *Cinema 1: The Movement-Image*. Trans. Hugh Tomlinson and Barbara Habberjam. Minneapolis: Univ. of Minnesota Press, 1986.

Deleuze, Gilles. "Postscript on Control Societies." *Negotiations*. Trans. Martin Joughin. New York: Columbia Univ. Press, 1995.

Deleuze, Gilles and Felix Guattari. *A Thousand Plateaus: Capitalism and Schizophrenia*. Trans. Brian Massumi. Minneapolis: Univ. of Minnesota Press, 1987.

Foucault, Michel. *Discipline and Punish: The Birth of the Prison*. New York: Vintage, 1979.

Hardt, Michael. "The Withering of Civil Society," Eleanor Kaufman and K. J. Heller. eds., *Deleuze and Guattari: New Mappings in Politics, Philosophy, and Culture*. Minneapolis: Univ. of Minnesota Press, 1998. pp.23-39.

Hesmondhalgh, David. *The Cultural Industries*. London: Sage Publications, 2002.

Jameson, Fredric. *Postmodernism, Or, The Cultural Logic of Late Capitalism*. Durham: Duke Univ. Press, 1991.

Manovich, Lev. *The Language of New Media*. Cambridge: MIT Press, 2001.

McLuhan, Marshall. *Understanding Media*: *The Extensions of Man*. Cambridge: MIT Press, 1994.

McLuhan, Marshall and Eric McLuhan. *Laws of Media*: *The New Science*. Toronto: Univ. of Toronto Press, 1988.

Neale, Stephen. *Genre*. London: BFI, 1980.

Rose, Nikolas. *Powers of Freedom*: *Reframing Political Thought*. New York: Cambridge Univ. Press, 1999.

Savat, David. *Uncoding the Digital*: *Technology, Subjectivity and Action in the Control Society*. New York: Palgrave MacMillan, 2013.

Shaviro, Steven. *Post-Cinematic Affect*. Winchester: Zero Books, 2010.

디지털 기술과 감성패러다임 시대의 영화산업

〈기대 이상의 한국형 아포칼립토 원티드 영화〉. http://timecook.tistory. com/608

아르준 아파두라이, 『고삐 풀린 현대성』, 현실문화연구, 2004.

김지훈, 「우발성의 테크놀로지들: "마음-게임 영화"에서의 디지털 미디어 인터페이스 효과들」, 『문학과영상』 10(1), 2011, 47-85쪽.

정용환, 「새로운 매체와 예술의 변화」, 『브레히트와 현대연극』 22, 2010, 331-44쪽.

조종흡, 「미시·거시 영화텍스트 분석의 통합가능성 연구: 연구방법을 위한 이론세우기」, 『영화연구』 33호, 2007, 505-38쪽.

조흡, 「포스트헤게모니 문화이론을 위한 '감정구조'와 '감성경제'의 비판적 분석」, 『영상예술연구』 14, 2009, 97-126쪽.

콘텐츠진흥원, 『미국 문화코드 연구』, 한국콘텐츠진흥원, 2010.

〈천만 관객 영화 바라보는 시선1. 도둑들〉. http://V.daum.net/ link/33770892

Beller, Jonathan. *The Cinematic Mode of Production*: *Attention Economy and the Society of the Spectacle*. Hanover: Dartmouth Univ. Press, 2006.

Bolter, Jay David and Richard Grusin. *Remediation*: *Understanding New Media*. Cambridge: MIT Press, 2000.

Bordwell, David. "Intensified Continuity: Visual Style in Contemporary American Film," *Film Quarterly* 55(3), 2002. pp.16-28.

Bordwell, David. "A Glance at Blows." http://www.davidbordwell.net/blog/?p=3208

Bruno, Giuliana. "Traveling Domestic: The Movie "House"," *Atlas of Emotion*: *Journeys in Art, Architecture, and Film*. New York: Verso, 2002.

Clough, Patricia Ticineto. "Introduction," *The Affective Turn*: *Theorizing the Social*. Durham: Duke Univ. Press, 2007.

Deleuze, Gilles. *Negotiations 1972-1990*. New York: Columbia Univ. Press, 1995.

DVD Review: http://michaelbay.com/articles/armageddon-dvd-review/

Grossberg, Lawrence. "Contextualizing Culture: Mediation, Signification, and Significance," *Cultural Studies in the Future*. Durham: Duke Univ. Press, 2010.

Jameson, Fredric. *Postmodernism, Or, The Cultural Logic of Late Capitalism*. Durham: Duke Univ. Press, 1991.

Manovich, Lev. *The Language of New Media*. Cambridge: MIT Press, 2002.

Massumi, Brian. *Parables for the Virtual*: *Movement, Affect, Sensation*. Durham: Duke Univ. Press, 2002.

Massumi, Brian. "Fear(The Spectrum Said)," *Positions* 13(1), 2005.

McLuhan, Marshall. *Understanding Media*: *The Extensions of Man*. Cambridge: MIT Press, 1994.

Reid, Bruce. "Defending the Indefensible: The Abstract, Annoying Action of Michael Bay," http://www.thestranger.com/seattle/Content?old=4366

Rutherford, Jonathan. "A Place Called Home: Identity and the Cultural Politics of Difference," *Identity: Community, Culture, Difference*. London: Lawrence and Wishhart, 1990.

Shaviro, Steven, *Post Cinematic Affect*. Winchester: Zero Books, 2010.

Slocum, J. David. "Violence and American Cinema: Notes for an Investigation," *Violence and American Cinema*. New York: Routledge, 2001.

문화적 공론장으로서 〈도가니〉: 인식론적 커뮤니케이션에서 감성 커뮤니케이션으로

강병진, 「우리가 사는 여기가 몰상식과 야만의 도가니」, 『씨네21』 No. 821, 2011. 9. 27. http://www.cine21.com/news/view/mag_id/67389

갱스부르, 〈〈그것이 알고 싶다〉의 영화판〉, 《네영카》 영화 리뷰, 2011. 9. 8. http://cafe.naver.com/movie02

남수영, 「문화적 순환의 원동력으로서의 이미지와 텍스트의 관계: 영화의 자기반영성 연구」, 『유럽 사회 문화』, 2012.

《네영카》 영화 리뷰, 2011. 9. 7.‒9. 16. http://cafe.naver.com/movie02

류인하·박효재, 「영화 '도가니 현상' 왜!」, 『경향신문』, 2011. 9. 28. 2면.

마태오, 〈도가니 검사 임은정〉, 네이버 블로그 《마태오 다니엘의 백두대간 종주기》, 2011.10.2. http://blog.naver.com/wmc7000?Redirect=Log&logNo=30119725034&from=postView

박영미, 「영화 〈그때 그 사람들〉이 '인터넷 문화공론장'의 형성과 발전에 미치는 영향」, 이화여자대학교대학원 정치외교학과 석사학위논문, 2008.

사라 밀스, 임경규 역, 『현재의 역사가 미셸 푸코』, 앨피, 2008.

신광영, 「영화 '도가니'가 고발할 때까지 우리 기자들은 뭘 했나」, 『동아일보』, 2011. 10. 3. A26면.

안시환, 「너무 뜨겁지 아니한가」, 『씨네 21』 No.826, 2011. 11. 3. http://www.cine21.com/news/view/mag_id/67936

양효경, 「[집중취재] 사회 전체 흔드는 '분노의 도가니'... 왜?」, 〈MBC 뉴스〉, 2011. 9. 29. http://imnews.imbc.com/replay/nwdesk/ article/2935603_5780.html

오승현, 「사이코패스 영화에 내재된 정치적 무의식: 〈악마를 보았다〉와 〈김복남 살인사건의 전말〉을 중심으로」, 『문학과 영상』, 2011.

위르겐 하버마스, 한승완 역, 『공론장의 구조변동』, 나남출판, 2001.

유상규·조민중, 「분노의 '도가니'… 무관심한 사회 깨우다」, 『세계일보』, 2011. 9. 28. http://www.segye.com/Articles/NEWS/SOCIETY/ Article.asp?aid=20110928005074＆subctg1 ＝＆subctg2

유주현, 「정보해석학에서의 매체문화와 정치공론장」, 『철학과 현상학 연구』, 2006.

〈인화학교 성폭력대책위에서 우석법인과 감독기관에게 요구합니다〉, 다음 《아고라 이슈 청원》, 2011. 9. 25-2011. 10. 20. http://bbs3.agora. media.daum.net/gaia/do/petition/read?bbsId=P001＆articleId=112418

장영엽, 「영상으로 되살아난 광란의 '도가니'」, 『씨네21』 No.786, 2011. 1. 11. http://www.cine21.com/news/view/mag_id/64436

조흡, 「일상과 대중문화에 깃든 정치성」, 『영화가 정치다』, 인물과 사상사, 2008.

영화 〈도가니〉, 황동혁 감독, 삼거리픽처스, 2011.

〈PD수첩: 은폐된 진실-특수학교 성폭력 사건〉, MBC, 2005. 11. 1.

Dahlgren, Peter. *Television and the Public Sphere*: *Citizenship, Democracy and the Media*. London: Sage, 1995.

de Certeau, Michel. *The Practice of Everyday Life*. Berkeley: Univ. of CA Press, 1984.

Gripsrud, Jostein. "The Aesthetics and Politics of Melodrama," Peter Dahlgren. ed., *Journalism and Popular Culture*. London: Sage, 1992. pp.84-95.

Habermas, Jurgen. *The Theory of Communicative Action Vol. 2*: *Lifeworld and System*. Boston: Beacon Press, 1981.

Habermas, Jurgen. "Further Reflections on the Public Sphere," Edraig Calhoun. ed., *Habermas and the Public Sphere*. Cambridge: MIT Press, 1992. pp.421-61.

Habermas, Jurgen. "Civil Society and the Political Public Sphere," *Between Facts and Norms: Contributions to a Discourse Theory of Law and Democracy*. Cambridge: Polity Press, 1996. pp.329-87.

McGuigan, Jim. "The Cultural Public Sphere," *European Journal of Cultural Studies* 8(4), 2005, pp.427-43.

포스트헤게모니 시대의 문화정치: 쾌락, 권력관계 그리고 대중문화

Barthes, Roland. *Mythologies*. London: Paladin, 1973.

Barthes, Roland. *The Pleasure of the Text*. New York: Hill and Wang, 1975.

Barthes, Roland. *The Eiffel Tower and Other Mythologies*. New York: Hill and Wang, 1979.

Bakhtin, Mikhail. *Rablais and His World*. Cambridge: MIT P. 1968.

Bourdieu, Pierre. *Distinction: A Social Critique of the Judgement of Taste*. Cambridge: Harvard U. P. 1984.

Chang, Chin-Hwa Flora. "Post-Marxism or Beyon: Hall and Foucault," *Journal of Communication Inquiry* Vol. 10, No. 3. 1986.

de Certeau, Michel. *The Practice of Everyday Life*. Berkeley: U of California P. 1984.

Fiske, John. *Television Culture*. London: Methuen, 1987.

Fiske, John. *Power Plays Power Works*. London: Verso, 1993.

Foucault, Michel. *Power/Knowledge*. New York: Pantheon, 1972.

Foucault, Michel. *Discipline and Punish: The Birth of the Prison*. New York: Vintage Books, 1979.

Foucault, Michel. *The History of Sexuality Volume I: An Introduction*. New York: Vintage Books, 1980.

Foucault, Michel. "The Subject and Power," Dreyfus, Hubert and Paul Rainbow. eds., *Michel Foucault: Beyond Structuralism and Hermeneutics.* Brighton: Harvester P. 1982.

Hall, Stuart. "Cultural Studies: Two Paradigms," Collins, Richard. et al. eds., *Media, Culture & Society.* London: Sage, 1986, pp.57-72.

Hall, Stuart. "Encoding/Decoding," Stuart Hall et al. eds., *Culture, Media, Language: Working Papers in Cultural Studies, 1972-79.* London: Hutchinson, 1980, pp.128-38.

Hall, Stuart. "Notes on Deconstructing 'the Popular'," Raphael Samuel. ed., *People's History and Socialist Theory.* London: Routledge and kegan Paul, 1981, pp.227-40.

Hall, Stuart. "The Rediscovery of 'Ideology': Return of the Repressed in Media Studies," Michael Gurevitch et al. eds., *Culture, Society, and the Media.* London: Methuen, 1982, pp.56-90.

Hall, Stuart. "The Problem of Ideology: Marxism without Guarantees," Betty Mathews. ed., *Marx: A Hundred Years On.* London: Lawrence & Wishart, 1983, pp.57-85.

Laclau, Ernesto and Chantal Mouffe. *Hegemony & Socialist Strategy: Towards a Radical Democratic Politics.* London: Verso, 1985.

MacCabe, Colin. "Realism and Cinema: Notes on Brechtian Thesis," Tony Bennett et al. eds., *Popular Television and Film.* London: BFI, 1981.

한류와 이미지 공간의 정치: 비판적 리저널리즘을 위한 문화지리의 재구성

김상배, 「한류의 매력과 동아시아 문화네트워크」, 『세계정치』 제28집 1호, 2007년 봄·여름. 193-233쪽.

마루카와 데쓰시, 『리저널리즘: 동아시아의 문화지정학』, 그린비, 2008.

조흡, 『영화가 정치다』, 인물과 사상사, 2008.

아르준 아파두라이, 차원현 외 역, 『고삐 풀린 현대성』, 현실문화연구,

2004.

염찬희, 「국경을 넘는 영상: 국경을 초월하는 수용자?: 한국의 아시아 공
　　동제작영상물 수용양상에 대한 연구」, 『영상예술연구』 vol. 14, 2009,
　　61-92쪽.

우평균, 「동북아공동체와 문화산업의 확산: 한류현상과 동북아 각국의 정
　　책」, 『평화학연구』 제9권 1호, 2008, 135-156쪽.

윤선희, 「할리우드 영상 시스템의 권력과 국제공동제작의 문화연구」,
『한국방송학보』 22:4. 2008, 165-200쪽.

이와부치 고이치, 「전 지구적 프리즘: 트랜스 아시아 미디어 연구를 위해
　　서」, 김소영 편저, 『트랜스: 아시아 영상문화』, 현실문화연구, 2006.

추아 벵후아, 「동아시아 대중문화의 개념화」, 김소영 편저, 『트랜스: 아시
　　아 영상문화』, 현실문화연구. 2006.

Baudrillard, Jean. *America*. London: Verso, 1986.

Bhabha, Homi. "DissemiNation." *Nation and Narration*. Homi Bhabha.
　　ed. London: Routledge, 1990.

Bennett, Tony. *Differing Diversities*: *Transversal Study on the Theme of
　　Cultural Policy and Cultural Diversity*. Cedex: Council of Europe
　　Publishing, 2003.

Castells, Manuel. "Crisis, Planning and the Quality of Life: Managing
　　the New Historical Relationships between Space and Society,"
　　Environment and Planning D: *Society and Space* 1:1, 1983. pp.3-21.

Curtin, Michael. "Media Capital: Toward the Study of Spatial Flows,"
　　International Journal of Cultural Studies 6:2, 2003, pp.202-28.

Gilroy, Paul. *The Black Atlantic*. London: Verso, 1993.

Hesmondhalgh, David. *The Cultural Industries*. London: Sage, 2002.

Framton, Kenneth. "Towards a Critical Regionalism: Six Points for an
　　Architechture of Resistance," Hal Foster. ed. *Postmodern Culture*.
　　London: Pluto, 1985.

Lash, Scott. "Power after Hegemony: Cultural Studies in Mutation?,"

Theory Culture & Society 24:3, 2007, pp.55-78.

Lee, Sangjoon. "Toward a Theory of Transnational Film History." 『현대영
　　화연구』 Vol. 11, 2011, pp.39-65.

Massey, Doreen. *Spatial Divisions of Labour*: *Social Structures and the
　　Geography of Production*. New York: Macmillan, 1984.

Morley, David and Kevin Robins. *Spaces of Identity*: *Global Media*,
　　Electronic Landscapes and Cultural Boundaries. London: Routledge,
　　1995.

Peet, Richard. "The Destruction of Regional Cultures," Richard Johnson
　　and Peter Taylor. eds., *A World in Crisis?*: *Geographical Perspectives*.
　　London: Blackwell, 1986.

Said, Edward. "Representing the Colonized: Anthropology's Interlocutors,"
　　Critical Inquiry 15:2, 1989, pp.205-25.

Said, Edward. *Orientalism*. New York: Penguin Books, 1995.

시선의 법칙: 남성성의 재현과 '자아의 기술'

양성희, 「스타 이미지 뒤집기: 영화배우 최민수」, 『문화일보』, 2000년 4월
　　21일.

최보은, 「육아문제와 실업문제의 심각성을 새삼 일깨운 '해피엔드'」, 『씨네
　　21』, 2000. 1. 4.

지그문트 프로이트, 『성욕에 관한 세 편의 에세이』, 박영사, 1996.

Benjamin, W. *Charles Baudelaire*: *a Lyric Poet in the Era of High
　　Capitalism*.London: NLB, 1973.

Bowlby, R. *Just Looking*: *Consumer Culture in Dreiser, Gissing and Zola*.
　　London: Methuen, 1985.

Butler, J. *Gender Trouble*: *Feminism and the Subversion of Identity*. London:
　　Routledge, 1990.

Foucault, M. *The Archeology of Knowledge and the Discourse on Language*.

New York: Harper and Row, 1972.

Foucault, M. "Technologies of the Self," Martin, L., Gutman, H. and Hutton, P. eds., *Technologies of the Self: a Seminar with Michel Foucault*. Amherst: University of Massachusetts Press, 1988.

Friedberg, A. *Window Shopping: Cinema and the Postmodern*. Berkeley: University of California Press, 1993.

Metcalf, A. and Humphries, M. eds., *The Sexuality of Men*. London: Pluto Press, 1985.

Mulvey, L. "Visual Pleasure and Narrative Cinema," T. Bennett et al. *Popular Television and Film*. London: BFI, 1981.

Neale, S. "Masculinity as Spectacle," *Screen*, 24:6, 1983.

Radway, J. *Reading the Romane: Feminism and the Representation of Women in Popular Culture*. Chapel Hill: University of North Carolina Press, 1984

Weeks, J. *Sex, Politics and Society*. Harlow: Longman, 1981.

Weeks, J. *Sexuality and its Discontents*. London: Routledge, 1985.

1960년대 대중문화의 형성과 시민사회로서의 영화

강준만, 『한국 대중매체사』, 인물과사상사, 2007.

강현두·원용진·전규찬, 『현대 대중문화의 형성』, 서울대학교출판부, 1998.

구해근, 『한국 노동계급의 형성』, 창비, 2002.

김미현, 『한국 영화사: 開化期에서 開花期까지』, 커뮤니케이션북스, 2006.

서곡숙, 『1960년대 후반기 한국 변장코미디영화의 대중성 연구』, 동국대학교 박사학위논문, 2003.

E. P. 톰슨, 『영국 노동계급의 형성』상권, 창작과비평사, 2000.

르네이트 홀럽, 『그람시의 여백: 맑스주의와 포스트모더니즘을 넘어』, 이후, 2000

Hall, S. "Notes on Deconstructing 'the Popular'," in Raphael Samuel (ed.)

People's History and Socialist Theory, Routledge and Kegan Paul, 1981.

Hebdige, D. *Subculture: The Meaning of Style*, Methuen, 1979.

Jameson, F. "Reification and Utopia in Mass Culture," *Social Text* 1, 1979.

Lee, Minu and Cho, Chong Heup, "Women Watching Together: An Ethnographic Study of Korean Soap Opera Fans in the US." *Cultural Studies*, vol. 4. no. 1, 1990.

Meyrowitz, J. *No Sense of Place: The Impact of Electronic Media on Social Behavior*, Oxford, 1985.

문화정치와 감성이론

93, 115